教育部首批新文科研究与改革实践项目建设成果

贵州大学国家级一流本科专业英语专业建设成果

贵州大学人才引进项目"高校社会服务政策、路径与评价机制研究：国际比较与本土构建"（贵大人基合字〔2022〕22）成果之一

贵州大学辅导员工作专项课题"后疫情时代高校多元文化育人功能价值与实现路径研究"（GDFDY202008）成果之一

面 向 未 来

英国创业型大学发展模式研究

王劫丹　著

浙江大学出版社
·杭州·

图书在版编目(CIP)数据

面向未来:英国创业型大学发展模式研究 / 王劫丹著. —杭州:浙江大学出版社,2023.8

ISBN 978-7-308-23942-4

Ⅰ.①面… Ⅱ.①王… Ⅲ.①高等教育－发展模式－研究－英国 Ⅳ.①G649.561

中国国家版本馆 CIP 数据核字(2023)第 111606 号

面向未来:英国创业型大学发展模式研究

王劫丹　著

责任编辑	杨　茜
责任校对	许艺涛
封面设计	周　灵
出版发行	浙江大学出版社
	(杭州市天目山路 148 号　邮政编码 310007)
	(网址:http://www.zjupress.com)
排　版	浙江大千时代文化传媒有限公司
印　刷	广东虎彩云印刷有限公司绍兴分公司
开　本	710mm×1000mm　1/16
印　张	20.75
字　数	298 千
版 印 次	2023 年 8 月第 1 版　2023 年 8 月第 1 次印刷
书　号	ISBN 978-7-308-23942-4
定　价	78.00 元

目　录

第一章　绪　论　/ 1

　　第一节　研究的缘起　/ 3

　　第二节　研究意义　/ 9

　　第三节　研究综述　/ 10

　　第四节　核心概念界定　/ 36

　　第五节　研究思路与研究方法　/ 41

　　第六节　研究的创新性与不足　/ 45

第二章　英国创业型大学发展模式研究的理论基础与分析框架　/ 47

　　第一节　理论基础　/ 49

　　第二节　分析框架　/ 63

第三章　英国创业型大学发展模式形成的背景动因　/ 69

　　第一节　社会福利制度的变革　/ 71

　　第二节　政府创业政策的推动　/ 76

　　第三节　社会创业组织的支持　/ 96

　　第四节　本章小结　/115

第四章　英国创业型大学发展模式的构成要素 / 117

　　第一节　战略要素 / 120

　　第二节　组织要素 / 137

　　第三节　文化要素 / 159

　　第四节　机制要素 / 167

　　第五节　本章小结 / 200

第五章　英国创业型大学发展模式的分析及比较 / 203

　　第一节　要素整合型模式分析:以考文垂大学为例 / 207

　　第二节　要素合作型模式分析:以伦敦大学国王学院为例 / 221

　　第三节　要素驱动型模式分析:以剑桥大学为例 / 246

　　第四节　三种模式的比较 / 267

　　第五节　本章小结 / 273

第六章　英国创业型大学发展模式的结论与启示 / 277

　　第一节　核心结论 / 279

　　第二节　启　示 / 287

参考文献 / 293

附　录 / 323

第一章　绪　论

从 20 世纪末开始,创业型大学成为高等教育研究的一个热点话题。随着信息技术的高速发展和经济全球化的不断深入,创业型大学被更多的西方国家提升到推动国家经济发展、促进社会进步和提升国际竞争力的战略高度。在强化科技同经济对接、创新成果同产业对接、创新项目同现实生产力对接的同时,构建以大学为核心、企业为主体、市场为导向、产学研相结合的国家和地方创新驱动发展成为高等教育回应社会和时代要求的路径选择。"具有新的办学理念、富于创业精神的、参与市场竞争的、自力更生和自我驾驭的"与"传统型大学"不同的"前摄型大学"(proactive university)、"创新型大学"(innovative university)或者"创业型大学"(entrepreneurial university)①在西方国家的新路径下被赋予了新的内容和意义。英国创业型大学的发展跨越世纪,形成其独特的创业发展模式,可为各国高等教育改革和发展提供借鉴。

第一节 研究的缘起

一、创业型大学是大学改革转型的发展方向和路径选择

从高等教育的内部发展来看,大学的知识生产模式从以学科为基础的知识

---

① 伯顿·克拉克. 大学的持续变革:创业型大学新案例和新概念[M]. 王承绪,译. 北京:人民教育出版社,2008:2.

生产到以识别问题和解决问题为导向的知识生产的转变,从受兴趣支配的知识生产模式,到受学科训练的生产模式再到成果应用的知识生产模式①的变革,对大学教学和科研的传统角色提出了巨大的挑战。知识生产模式和大学传统角色的转变带来大学新使命和新职能的重塑,大学传统的办学理念、发展方向、治理方式、组织结构、人才培养、知识产出和成果应用等面临重组、调整、建构和配置的变革与转型。纵观高等教育的变革蓝图,从大学职能来看,出现了教学型大学、研究型大学、服务型大学、应用型大学等围绕大学主要职能和办学宗旨形成的不同类型的高等教育机构;从大学的演变来看,历经了英国的城市大学、多科技术学院,美国的赠地学院、社区学院等符合时代发展和地方需求的办学类型;从大学的影响力来看,产生了引领型的世界级一流大学,服务国家重点战略和行业发展的国家级利益大学和以地方需求为主导的地方性大学。随着知识在社会生产、经济发展、生活质量及国家竞争力等领域中的外在功用不断得到重视和强化,高等教育也逐步走出象牙塔,开始承担起推动经济发展、服务社会和引领创新的使命,大学开始寻找自身的定位和选择未来的发展方向。作为创新知识生产模式的代表,创业型大学将不囿于困境、自力更生、适应时代、服务社会、勇担使命和有所作为视为其宗旨和目标。作为一种新的发展范式,教学型或研究型大学向创业型大学的改变都不仅是"颠覆式的创新",更是对理想和未来大学的进一步认识②。英国创业教育中心首席执行官切里·努尔索(Ceri Nursaw)甚至明确提出,在新冠感染等重大危机面前,我们比任何时候都更需要具有创业精神的大学:一种勇于冒险、鼓励创新、共享文化、强调领导、激励主动的新型大学③。创业型大学不断拓展和丰富的使命职能成为众多大学转型与变革的方向指引和路径选择。

---

① 蔡宗模. 论高等教育全球化[J]. 现代教育管理,2013(8):1-12.

② 王建华. 大学的范式危机与转变:创新创业的视角[J]. 中国高教研究,2020(1):70-77.

③ NCEE. The Entrepreneurial University by Ceri Nursaw [EB/OL]. (2020-10-27)[2020-12-23]. https://ncee. org. uk/2020/10/27/the-entrepreneurial-university/.

二、创业型大学是促进社会发展与区域创新的重要推手

从高等教育所处的外部环境来看,大学的高深知识的转化和创新驱动是推动和影响区域环境发展的主要动因。纽曼时期的大学是"传授普遍知识的地方",大学仅仅是"知识传播和培养理智能力的场所"[①],大学的唯一固有职能是"教学";洪堡时期的大学是"一种智力"和"建立在机构中的科学"[②],大学除了传播知识和培养理智,还为创造知识提供所需要的设备、设施和条件,大学"科学研究"的第二职能应运而生;威斯康星理念下的大学在从自身利益角度强调学习和发现价值的同时,重视将研究成果应用于实践,对社会产生深远的影响,从而拓展了大学"社会责任"的第三职能。知识经济时代,创业型大学把"川流不息的知识转变为技术创新的源泉"[③]作为大学学术研究和发展的一项根本任务,将创新创业人才的培养作为大学的目标,将建立在知识转化基础上的创新驱动作为大学的崇高事业,不仅承担传播高深学问、扩大学问领域、运用其成果为公众服务[④]的职能,还为提供"使个人为生活及为某种职业或专业作准备"的一种机会振臂高呼,具备"促使社会向前发展"[⑤]的新大学的功能。首先,创业型大学遵循教育受外部环境制约和影响的规律,坚持合作与协同的办学理念,大力发展大学与外界人员、信息、文化、物质和技术的合作与交流,同时强调大学内部发展系统的整体性和相关性,强调大学的发展和路径与国家社会和经济发展要求相适应,与社会和经济对大学教育质量的要求相协调,重视具备适应社会需求和为区域发展服务的能力建设。其次,创业型大学是具备准公共产品属性的

---

① 约翰·亨利·纽曼. 大学的理想[M]. 徐辉,顾建新,何曙荣,译. 杭州:浙江教育出版社,2001:2.
② 奥尔特加·加塞特. 大学的使命[M]. 徐小洲,陈军,译. 杭州:浙江教育出版社,2001:97.
③ 亨利·埃兹科维茨,劳埃特·雷德斯多夫. 大学与全球知识经济[M]. 夏道源,等译. 南昌:江西教育出版社,1999:1.
④ 约翰·S.布鲁贝克. 高等教育哲学[M]. 王承绪,郑继伟,张维平,等选译. 杭州:浙江教育出版社,2001:101.
⑤ 约翰·S.布鲁贝克. 高等教育哲学[M]. 王承绪,郑继伟,张维平,等选译. 杭州:浙江教育出版社,2001:75.

社会子系统,具有较高的高等教育资源市场调节和配置的能力,能够较为充分地发挥政府、社会、产业等利益相关者参与办学的程度,与传统大学相比,具有较高的理念创新、制度创新、内容创新和方法创新的优势,有利于大学在传承知识和创造知识的基础上,发挥促进新兴行业、创造社会财富、引领文化方向、服务地方发展、推动区域创新和提升国家竞争力的作用。最后,创业型大学充分认识到将高等教育融入区域发展和国家创新体系建设的重要性,注重高等教育与企业协同合作构建创新生态体系的必要性,将技术创新和知识成果转化作为大学科技活动的重要内容,为经济发展的转型和升级提供源源不断的成果支撑。大学从社会边缘走向社会中心,重视通过深化产教融合的形式建立需求导向的人才模式,鼓励以校企合作和协同创新的模式构建复合型、应用型和创新型人才的系统培养,成为区域创新的智力支撑,也是构建区域创新体系的关键主体。总之,创业型大学在合作与协同的能力建设、理念与制度的创新优势及产教融合的培养模式上具有先天的优势,成为推动社会发展、区域创新和服务国家重大战略的重要力量。

三、英国创业型大学发展具有重要的参考和借鉴意义

20 世纪 80 年代以来,英国高校掀起"创业型大学"变革的学术革命。在这场持续十余载的学术革命中,英国政府的政策引导、资金支持和社会参与在英国创业型大学的变革中起到了重要的推动作用。1997 年,英国政府发布《迪尔英报告》(The Dearing Report),强调高等教育是地方和区域经济发展的重要力量,应加强高校与社会的互动并发挥大学在地方和区域发展中的作用,同时该报告指出,地方政府与企业应致力于帮助大学师生培养企业家精神,以便更好地为地方服务①。作为对《迪尔英报告》的全面回应,1998 年 2 月,英国政府发表政策文件《21 世纪的高等教育:对"迪尔英报告"的回应》,政府承诺将采取切

---

① DEARING R. Report of the National Committee of Inquiry into Higher Education, Higher Education in the Learning Society (The Dearing Report)[R]. Norwich: HMSO, 1997.

实可行的措施促进高校与企业和社会各界的合作①。2003 年旨在推动校企合作的《兰伯特评论》(Lambert Review of Business)②和 2007 年以发展技术转移为纲要的《赛恩斯伯里评论》(The Race to the Top: A Review of Government's Science and Innovation Policies)③为英国创业型大学科研成果商业化等创新创业活动提供了政策引导;2013 年《威蒂评论》呼吁英国急需一场事关"发明创造的革命"(British Invention Revolution),这场革命的影响程度可与 19 世纪的变革相提并论④。自此英国政府开始逐步重视创业型大学在经济社会发展中的战略地位,强调大学在促进经济增长方面具有非凡的潜力,应采取激励措施鼓励大学在教学和研究之外履行服务社会和创业的第三使命。自此,英国创业型大学开始将促进经济的增长作为其核心战略目标,将就业、技能培训、知识创造、技术转移、与各种规模和类型的战略伙伴的合作、直接或间接通过师生员工发生的产品购买和供应行为、促进交流的活动、吸引外来投资、校友联络和参与民生治理等纳入大学对经济的影响力范畴⑤,大学的角色和功能开始了多样化的转变。

为了响应国家对高等教育变革的倡导,英国全国创业教育中心(National Center for Entrepreneurship in Education,NCEE)和中心下属的创业型大学领导者计划(Entrepreneurial University Leaders Programme,EULP)在 10 年间出台了多起报告文件,为创业型大学内部组织变革、人才培养、文化培育、知识成果转化及与利益相关者的合作互动等搭建了具有建设性和规范性的指导框架,为推动英国创业型大学的发展提供了制度保障。英格兰高等教育拨款委员

① 易红郡. 战后英国高等教育政策研究[M]. 长沙:湖南师范大学出版社,2016:194.

② HM TREASURY. Lambert Review of Business—University Collaboration[R]. Correspondence and Enquiry Unit. Norwich:HMSO,2003.

③ HM TREASURY. The Race to the Top: A Review of Government's Science and Innovation Policies[R]. Norwich:HMSO,2007.

④ WITTY A. Encouraging a British Invention Revolution:Sir Andrew Witty's Review of Universities and Growth[R]. London:BIS,2013:4-5.

⑤ WITTY A. Encouraging a British Invention Revolution:Sir Andrew Witty's Review of Universities and Growth[R]. London:BIS,2013:14.

会（Higher Education Funding Council，HEFCE）、高等教育创新基金（the Higher Education Innovation Fund，HEIF）及第三渠道经费（Third Stream Funding）①的拨款、资助和相关文件报告的制定也为英国创业型大学的经费提供了财政支持。

此外，英国教育界和社会对创业型大学的发展也给予了极大的重视和关注。泰晤士高等教育自 2008 年起在全英范围内举办"创业型大学年度奖项"（Times Higher Education Award of Entrepreneurial University of the Year）评选活动，从愿景与战略、文化与精神、创业与影响、政策与实践四个维度进行考量，评出创业型大学年度奖，截至 2022 年已评选出 14 所成果斐然的创业型大学，另有 50 余所大学作为创业型大学年度提名参与了该项活动的评选②。英国著名的中小企业网站 The Real Business 也在泰晤士高等教育评选的基础上，根据大学对国家地区经济发展的影响力和贡献度评出了以剑桥大学为首的"英国最具影响力的六所创业型大学"③，这 6 所大学依托学术创业活动推动了地方和国家的经济增长，提供了社会就业岗位，极大地促进了所在区域的经济和社会的发展。

因此，对英国政府推动创业型大学变革发展的政策、法案和文件，对社会激励创业型大学变革发展的举措、行动和策略，对产业支持创业型大学发展的路径和机制进行梳理，并对高等教育内部在上述宏观背景下实施的转型路径和特点做出分析，进一步提炼英国创业型大学的发展模式，为我国高等教育的改革发展提供一定的参考和借鉴，成为本书的研究起源和归宿。

---

① HIGHER EDUCATION POLICY INSTITUTE. Development of Third Stream Activity Lessons from International Experience［R］. Bristol：HEFCE，2005；HM TREASURY. Lambert Review of Business-University Collaboration［R］. Correspondence and Enquiry Unit. Norwich：HMSO，2003：43.

② Times Higher Education，Outstanding University EntrepreneurshipAward［EB/OL］. ［2023-02-13］. http://ncee. org. uk/the-entrepreneurial-university.

③ The UK's Six Most Entrepreneurial Universities［EB/OL］. （2015-07-03）［2017-05-11］. http://realbusiness. co. uk/hr-and-management/2015/07/03/the-uks-six-most-entrepreneurial-universities/2/.

第二节 研究意义

本书拟对英国创业型大学发展模式的关键构成要素进行筛选和提炼,关注要素的概念内涵、主要内容、运行情况和互动机制,在基于要素选取的研究维度上,以考文垂大学、伦敦大学国王学院和剑桥大学为案例,分析和比较关键要素在案例中的运行情况和实施成效,探讨要素间的互动及其构建创业型大学发展模式的深层动因,并提炼英国创业型大学发展模式的特点和适用范围,既是对创业型大学研究的补充,也是对比较教育和高等教育研究的部分拓展,具有一定的理论意义和实践意义。

一、理论意义

微观层面,本书对创业型大学创业要素、运行互动和发展特点的梳理与分析将有助于我国"双一流"高校、应用型高校、地方院校和独立院校对其转型和发展的办学定位和战略规划的重新审视,对大学创业战略制定、创业组织构建、创业人才培养、创业文化建设、知识交流开展、成果转化机制及与利益相关者互动等领域的举措有所参考,对大学知识生产体系的变革和构建起到一定的借鉴作用。中观层面,本书对英国创业型大学三个具有代表性案例的分析将对我国高等教育分层分类治理体系构建和大学服务社会的绩效评价制度等领域的理论研究有所参考;宏观层面,本书对创业型大学与政府、产业和社会等外部创新主体的互动及大学在创新驱动发展系统中的作用发挥也将有一定的参考意义。此外,本书以"立基点于本土,求视野于世界"的比较原则,基于教育学和经济学等的相关理论,探析英国创业型大学发展模式形成的政治制度、产业环境、社会发展、文化特点等涉及国外专题的研究也将对比较教育研究的内容有所补充。

二、实践意义

从实际层面看,现阶段我国在深化高校体制改革和推进产学研合作实践过程中取得了一定的成绩,但同时还存在着一系列问题有待解决:创业型大学的实践之路举步维艰,如何明确创业型大学建设的发展对象? 如何实现现代大学教学、研究与创业使命的协调与统一? 如何构建大学创业发展模式并调动系统内要素间的有效互动? 如何搭建高效运转的知识产出、知识交流和知识转化的创业制度和体系? 如何在发展大学自身的同时成为创新驱动的主体要素,推动国家和地方的经济发展与社会进步? 以上问题的解决迫切需要借鉴国外创业型大学发展的成功经验。英国创业型大学在高等教育内部、创业发展模式、创业文化培育和知识交流机制等方面的办学经验积极推动了英国地方社会经济的发展。本书以英国创业型大学为研究对象,以创业要素分析为切入点,探求英国创业型大学的创业发展模式以及在模式构建下大学系统内各要素的互动运行和影响成效。其中对创业型大学典型案例的探讨,对解决我国高校在大学体制改革和服务社会过程中所面临的实际问题有所帮助,为我国大学的转型与变革提供借鉴。

第三节　研究综述

联合国教科文组织在对创业型大学、前摄型大学和创新型大学的评价中认为:这类具有企业家精神的大学,既保持了追求普遍真理的学术立场,又使大学能更好地适应当前和今后人类可持续发展的需要[①]。国内外学术界也对创业型大学的发展进行了深入的研究。

---

① 转引自张征. 新自由主义背景下大学制度变革研究[M]. 青岛:中国海洋大学出版社,2014:94.

一、研究现状

(一)国外高校创业型大学研究现状

在 Web of Science 数据库以创业型大学(entrepreneurial university)为主题词,共检索出 5285 篇相关文献,主要集中于经济管理(business economics)、教育(education educational research)和工程(engineering)等研究领域,其中在经济管理研究领域的相关文献共 2876 篇,占总文献篇数的 54.418%,紧随其后的是教育类研究文献共 1854 篇,占总文献数的 35.080%,工程研究领域的相关文献共 909 篇,占总文献数的 17.200%,如图 1-1 所示。

字段:研究方向	记录数	%/5,285	柱状图
BUSINESS ECONOMICS	2,876	54.418 %	
EDUCATION EDUCATIONAL RESEARCH	1,854	35.080 %	
ENGINEERING	909	17.200 %	
COMPUTER SCIENCE	630	11.921 %	
SOCIAL SCIENCES OTHER TOPICS	445	8.420 %	
SCIENCE TECHNOLOGY OTHER TOPICS	268	5.071 %	
ENVIRONMENTAL SCIENCES ECOLOGY	265	5.014 %	
SOCIAL ISSUES	255	4.825 %	
PUBLIC ADMINISTRATION	223	4.219 %	
PSYCHOLOGY	222	4.201 %	

图 1-1 Web of Science 中以创业型大学为主题的文章研究方向分布

以上与"创业型大学"相关的研究文献主要集中于《国际高等教育研究》《研究政策》《技术转让》《小企业经济》等国际学术期刊,这些专业学术期刊为学术研究提供了观点发表、交流、传播与商榷的渠道,极大地促进了国际创新创业和创业型大学研究的理论化和体系化的发展(见表 1-1)。

表 1-1　创新创业领域的学术期刊

期刊名称	创刊年份	刊物出版/来源单位
《国际高等教育研究》 (*The International Journal of Higher Education Research*)	1972	Springer, U. S.
《研究政策》 (*Research Policy*)	1972	Elsevier Science
《技术创新》 (*Technovation*)	1981	Elsevier Science
《小企业经济》 (*Small Business Economics*)	1989	Springer, U. S.
《技术转移》 (*The Journal of Technology Transfer*)	1997	Springer, U. S.
《欧洲创新创业会议论文集》 (*The Proceedings of European Conference on Innovation and Entrepreneurship*)	2006	英国国际学术会议出版有限公司(Academic Conferences and Publishing International Limited Reading, UK)
《社会科学、教育与人文研究》 (*Advances in Social Science, Education and Humanities Research*)	2006	巴黎亚特兰提斯出版社(Atlantis Press, France)

在以"英国创业型大学"(entrepreneurial university, UK)为主题在 Web of Science 数据库进行查询,共检索到 197 篇相关文献,从 2010 年至 2020 年的检索数据显示出,与创业型大学研究相关的文献呈现出逐年递增的趋势,其中 2019 年发表的论文总数与上一年相比增长了 1 倍,说明创业型大学的发展引发了英国学术界越来越多的关注。总体来说,国际学术界对创业型大学的研究关注呈现出长期性、持续性和波动性的特点(见图 1-2)。

英国学术界与创业型大学主题相关的文献来源机构主要由英国的大学组成,根据其发文量的高低排名如下:帝国理工大学、剑桥大学、伦敦大学、曼彻斯特大学、诺丁汉大学、爱丁堡大学、斯特拉斯克莱德大学和苏塞克斯大学。

(二)国内高校创业型大学研究现状

我国学术界对创业型大学的较早的学术研究应该是王承绪先生的译著《建

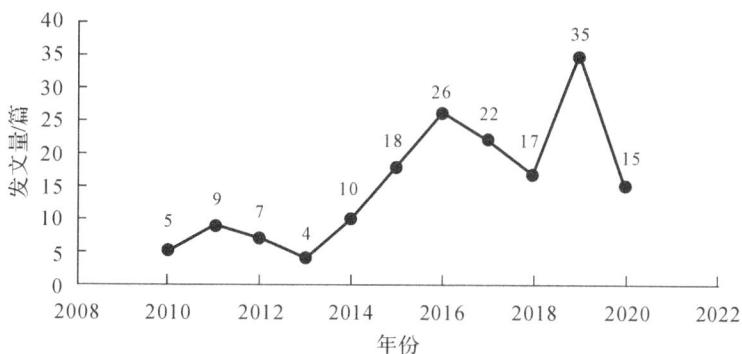

图 1-2　Web of Science 中以"英国创业型大学"为主题的文章数量

立创业型大学:组织上转型的途径》,之后有关创业型大学的研究开始陆续出现。从 2011 年开始,关注创业型大学的学术论文数量呈稳步增长的态势,且研究质量也在逐步提升。截至 2020 年,CNKI 数据库跨库检索系统精确查询到的文献共 1125 条(见表 1-2)。

表 1-2　近年中国知网(CNKI)以"创业型大学"为主题的文章数量

	2006 年	2010 年	2015 年	2016 年	2017 年	2018 年	2019 年	2020 年
数量/篇	2	101	182	188	156	190	184	122

CNKI 数据库检索系统收录历年发表的篇名有"英国"并含有关键词"创业型大学"的论文查询结果显示仅为 3 条,分别是发表在《高等工程教育研究》上的《MIT 与沃里克大学:创业型大学运行模式的比较与启示》(2012)、发表在《中国高教研究》上的《创业型大学的人才培养特色探索——基于英国沃里克大学的成功经验》(2017)和发表在《重庆高教研究》上的《创业型大学产教融合机制构建——基于英国华威大学的个案研究》(2020)。

在万方中国学位论文全文数据库检索出 2002 年到 2020 年间主题与"创业型大学"相关的硕博论文共 114 篇,其中博士学位论文 13 篇,硕士学位论文 101篇,主要涉及对创业型大学组织特征、研究型大学转型与变革、大学管理模式探讨和创业型大学案例的介绍,且多集中于美国创业型大学的研究,与英国创业型大学主题相关的学位论文的检索结果仅有 2 篇：东北大学的博士学位论文《英美创业型大学管理模式比较启示》和福建师范大学的硕士学位论文《英国创业型大学发展政策研究》。

二、文献综述

（一）关于创业型大学的文献综述

1. 创业型大学的理论与使命探讨

创业型大学诞生于 20 世纪末期，其理论的代表人物主要是美国学者伯顿·克拉克（Burton Clark）和亨利·埃兹科维茨（Henry Etzkowitz）。伯顿·克拉克把大学作为一个组织转型问题进行研究，分析在新的经济时代，大学如何实施变革来适应外部环境的变化，其研究对象是具有变革精神和致力于改革实践的高等教育机构，比如英国的沃里克大学和苏格兰的斯特拉斯克莱德大学等。伯顿·克拉克将这一类创业型大学特征归纳为：强有力的驾驭核心、拓宽的发展外围、多元化的资助基地、激活的学术心脏地带和整合的创业文化[①]。有学者认为从这一路径开展研究的大学主要是教学型大学[②]，对这一类研究对象的考察维度也主要集中在大学的组织结构变化、大学获取办学资源的途径、大学的办学理念和组织文化、大学所处的外部环境和大学在运行过程中面临的现实困境，但由于组织变革这一理论否定了"创新"在创业型大学中的重要作用，在后期学者的研究中尚存在一定的争议[③]。

亨利·埃兹科维茨在熊彼特和德鲁克的基础上，将创新理论放到区域经济发展和国家创新体系的框架下分析并提出了三螺旋理论。美籍奥地利经济学家约瑟夫·A.熊彼特（Joseph A. Schumpeter）在其著作《经济发展理论》（*The*

[①] 伯顿·克拉克. 建立创业型大学：组织上转型的途径[M]. 王承绪，译. 北京：人民教育出版社，2003.

[②] 高明. 英美创业型大学管理模式比较及启示[M]. 沈阳：东北大学出版社，2013.

[③] GIBB A, HASKINS G, ROBERTSON I. Leading the Entrepreneurial University：Meeting the Entrepreneurial Development Needs of Higher Education Institutions[R]. Coventry：NCEE, 2012.

Theory of Economic Progress，1912）中对创新的含义和创新理论进行阐释。他认为创新是生产过程内生的一种"革命性"的变化，是在竞争性经济生活中一种创造性的"毁灭"和经济实体内部的自我更新。创新必须能够创造出新的价值，未能产生实际应用效果的创造在经济上是不起作用的，因为没有创造出新的价值。熊彼特还将经济发展的原动力归于企业家推动的创新，创新是资本积累和个人致富的结果，因而强调创新应与"才能""事业心""成功精英""荣誉感""社会贡献"联系在一起①。彼得·德鲁克（Peter Drucker）继承了熊彼特的创新理论并将之拓展到创新与企业家精神的范畴，在《创新与企业家精神》（*Innovation and Entrepreneurship*）一书中提出，创新是一门学科，而企业家精神是一种实践；创新是可以学习、加以训练和实地运营的，创业家和企业家正是需要凭借"创新"这种特殊的工具进行变革，以此开创事业或服务②。三螺旋理论假设在知识型的经济社会中，政府、企业和大学三方关系的互动是强化创新的关键条件，作为生产场所的产业和合同关系源头的政府在以往的社会中一直处于主要地位，然而在知识经济社会，大学被提升到同等重要的位置③。

在三螺旋的理论构建下，创新是创业型大学强调的核心要素之一，因而创业型标签也经常与大学作为地区创新中心的概念紧密联系在一起④，以"大学—产业—政府三螺旋"为理论框架的研究对象主要是高水平的研究型大学，研究主题是大学如何利用自身知识创造和人才聚集与培养方面的优势进行成果转化、学术创业、服务经济和社会发展问题。有学者将这一类的创业型大学定义为"以提高国家竞争力、生产率以及国家和民族的创新创业精神为己任，以提高国家和地区经济实力和水平为目标，在为国家利益服务、承担经济发展任务的同时，给大学传统职能赋予新的内容和形式，在社会经济活动中发挥大学参与

---

① 熊彼特. 经济发展理论[M]. 孔伟艳，朱攀峰，娄季芳，编译. 北京：北京出版社，2008.
② 彼得·德鲁克. 创新与企业家精神[M]. 蔡文燕，译. 北京：机械工业出版社，2011.
③ ETZKOWITZ H. Innovation in Innovation：The Triple Helix of University-industry-government Relations[J]. Social Science Information，2003，42（3）：293-337.
④ THORP H，GOLDSTEIN B. Engines of Innovation：The Entrepreneurial University in the 21st Century[M]. Chapel Hill：University of North Carolina Press，2013.

和大学引导作用的创业型大学"①,符合这一类创业型大学特征的有美国的斯坦福大学、麻省理工学院和英国的剑桥大学等。

希拉·斯劳特和拉里·莱斯利从学术资本主义的视角探讨大学的学术创业活动,认为"学术创业主义"和"创业活动"都是"学术资本主义"的替代用语,并将大学各院系及其教师确保外部资金的市场活动或具有市场特点的活动都称为学术资本主义,而研究密集型大学的教学科研人员和行政管理人员则被称为政府资助的创业家②。斯特劳和莱斯利提出政治经济全球化、政府对高等教育资助的削减、大学与工商业界联系的紧密所导致的教育产品市场化和商业化等改变学术研究性质的因素是促使创业型大学产生和转型的动因。有学者研究了美国、英国、加拿大和澳大利亚四国的国家政策演变对高等教育机构的科技转移政策、创业型大学教师雇佣、教师价值与规范及对学术活动的影响,认为创业型大学遵循的是企业的运作模式,展示的是市场化的行为,以市场效益作为发展准则③。也有学者对此观点进行了驳斥,认为创业型大学的组织特性是学术资本转化,也即是学术创业,而不是学术资本主义,创业型大学组织转型的重要使命在于促进知识的直接应用:培养具有创新精神、创业潜质和创业意识的人才④。

2. 创业型大学内涵与概念的特征探讨

学者们认为创业型大学具备以下几类特征,这些特征是区别创业型大学和传统型大学的重要维度:(1)关注技术、经济、社会价值和规则的变化,并随时准

---

① 转引自:邹晓东,陈汉聪. 创业型大学:概念内涵、组织特征与实践路径[J]. 高等工程教育研究,2011(3):54-59.

② 希拉·斯特劳,拉里·莱斯利. 学术资本主义:政治、政策和创业型大学[M]. 梁骁,黎丽,译. 北京:北京大学出版社,2014:8-9.

③ 希拉·斯特劳,拉里·莱斯利. 学术资本主义:政治、政策和创业型大学[M]. 梁骁,黎丽,译. 北京:北京大学出版社,2014:10-11.

④ 王雁. 创业型大学:研究型大学的挑战和机遇[J]. 高等教育研究,2003(5):52-56;付八军. 学术资本转化:创业型大学的组织特性[J]. 教育研究,2016(2):89-95;GIBB A, HASKINS G, ROBERTSON I. Leading the Entrepreneurial University:Meeting the Entrepreneurial Development Needs of Higher Education Institutions[R]. Coventry:NCEE,2012.

备迎接机遇①;(2)积极参与基于研究的技术商业化,且具备将大学的知识商业化的研究中心与机构②;(3)更好地适应外部环境的能力,积极鼓励创业行动并采取各种机制来促进创业文化的形成③;(4)强调创业型大学适应外部环境需求的能力,有明确的大学使命和目标,崇尚商业的文化及与职业大学管理不同的内部组织结构,分享的治理模式及实现自我适应的策略(adaptive strategies)④;(5)一个能够掌握自身战略发展方向并相对独立于国家和产业,同时又与这些制度领域有密切互动的组织,可以划分为初期的创业型大学和成熟的创业型大学。在最初阶段,大学是科学园区、研究所或者公司的延伸,包含并延续研究型大学的传统,最终通过学术活动逐渐发展为成熟的创业型大学,来源于外部的资源和基于大学的科学研究及其问题导向的发展战略是成熟的创业型大学所具备的重要特征;此外,主动将知识运用于实践和以中心为组织形式也是创业型大学的特点⑤。

3. 创业型大学发展模式的探讨

有关创业型大学模式的探讨主要围绕管理模式、治理模式和发展模式展开。有学者认为英国创业型大学的管理模式是中央集权的大学自治模式,而美国创业型大学是高度分权的管理模式。前者主要由教学型大学实现跨越式发展而来,创业与教学相互促进,协调发展;后者多由研究型大学发展和深化而来,在研究的基础上进行知识的创造和知识的应用,以创业活动来引导大学的发展方向,学术创业化和知识商业化的特点突出。美国的创业型大学更能按照

---

① NEAL J E. Quality Assurance in the Entrepreneurial University[J]. New Directions for Institutional Research, 1998(99): 69-85.

② GOLDSTEIN H A. The "Entrepreneurial Turn" and Regional Economic Development Mission of Universities[J]. Annals of Regional Science, 2010,44(1): 83-109.

③ KIRBY D A, Guerrero, M, Urbano D. Making Universities More Entrepreneurial: Development of a Model[J]. Canadian Journal of Administrative Sciences, 2011, 28(3):302-316.

④ MAINARDES E W, ALVES H, RAPOSO M. The Process of Change in University Management: From the "Ivory Tower" to Entrepreneurialism[J]. Transylvanian Review of Administrative Sciences, 2011(33):124-149.

⑤ ETZKOWITZ H. Innovation in Innovation: The Triple Helix of University-industry-government Relations[J]. SAGE, 2003,42(3):293-337.

大学、企业和政府的三螺旋结构发挥大学的作用，影响并促进经济社会的发展，提升国家的核心竞争力[①]。

有研究提出创业型大学的治理模式是大学内外部环境变化的结果，强调组织对外部关系的反应性和适应性，独立自主的创业战略、大学政府和企业的战略合作关系、动态的治理结构和面向社会需求的创业文化等都是创业型大学为适应环境进行组织调整的具体回应[②]。

有关创业型大学的发展模式有几种观点：第一，"自下而上"的地方服务性发展模式和"自上而下"的学术创业型发展模式，分别定位和服务于区域经济发展目标和提高大学的学术科研水平[③]。第二，我国研究型大学转型而来的创业型大学发展模式分为与地方政府共建研究院模式、与企业共建创新创业平台模式、衍生企业模式和科技园模式[④]。上述模式均强调了大学与区域创新机构的三螺旋互动机制下教学对研究和创业的支持，研究对社会和市场导向的回应，创业对社会服务和经济发展的推动及教学、研究、创业与社会服务之间的反哺和互助作用。

4. 关于创业型大学转型与发展核心要素研究

根据以上组织和相关学者对创业型大学的理论探讨、特征分析和核心要素界定，可将创业型大学发展的核心要素归纳为创新、创业组织、创业教育、创业活动及大学影响力几个方面，其中创新是贯穿于创业型大学发展的潜能领域的关键要素之一。本节主要对以上创业型大学的几个核心要素的国内外研究进行梳理与评述。

（1）创新

有学者提出创新（innovation）与创意（creativity）的区别，认为创意先于创

---

① 高明. 英美创业型大学管理模式比较及启示[M]. 沈阳：东北大学出版社，2013.
② 陈娴. 创业型大学的治理模式研究[D]. 杭州：浙江大学，2017.
③ 张彦通，刘文杰. 创业型大学发展模式比较研究——以阿尔托大学和奥克兰大学为例[J]. 高校教育管理，2017，11（5）：46-61.
④ 易高峰. 崛起中的创业型大学——基于研究型大学模式变革的视角[M]. 上海：上海交通大学出版社，2011：126-136.

新和创业(entrepreneurship),具体来说,创新是创造性思想的实施,而创业是实现创新具体举措的形式,也就是我们说的新企业的创建和发展①。尽管如此,作为思想的创造和作为思想实践的创新,在现实中却并非独立存在的,创新是对新知识的应用或重复应用,以及对现有知识的整合。创造性的思想是创新的必要条件,但并非充分条件。创造性的想法除非能够应用于实践,否则就毫无意义②。促进创新思想的产生与将创新思想落到实处同等重要,因此有学者提出创新是一个过程,这个过程包含新思想的形成、评估和实际应用三个阶段。

自熊彼特提出创新就是企业家"创造性的破坏"起,对创新的探讨就多集中于商业创新和技术创新。克里斯·弗里曼和索尔特认为商业创新涉及与市场产品和商业化有关的技术设计、制造、管理和商业活动③,它包括新技术和新方法,是一个将想法付诸商业化的产品或服务实践,或成立商业组织、对现有产品功能进行更新完善、对新产品(设计、营销)提出新方法新服务理念的行为④。技术创新是基于情境的新发明,人们可以利用这些发明控制身边的环境及尝试新的事物。在这个意义上,技术转移实际上是从一个组织到另一个组织的信息交流⑤。

在创新的分类上,有学者根据创新对象分为产品创新(服务创新)和过程创新,根据创新类型分为组织创新和技术创新⑥,还有学者将技术创新分为渐进式

① SHALLEY C E, HITT M A, ZHOU J. The Oxford Handbook of Creativity, Innovation, and Entrepreneurship[M]. Oxford: Oxford University Press, 2015: 2.
② SHALLEY C E, HITT M A, ZHOU J. The Oxford Handbook of Creativity, Innovation, and Entrepreneurship[M]. Oxford: Oxford University Press, 2015: 54.
③ FREEMAN C, CLARK J, SOETE L. Unemployment and Technical Innovation: A Study of Long Waves in Economic Development[M]. London: Frances Pinter, 1982.
④ PORTER M E. The Competitive Advantage of Nations[M]. New York: Free Press, 1998.
⑤ TORNATZKY L G, FLEISCHER M. The Process of Technological Innovation[M]. New York: Lexington Books, 1990.
⑥ CARAYANNIS E G, SAMARA E T, BAKOUROS Y L. Innovation and Entrepreneurship—Theory, Policy and Practice[M]. Cham: Springer International Publishing, 2015: 39.

创新、代创新、激进式创新和结构式创新①。

王志强(2015)等认为,大学的创新主要指知识的创新,也就是通过知识的产生、传播与扩散发现新知识和新理论,再通过合作研究或商业化途径将新知识和新理论的基础研究成果转化为具有市场价值的新产品、新工艺和新产业②,大学的知识创造和大学与产业部门之间的技术转移机制的发展是创新生成的重要途径③。

(2)创业组织

艾伦·吉布(Allan Gibb)指出:"'创业型大学'是一个令人兴奋的概念,它定义了那些提供机会、实践、文化和环境的大学,这些都有助于鼓励、接纳学生和毕业生的创业活动。在这些地方,企业家精神是机构组织的一部分。"④尼古拉·巴尔迪尼(Nicola Baldini)等对意大利大学 1993 年至 2009 年间为应对知识产权改革而实施的组织机构变革进行了研究,结果显示创业实践社区(community of practice)的创业机构的建立起到了规范大学专利行为、促进大学商业化和加强大学创业管理的积极效果⑤。里安农·普(Rhiannon Pugh)等也对英国兰卡斯特大学创业发展研究所(Institute for Entrepreneurship and Enterprise Development, IEED)和法国里昂大学创业系(Emlyon's Entrepreneurship Department)进行了案例研究,前者致力于教学、研究和社会服务活动的整合与合作,后者力求对区域环境发展及推动外部创业精神和经济

---

① 渐进式创新 (incremental innovation):只在产品或技术原有的基础上进行有限改进,产品的核心效能不发生本质变化;代创新(generational innovation):渐进式创新导致的新体系的创新;激进式创新(radical innovation):技术上有巨大突破,颠覆整个产业原有的游戏规则,让现有市场领袖完全过时的创新;结构式创新(architectural innovation):是渐进式创新和激进式创新分类的拓展,组成产品元件不变,但是整体结构布局发生改变或调整进而产生新功能的创新。——笔者注

② 王志强,黄兆信,李菲. "创新驱动"战略下大学变革的内涵、维度与路径[J]. 全球教育展望,2015(11):3-15.

③ 王志强,卓泽林,姜亚洲. 大学在美国国家创新系统中主体地位的制度演进[J]. 教育研究,2015(8):139-150.

④ GIBB A. Towards the Entrepreneurial University: Entrepreneurship Education as a Lever for Change[R]. Birmingham: NCGE,2005:2.

⑤ Baldini N, Fini R, Grimaldi R et al. Organizational Change and the Institutionalization of University Patenting Activity in Italy[J]. Springer Science＋Business Media Dordrecht,2014(52):27-53.

增长做出贡献。研究认为，创业中心、创业学院和创业系等创业组织和创业部门是创业型大学创业战略实施的"驾驭核心"，不仅在增强创业资本和促进大学内部创业行为中发挥效用，更是创业型大学直接或间接参与外部区域发展、相互作用和形成创业价值链的主要联络机构[①]。

从 20 世纪 80 年代起，国内学术界也开始集中对创业型大学的组织特性（邹晓东，2011；付八军，2012，2016）、价值取向、运行系统（宣勇，2012，2013）及教学型大学、研究型大学与创业型大学的分类和转型（王雁，2005；孙钢城、王孙禹，2015）等问题进行探讨。陈霞玲（2015）在对创业型大学组织变革研究的基础上，提出创业型大学的八个组织形态特征：创业组织、创业战略、战略性管理、行政职能、社会资本、分权管理、制度化的创业支持与服务及教师创业激励制度。创业型大学的组织变革实质上是一种向集创业组织、市场组织、新型组织和学术性组织于一体的混合型组织趋势的发展[②]。吴伟（2014）在对研究型大学转型发展的研究中提出大学层面的转型要求体现在凝聚特色的准确定位、促进技术成果转移的创业激励、鼓励教师创业的评价体系、涵养创新人才的创业教育以及多种办学资源的社会对接[③]。

（3）创业教育

创业型大学与提供创业人力资源的创业教育有着天然的联系，创业型大学的一切成员均能够在不同层面、不同时机或对不同问题表现出创新思维、创业态度或创业行为[④]。创业型大学的这一突出特点体现在各要素在创业教育生态系统中的有效互动及对创业人才培养的重视[⑤]。牛长松把英国的高校创业教育的组织模式分为传统商学院组织模式和创业型大学组织模式两种，指出传统商

① PUGH R，LAMINE W．JACK S et al．The Entrepreneurial University and the Region：What Role for Entrepreneurship Departments？[J]．European Planning Studies，2018，26(9)：1835-1855.
② 陈霞玲．创业型大学组织变革路径研究[M]．北京：北京理工大学出版社，2015：3.
③ 吴伟．面向创业时代的研究型大学转型发展研究[M]．北京：人民出版社，2014：174-178.
④ 亨利·埃兹科维茨．创业型大学与创新的三螺旋模型[J]．王平聚，李平，译．科学学研究，2009，27(4)：481-488.
⑤ 胡瑞．新工党执政时期英国高校创业教育研究[M]．北京：高等教育出版社，2013：163.

学院的组织模式主要聚焦于企业管理,因而存在固有的弊端,比如否定自我雇用者、小微和中型企业的创业行为,忽视创业经验的习得和训练。相比之下,创业型大学的创业教育开展是建立在跨学科研究和多部门参与基础之上的教育模式,因此更注重培养学生的创业行为、技能和应对市场不确定性与复杂性所持有的创业态度,注重培养学生情感智力的发展①。

钟春玲(2012)提出以创业型大学视角对大学生实施开放式、多元化、系统而全面的创业教育是构建创业型大学生态系统的一个必然而又重要的环节,也是创业型大学创建人才培养的重要模式;戴维奇(2014)以荷兰特文特大学为例,分析了作为创业型大学的重要基础——创业教育的开展、创业课程的建设及创业生态系统的构建,提出创业教育在创业型大学的建设过程中的重要作用,也是增强大学师生创业动机与能力、塑造大学创业氛围的重要途径②。

从创业教育生态的视角开展创业教育研究也是学者们关注的研究方向。刘林青等③和施冠群等④分别以麻省理工学院和斯坦福大学为例,介绍了这两所创业型大学通过创业生态系统和创业网络构建,将创业活动与创业教育在创业型大学内部进行有机结合的案例;还有国内学者从社会创业教育体系的视角来考察高校的创业教育,认为创业教育体系功能发挥的效果直接影响着社会创业生态系统的运作。但是目前国内高校在社会创业生态系统中面临的问题正是生态位的缺席和迷茫。尽管有家庭组织、社会培训机构和大中型企业等社会组织在社会创业生态系统中的"补位"和"替代"等补偿作用,高等教育生态位"弱势"的困窘局面却不容忽视。激活高校教育在形式上"重点依托""多元建构"和在教育环境上"校内小生境""校外大系统"的创业教育内外部生态因子,才能打破目前高校创业教育封闭的格局,特别是与地方产业集群深度互嵌的创

① 牛长松. 英国高校创业教育研究[M]. 上海:学林出版社,2009:188.
② 戴维奇. 创业型大学是如何组织创业教育的[J]. 比较教育研究,2014(2):36-41.
③ 刘林青,夏清华,周潞. 创业型大学的创业生态系统初探——以麻省理工学院为例[J]. 高等教育研究,2009(3):19-26.
④ 施冠群,刘林青,陈晓霞. 创新创业教育与创业型大学的创业网络构建——以斯坦福大学为例[J]. 外国教育研究,2009(6):79-83.

业教育是值得探索和尝试的模式①。而目前我国高校的创新创业教育开展的瓶颈在于高校包括创业教育课程、创业师资队伍、校园孵化器、强大的技术转移办公室和衔接这些创新创业主体的创新网络②等创业生态系统尚未搭建完成。

为弥补国内高等教育这一生态位的"缺席",有学者依托创业型大学创业教育生态系统的案例分析,提出创业教育生态是斯坦福等创业型大学创业教育的特色和经验,其创业教育生态环境是形成创业教育模式的关键:创业教育课程体系、师资、创业项目和活动、组织和社团、校友群和产学研、成果转化与激励共同构建了大学的创业网络和价值链,从创业教育生态系统的顶层设计,到创业教育的战略定位,创业校园文化、制度体系、课程体系、教育平台、创业实践等资源和载体的搭建,充分展示了斯坦福创业教育生态系统的关联性和整体性③。慕尼黑工业大学(Technical University of Munich, TUM)是德国创业型大学的成功范例,对其创业教育生态系统的相关研究提出了生态系统要素的构成:由课程体系和师资力量构成的"生产者"要素,由支持性机构组织构成的"分解者"要素。这些支持性机构组织包括以创业与创新中心、社会创业协会、行业联络办公室等为代表的综合机构,以创业研究所为主的研究机构和以技术创业实验室及研究和创新办公室为典型的技术机构;由行业和企业构成的"消费者"要素以及由创业活动构成的催化剂要素。这四个要素的互动形成以支持初创企业为核心、整合内外部资源和信息的创业教育生态系统④。

（4）创业活动

斯劳特和莱斯利将学术资本主义定义为大学教学科研人员为获取外部资金而涉及的具有竞争性的市场行为。这些行为就大学教职人员而言,指研究合

---

①　严毛新. 从社会创业生态系统角度看高校创业教育的发展[J]. 教育研究,2015(5)：48-55.

②　卓泽林,赵中建. 高水平大学创新创业教育生态系统建设及启示[J]. 教育发展研究,2016(3)：64-71.

③　郑刚,郭艳婷. 世界一流大学如何打造创业教育生态系统——斯坦福大学的经验与启示[J]. 比较教育研究,2014(9)：25-31.

④　何郁冰,周子琰. 慕尼黑工业大学创业教育生态系统建设及启示[J]. 科学学与科学技术管理,2015(10)：41-49.

同、咨询合同、产学研合作企业、教授创办衍生公司等活动;就大学和院校而言,指专利申请、专利授权、专利许可、衍生公司、新创公司等具有营利性的活动,也包括带有世俗服务性质的教育文化等活动①。创业活动的组织、开展、实施、运行环节中各要素交互作用的体系和制度形成创业型大学的创业机制。有学者对创业活动及其创业机制进行探讨,并对大学创业与区域经济发展之间的互动联系和影响做深入研究。

施密茨(Schmitz)等对30年来创业型大学的研究文献进行了梳理,总结出创业型大学开展的创业活动的类型:教学(teaching)、培训课程(training course)、创业教育(entrepreneurship education)、出版(publishing)、专利(patenting)、授权/许可(licensing)、咨询服务(consulting services)、技术服务(technical services)、社区服务(community services)、创建企业(businesses creation)、风险基金(venture funding)、合同研究(contract research)、合作研究(collaborative research)、孵化器设施(incubator facilities)、科技园区(science/technology parks)、技术转移办公室(technology transfer offices)、外部资金流(external funding)、大型科技项目(large scale science)、知识商业化(knowledge commercialization)、研究团队(research group)和联络项目(liason programs)等②。

佐尔坦·阿克斯等采用创业的知识溢出理论(the knowledge spillover theory of entrepreneurship)来分析和探讨知识溢出与创业活动的关系及创新创业活动对区域经济发展的影响③,在需求侧与供给侧的理论模型下对个人创业和创业活动的相关变量进行分析,进一步证明了组织内创业活动的相关性。

---

① 希拉·斯劳特,拉里·莱斯利. 学术资本主义[M]. 梁骁,黎丽,译. 北京:北京大学出版社,2014:10.

② PERIS-ORTIZ M, GÓMEZ J A, MERIGÓ-LINDAHL J et al. Entrepreneurial Universities: Exploring the Academic and Innovative Dimensions of Entrepreneurship in Higher Education[M]. Cham: Spriger International Publishing, 2017:11-12.

③ ACS Z J, AUDRETSCH D B, LEHMANN E E. The Knowledge Spillover Theory of Entrepreneurship[J]. Small Business Economy, 2013(41): 757-774.

研究还强调知识溢出理论对创业行为实证研究的开展及创业活动对经济增长能够起到指导作用[①]。

日本学者横山从大学体制、管理、领导和资金来源方面对日本的东京大学、早稻田大学和英国的诺丁汉大学、萨里大学的创业活动进行研究，发现两国大学在组织和推进创业活动、与产业界联系和适应外部环境变革的过程中，采取了相似的以市场为导向的创业机制。但是英国大学的创业活动比日本大学的创业活动开展得更为广泛，这些活动包括与私营企业的合作、股市投资和参与企业活动。英国这两所创业型大学的创业活动直接与融资相关，并对区域经济产生一定影响，特别是在新工党执政时期，政府鼓励高校对区域经济和社会发展有所作为[②]。

格雷罗和厄尔巴诺收集了英国 147 所大学 2005—2007 年教学、科研和创新创业活动对经济产生的影响的数据，以此对英大学创业活动进行分析，指出大学教学、科研和创业活动对区域经济发展有影响作用，其中与知识转移相关的科研教学对创业活动的影响最大。此外，大学的知识过滤（knowledge filters）可以减少知识投入与和知识商业化之间的障碍[③]。

学者们普遍认同这些基于研究创新的创业活动的开展与大学创业战略的制定、创业组织的推动、创业措施的激励和创业设施的提供有密切关系，创业活动对大学发展具有双向的促进作用。首先，创业活动不同于传统学术视角下的教学和研究活动，这里所强调的创业活动指一定程度上涉及个人或机构资金回报、带有风险成分类型的创建企业、提供咨询、社区服务等，这些创业活动会直接或间接地带来声誉、威望和影响力方面的提升及社会利益的回馈。其次，创

---

① ACS Z J，BRAUNERHJELM P，AUDRETSCH D B et al. The Knowledge Spillover Theory of Entrepreneurship[J]. Small Business Economy，2009(32)：15-30.

② YOKOYAMA K. Entrepreneurialism in Japanese and UK Universities：Governance，Management，Leadership，and Funding[J]. Higher Education，2006(52)：523-555.

③ GUERRERO M，CUNNINGHAM J A，URBANO D. Economic Impact of Entrepreneurial Universities' Activities：An Exploratory Study of the United Kingdon[J]. Research Policy，2015，44(3)：748-764.

新是上述创业活动的一大特点,任何通过大学研究产生的发明创造、技术创新、新想法、产品和过程都可以通过大学的渠道进行商业化,也就是说大学的研究导致创新,创新中的一部分可以进行商业转化应用,商业应用又反过来促使创业活动的产生,这一系列的活动在促进经济社会的发展的同时成为创业课程教学的重要补充。最后,创业活动反哺创业教育微观层面的课堂学习和学术研究,一方面,让学生在"做中学"的创业实践中深刻领会课堂教学的理念,并在活动中得以实践运用和锻炼;另一方面,创业活动可以引导以问题为导向和以应用为导向的研究的开展,在很大程度上促进了大学创业教育、应用研究和社会服务的开展,推动了大学的可持续发展。

(二)英国创业型大学的研究综述

从创业在英国的萌芽和兴起至今,已经形成一批从事创业、创业教育和创业型大学学术和教学的研究群体,最有影响力的研究学者有艾伦·吉布(Allan Gibb)、大卫·科比(David Kirby)、保罗·汉农(Paul Hannon)、玛利亚·阿布鲁(Maria Abreu)、瓦蒂姆·格林维赫(Vadim Grinevich)、佐尔坦·阿克斯(Zoltan Acs)、大卫·奥德斯(David Audretsch)、马里贝尔·格雷罗(Maribel Guerrero)、大卫·厄尔巴诺(David Urbano)、艾伦·休斯(Alan Hughes)、科林·琼斯(Colin Jones)、凯利·史密斯(Kelly Smith)、安德鲁·阿瑟顿(Andrew Atherton)、罗娜·柯林斯(Lorna Collins)、大卫·瑞伊(David Rae)、詹森·库伯(Jason Cope)等。这些学者对创业型大学的组织内涵、核心要素和大学使命进行探讨,对创业课程、创业教学、创业活动、创业模式及创业型大学的影响力等方面进行了深入的研究。

英国政府和非政府部门也对创业型大学的发展起到指导和推动的作用。英国国家创业教育中心,前身是英国大学生创业委员会(National Council for Graduate Entrepreneurship,NCGE),其发表的两份创业型大学的报告,成为指导英国创业型大学发展的政策性文件:《迈向创业型大学——将创业教育作为改变的杠杆》(Towards the Entrepreneurial University:Entrepreneurship Education as Lever for Change)(2005)和《引导创业型大学——满足高等教育机构创业发展需求》(Leading the Entrepreneurial University：Meeting the Entrepreneurial Development Needs of Higher Education)(2012)。前者是由 NCGE 名誉教授和学术顾问艾伦·吉布受委托撰写的报告，旨在提出在高等教育框架下可采纳的三种创业发展模式和用来刺激大学获得清晰、明确和令人满意的创业成效可采用的实践步骤。报告明确指出"创业型大学"的认可是英国高等教育进一步发展的重要助力，其中心论点在于大学需要一种新的企业家的精神范式。[1] 而后者是由吉布、哈斯金斯、汉农和罗伯森等共同撰写，报告中提出了作为创业型组织的大学在应对创业挑战时应关注的评估体系和维度，这一评估框架旨在赋予大学各层组织机构相应的自由来进行创新和承担风险，建立内外部社会资本运作和解决问题的信心与能力。

1. 组织机构变革

艾伦·吉布认为，在全球化和高等教育大众化的冲击下，大学面临来自提升毕业生就业能力、转变就业理念、获取知识渠道多元化等的挑战和压力，大学亟须转变传统的组织模式，将知识的应用和创新作为提升大学竞争力的核心要素。这需要转变大学知识创造和生产的方式：从传统的以个人兴趣为导向的基础研究范式向以社会需求为导向的具有公共价值意义的应用研究范式的转变；从各自独立的知识创造向跨学科、国际化、网络化的合作型知识创造转变；从计划体制下以研究经费预算驱动的发展向市场机制下以创新创业驱动的发展转变。大学研究范式、知识生产模式和发展驱动方式的转变都是大学从传统理念下的确定性走向知识经济的不确定性的具体表现，大学需要通过创业的组织变革来实现上述的转变和应对环境的挑战[2]。从大学内部来看，大学在向创业型组织转型和建设中涉及权利和责任、与利益相关者的关系、创业机制、组织文化

① GIBB A. Towards the Entrepreneurial University：Entrepreneurship Education as A Lever for Change[R]. Birmingham：NCGE,2005：8.

② GIBB A, HASKINS G, ROBERTSON I. Leading the Entrepreneurial University：Meeting the Entrepreneurial Development Needs of Higher Education Institutions[R]. Coventry：NCEE，2012：6.

变革和信任制度等五个维度的变革①;从大学外部来看,大学更多地被要求以多种形式参与区域的社会发展和经济建设中,在大学—政府—产业的互动中建立与利益相关者的信任和学习,充分利用社会网络和社会资本开展持续的交流和互动,并保持长期的合作关系,实现大学使命、成果转化、国际化、创业教育和利益相关者互动的战略目标,实现不同战略目标的协同合作②。

2. 英国创业教育

(1)创业教育发展模式

《走向创业型大学》报告提出了三种大学创业教育发展模式,不仅能更准确地反映企业文化的本质,而且更符合传统的大学观念。这三种创业教育发展模式是:完全整合型——嵌入型创业模式(The Fully Integrated and Embedded Model)、中间介入型——大学引领模式(The Intermediate: University-Led Model)和外部支持型——利益相关者驱动型模式(The External Support Model: Stakeholder Driven)。报告认为完全整合型模式是创业型大学最佳集成的发展模式;大学引领模式是一个中间型模式,更接近于传统大学的做法,以设立专家中心的形式来开展和推动创业发展;而利益相关者驱动型模式是一种通过外部商业服务支持来开展创业发展的方案。

《领导创业型大学》报告中列出了 10 项围绕作为创业型组织的大学创新与管理领导力的评估维度,这 10 项指标致力于建立与利益相关者相互依存关系的大学创业领导力:实现大学自治和个人所有权的最大化;秉持共同的价值观/非细节化任务控制系统;激励创新,从错误中学习;为整体项目提供管理机会;建立与客户和利益相关者信誉挂钩的奖励体系;建立可替代高度正式规划的灵活的战略思维;通过行动和向利益相关者学习来鼓励和嘉奖学习;允许在组织

---

① GIBB A. Towards the Entrepreneurial University: Entrepreneurship Education as a Lever for Change[R]. Birmingham: NCGE,2005:24.

② GIBB A. Exploring the Synergistic Potential in Entrepreneurial University Development: Towards the Building of a Strategic Framework [R]. Coventry: NCEE, 2012:1-22.

内外部进行机构重组和整合;委托任务;鼓励教职员发展外部联系。[①] 报告中列出的 10 个评价维度所构成的创业型大学的组织模型将创业的概念从商业化的范畴中拓展开来,重点关注基于创新的大学学术活动,包括课程、教学和项目设计,开展研究与知识传播,研发活动,跨领域与跨学科的风险投资,利益相关者参与的伙伴发展关系,技术知识转移和组织机构的发展等。

艾伦·吉布就创业型大学创业教育开展应关注的五个方面进行了阐述:第一,大力提升学生和教师的创业意识,培养创业能力,以应对全球就业市场的不确定性和复杂性。第二,将创业技能的培养融入课程和教学,在全校范围内开设。第三,培养自我效能,包括就业与创业意识、就业与创业技能、就业与创业自信和就业与创业意图。他强调在加强自我效能培养的过程中,最关键的是能力在实践中的训练,而不是在"在岸上学习游泳"。第四,对现有公司的大力支持,同时鼓励师生一旦有创业理念的设想,立即大胆转变为实际的创业行动。第五,加深学生对微小型和中型企业的认识,鼓励学生到中小企业中就业,支持社会创业。[②] 其他学者也对创业教育研究方法、课程和项目等主题进行了研究。

(2)创业教育内涵与研究方法

利兹大学的布雷恩·琼斯等认为,entrepreneurship education 和 enterprise education(中文都译为"创业教育")是有区别的,不应混为一谈。entrepreneurship education 更多指的是学习商业计划及如何开办公司的过程和实践,而 enterprise education 则更多关注个人作为多变的市场经济环境中的消费者、市民、雇员或者自我雇用者等角色适应环境变化的能力和潜力,以及相应的做出调整的行为和技巧。因此,enterprise education 可以整合到课程中,借助科目的形式在不同的教育阶段进行教学,需要有效的教学法,同时也要基于创业教育的实践应用来加强;相比之下,entrepreneurship education 的教学

① GIBB A, HASKINS G, ROBERTSON I. Leading the Entrepreneurial University: Meeting the Entrepreneurial Development Needs of Higher Education Institutions[R]. Coventry: NCEE, 2012:19.

② GIBB A. Exploring the Synergistic Potential in Entrepreneurial University Development: Towards the Building of a Strategic Framework[R]. Coventry: NCEE, 2012:10.

中,围绕商业计划开展的商业技能学习和商业项目实施扮演重要角色。①

琼斯(2014)进一步提出创业教育的比较研究:何时比(when to compare)、如何比(how to compare)、为何比(why to compare)、比什么(what to compare)、谁来比(who to compare),以及五个方面之间的关系。他认为创业教育比较研究有其优点:有助于概念的理解及概念在具体环境中的解释、应用、调整和发展;在涉及创业教育社会、经济、政治等方面的具体差异上,比较分析的研究方法能使之更加明晰,在分析政策与项目的异同等方面大有益处。这些分析方法有助于从更为宏观的角度认识问题,对于创业教育的影响因素、过程、决定和推动力量等方面有更好的理解。这些理念将有助于创业教育课程往具体适合的情境调整,这些做法无疑会完善政策与项目的制定和设计。②

哈利·麦特莱对英国2006年之前的创业教育研究进行梳理后,提出快照型研究方法(snapshot research methods)无法全面获知创业教育与企业家精神塑造之间的关系,建议采取严谨的历时性实证量化研究来加强政策干预与实际创业效果之间利益相关者的联系,对各类经济活动中创业教育及早期创业的效果进行评价。③

(3)创业教育课程与项目实施

艾伦·吉布在《创业教学法大纲》(A Compendium of Pedagogies for Teaching Entrepreneurship)(2014)中基于"做中学"的理念对创业技能教学策略进行了详细的阐述,目的在于帮助教育者在教学的过程中选取合适的教学方法来促进学生创业态度和创业行为的形成,以及创业知识和创业技能的获取。该大纲在布鲁姆(Bloom)的学习分类法(Taxonomy,1956)、科尔布(Kolb)的体验循环学习法(Experiential Cycle,1984)和雷斯(Race)的涟漪学习法(Ripples

---

① JONES B, IREDALE N. Enterprise and Entrepreneurship Education: Towards a Comparative Analysis[J]. Journal of Enterprising Communities People and Places in the Global Economy,2014(1):6-10.

② JONES B, IREDALE N. Enterprise and Entrepreneurship Education: Towards a Comparative Analysis[J]. Journal of Enterprising Communities People and Places in the Global Economy,2014(1):6-10.

③ MATLAY H. Researching Entrepreneurship and Education: Part 2: What Is Entrepreneurship Education and Does It Matter? [J]. Education+Training,2006,48(8):704-725.

of Learning, 2008)的理论基础上列举了 44 种创业教育教学法。吉布的创业学习成果框架图列出了学习者在经过创业教育学习后应具备的八项能力:关键创业行为、创业技能及创业态度;深切感受创业者的生活世界;习得主要的创业价值观;具备对创业职业的热情,明晰比较优势;了解从事商业或相关行业的过程或阶段;具备与创业相关的通用能力;掌握与创办企业过程相关的重要事宜;洞悉与主要利益相关者之间的关系及其本质。①

剑桥大学创业中心前主任赛伦德拉·维卡南博士在与麻省斯隆商学院尼尔·哈特曼的合著中论述了基于新古典经济学理论和奥地利学派的创业学经济理论,在理论指导下构建了蒂蒙斯创业过程模型(Timmons Model of the entrepreneurial process),用于指导创业教育活动和项目的开展,以及在这些项目活动中参与者自我效能(self-efficacy)的提升和评估情况。②

3. 英国大学知识交流与成果转化

英国创业型大学发展的显著特征之一是政策的导向性作用。大学在政府政策推动下参与创新创业活动,并通过政策的介入将高等教育牢牢置于国家创新和竞争力的前沿③。因此创业型大学在强调组织变革和创业教育的同时,也密切关注服务于社会经济发展的知识交流和成果转化活动。

英国早在 1985 年就开始出台相关政策推动大学的创业活动,然而直到 20 世纪 90 年代末期,具体的国家拨款政策才开始在大学学术研究的商业化领域实施。2003 年英国政府发布《大学与企业合作兰伯特回顾》(Lambert Review on University-Business Collaboration),指出在人力资源的交流和互动的基础上建立成果转化机制,大力拓展产业界和学术界的相互交流和互动,建议开设第三渠道经费(the third stream funding)保障,如合作研究(collaborative

---

① GIBB A, PRICE L. A Compendium of Pedagogies for Teaching Entrepreneurship[R]. Coventry: NCEE, 2014.

② VYAKARNAM S, HARTMA N. Unlocking the Enterpriser Inside: A Book of Why, What and How[M]. Singapore: World Scientific, 2011.

③ GIBB A, HASKINS G, ROBERTSON I. Leading the Entrepreneurial University: Meeting the Entrepreneurial Development Needs of Higher Education Institutions[R]. Coventry: NCEE, 2012:11.

research)、合同研究(contract research)、咨询(consultancy)和大学的衍生活动(university reach-out activities)等各种成果转化,重视对大学衍生公司的创建和发展①。大学被鼓励通过各类资助参与第三渠道活动,并将第三渠道活动作为大学参与地方、社会和企业知识交流与成果转化的载体和媒介。作为"第三渠道活动"(Third Stream Activities,TSA)经费来源的"第三渠道融资"(Third-Stream Funding)就成为衡量高等教育成效的一个关键指标,并对政府的拨款产生重要影响。②英国七个研究委员会为第三渠道活动拨款的类型包括:(1)根据项目的影响力决定拨款额度;(2)根据商业产出(如衍生公司)进行拨款;(3)根据区域/地方参与或管理程度进行拨款。③

第三渠道活动形式的多样性和所处环境的不断变化,导致其资金来源具有差异性,也为定义"第三渠道活动"带来一定的复杂性。从英国高等教育创新基金所支持的项目来看,"第三流活动"涵盖了包括知识交流(knowledge exchange)、技术转移(technology transfer)等领域的创业活动,具体如授权/许可(licensing)、衍生公司(spin-offs)、提升创业文化意识(awareness raising)、拓展社区服务(extension services to local communities)和创业教育(enterprise education)等多种形式的创业项目和创新创业活动。因此,有学者将"第三渠道活动"定义为"大学的教学和研究之外的任何活动"④。尽管不同的大学可能会采取不同的方式来形成第三渠道活动的概念并促进它的发展,但是有一点普遍认同和明确的是,"第三渠道活动"应该与教学和科研保持紧密的联系,并强调它们之间的协同性与整合性。协同与整合"第三渠道活动"的重要结果是,这些

① HM TREASURY. Lambert Review of Business-University Collaboration [R]. Norwich: HMSO,2003.

② PACEC. Evaluation of the Effectiveness and Role of HEFCE/OSIThird Stream Funding [R]. Cambridge:PACEC,2009.

③ TRIPPLE M, SINOZIC T, SMITH H L. The Role of Universities in Regional Development: Conceptual Models and Policy Insititutions in the UK, Sweden and Austria[J]. European Planning Studies,2015(23):1730.

④ HIGHER EDUCATION POLICY INSTITUTE. Development of Third Stream Activity Lessons from International Experience[R]. Bristol:HEFCE,2005:7-8.

活动会自然而然地嵌入教学和研究的活动中,成为教学与研究的拓展。对于关注经济社会影响的创业型大学,往往强调研究成果的学术价值,并且关注他们的研究对社会产生的影响。同样的,在教学中,以经济社会影响为目标的大学,也会自然而然地将第三渠道活动的影响纳入教学评论中,作为对教学效果反馈意见的一个重要的形式①。

在大学从事的创业活动与"第三渠道活动"的关系探讨中,卡尔德拉和德邦德认为大学的创业活动有软创业和硬创业之分。软创业活动如公开讲座、提供咨询等,硬创业活动如授权许可或衍生公司②,软创业活动与传统大学的使命和任务较为切合。在英国,几乎每一所高校都开展这种软创业活动。而"第三渠道活动"常常与创业型大学联系在一起,因此与硬创业活动紧密相关③。同时,由于承载着知识交流和成果转化作用的第三渠道活动必定在大学与产业、第三部门和社会的互动之间产生,因此其运作被认为是符合三螺旋理论的。在这个理论框架中,政府的政策或明示或暗示地强调了大学在跨部门创新和经济发展中将起到越来越大的作用,因此第三渠道活动有助于推动大学的知识交流与成果转化,进一步加强大学与产业和社会的联系,也有助于推进三螺旋理论的发展④。

在创新创业活动对教学科研活动与区域经济发展的影响力研究中,学者普遍认同学术的创业活动是反哺和促进创业教育的渠道之一。这些学术创业活动不仅涉及衍生公司和授权许可,还包括教学和研究等传统学术活动之外的创新创业活动,如大学生通过知识产权(IP)体系和技术转移办公室(TTOs)的运

---

① HIGHER EDUCATION POLICY INSTITUTE. Development of Third Stream Activity Lessons from International Experience[R]. Bristol: HEFCE, 2005:3.

② CALDERA A, DEBANDE O. Performance of Spanish Universities in Technology Transfer: An Empirical Analysis[J]. Research Policy, 2010,39(9): 1160-1173.

③ PHILPOTT K, DOOLEYL, O'REILLY C et al. The Entrepreneurial University: Examining the Underlying Academic Tensions[J]. Technovation, 2011,31(4):161-170.

④ ROSSI F, ROSLI A. Indicators of University-Industry Knowledge Transfer Performance and Their Implications for Universities: Evidence from the United Kingdom[J]. Studies in Higher Education, 2015,40(10): 1970-1991.

作和推进参与大学创新创业活动[①]。知识资本是生产力的决定力量,也是竞争优势的原动力,知识资本的参与促进了创业型活动的开展,这些学术创新创业活动的开展又对经济发展产生了一定的影响。研究表明:英国大学的科研、教学和创业活动均对经济发展产生影响,特别是在知识转移领域具有较大影响力。[②]

三、研究评析

创业型大学的概念已经在全世界范围内被采纳,全球范围内创业型大学的研究成果也颇为丰富,在不同文化和国际政策的背景中,有关创业型大学的实践也在不断地调整和适应,为本研究奠定了坚实的理论基础。本节对国内外学者和相关组织对创业型大学的理论、特征和构成要素的观点进行了梳理,对英国创业型大学研究中的几个基本问题进行了探讨:创业型大学的核心要素、创业型大学的组织机构特点、创业型大学开展创业教育的特征和成效及英国创业型大学与外界开展知识交流和成果转化的第三渠道活动的研究现状,在对以上文献的梳理中我们可以总结出现有研究的共识。

第一,创业型大学是一个独立机构,同时又与政府、产业和社会存在相互依存的关系,专注于知识的资本化(capitalization of knowledge)和商业化,创业型大学是具备创新、承担风险和处理不确定性能力的组织,是一个能体现自反性(reflexivity)并在内部实现持续更新(continuous renewal)的大学。[③]

第二,创业型大学区别于传统大学的核心要素和主要特征体现在其战略定位、组织架构、创业文化、知识交流的开展及与外部利益相关者的互动,其知识

① ABREU M, GRINEVICH V. The Nature of Academic Entrepreneurship in the UK: Widening the Focus on Entrepreneurial Activities[J]. Research Policy, 2013(42):408-422.

② GUERRERO M, CUNNINGHAM J A, URBANO D. Economic Impact of Entrepreneurial Universities' Activities: An Exploratory Study of the United Kingdom[J]. Research Policy, 2015,44(3): 748-764.

③ ETZKOWITZ H. The Evolution of the Entrepreneurial University [J]. Technology and Globalization, 2004,1(1):64-77.

交流转化在英国主要以"第三渠道活动"的形式来呈现,并推动创业型大学的发展,这些活动不但对地方经济社会的发展产生了广泛而深入的影响,同时还与大学的教学和科研保持紧密的联系,形成创业型大学创业发展模式的建设路径。

第三,英国创业型大学的转型发展、战略规划、组织架构、文化建设和知识交流的实施都得益于政府部门和非政府机构政策举措的大力推动,在其指导下发展创业型大学并形成模式。英国政府和社会组织为大学转型、创业教育、创业活动和知识交流的开展建立了持续沟通与交流的社会网络,为大学实施知识交流和成果转化搭建了创新的平台,促使大学在与外界的互动中发挥区域性作用,推动大学通过知识创新服务产业和社会的发展来搭建平台。

现有的研究成果为本研究奠定了理论基础,在对文献的梳理过程中也发现既往研究中尚存在不足和局限,具体表现在:

第一,对创业型大学要素及其互动机制研究尚存在探索的空间。

国内学者对创业型大学的研究更多地关注概念内涵、管理模式、组织特征及对创业型大学中学术自治和学术资本等问题的争论和探讨;对创业型大学核心的战略、组织、机制和文化等要素及其互动机制关注较少,对创业型大学知识溢出与区域影响力之间关系的研究也尚未形成体系。

第二,缺乏对英国创业型大学发展的历时和多视角的研究。

一方面,现有研究对英国创业型大学的认识还停留在伯顿·克拉克所研究的两所创业型大学沃里克和斯特拉斯克莱德的局限之内,尚未秉持发展的、动态的和历时的视角对英国创业型大学的发展做出全面的诠释。另一方面,有学者在研究中将英国创业型大学的发展模式限定在教学型大学的转型与变革,否定了基于研究创新为核心要素发展的理念。尽管英国创业型大学的发展步伐带有英国传统文化一贯的博弈与谨慎,但是将英国创业型大学限定在教学型大学的转型,否定其以研究创新为核心要素发展,否定其服务社会和大学创业的职能是不公平的。英国国家创业教育中心政策报告《引导创业型大学》(2012 年)

明确创业型大学应具备"创新、承担风险与处理不确定性状况的能力"等特征①，并在 2018 年的报告《再谈创业型大学：促进不确定时期的大学变革》中强调了这一特征，重申创新、研究和抵御不确定性风险是研究英国创业型大学变革和发展②的重要前提。

第三，对英国创业型大学外部环境的研究亟待加强。

创业型大学的发展模式是在大学内外部创业制度体系和创业核心要素共同作用下推动和形成的结果，在进行内部转型和变革的同时，外部主体的支持与互动同样值得考量。与欧洲创业型大学和美国创业型大学的研究相比，现有研究鲜少将三螺旋的创新互动理论应用于英国创业型大学的研究，始终将英国创业型大学的发展囿于大学内部的组织变革，对英国大学与政府、社会和产业的外部关系发展规律和环境要素的影响研究也鲜少关注。

英国是一个有着悠久大学自治传统和独特大学发展史的国度，置身于新公共管理主义主导并能在知识经济浪潮中依然坚守和成长的英国创业型大学，其成效和不足都值得我们做出进一步的深入研究和思考。英国创业型大学的发展路径和外部支持体系中的协同合作中所展示出来的创业型大学发展要素与三螺旋主体间的互动与交流，创业组织架构推动的创业型人才培养、创业文化培育及社会服务推动与大学使命融合机制中呈现出来的实践性和理论性同样也值得我们关注，不容忽视。

第四节　核心概念界定

一、创业型大学

"创业型"是一个含义丰富但是极具针对性的词语，指最可靠地促成现代自

---

① GIBB A，HASKINS G，ROBERTSON I. Leading the Entrepreneurial University：Meeting the Entrepreneurial Development Needs of Higher Education Institutions[R]. Coventry：NCEE，2012：18.

② BAKER C. The Entrepreneurial University Revisited：Promoting Change in Terms of Uncertainty[R]. Coventry：NCEE，2018.

力更生和自我驾驭的大学所持的态度和历经的过程。① 英国创业教育中心的政策报告认为,创业型大学既可以是具备强劲科研实力的大学,也可以是新组建的大学。这些大学具备顺应时代发展变化的特征和相应的大学文化理念,从事大学知识的商业化和技术转移,符合政府—企业—高校关系的三螺旋甚至包含社会要素在内的四螺旋理论,强调应对全球劳动力市场需求的毕业生就业能力与技能的培训。② 从美国、欧洲和亚洲各国的经验总结中也可以看出,创业型大学表现出以下发展趋势:明确知识整合和分享的大学理念,具备将研究成果商业化并在社会中创造价值的企业家精神,鼓励从事科技园、孵化器、技术转移办公室和专利保护等创业活动,积极与更广泛的利益相关者群体进行接触,鼓励跨学科跨领域的活动并建立跨学科跨部门的研发中心,确保创业教育被嵌入所有的教师群体和主要工作人员的观念,并融入课程教学③和大学文化之中。表1-3 总结了近 20 年来学者对创业型大学概念的界定和梳理。

表 1-3 创业型大学概念

年份	学者	定义
1995	Chrisman, Hynes and Fraser	创业型大学涉及"大学教授、专业技术人员或学生创办新企业"的活动
1995	Dill	大学技术转移和大学研究成果商业化是创业型大学的主要特征
1998	Clark	创新型的企业运作模式和重大的组织转型并赋予传统大学以新的内容和新的形式
1998	Etzkowitz	有多元资金来源渠道的大学,比如通过专利、合同研究或与企业合资方式获取资金
1999	Subotzky	推进校企合作,以获取外部资源作为资金的管理模式

---

① 伯顿·克拉克. 大学的持续变革——创业型大学新案例和新概念[M]. 王承绪,译. 北京:人民教育出版社,2008:9.

② GIBB A, HASKINS G, ROBERTSON I. Leading the Entrepreneurial University: Meeting the Entrepreneurial Development Needs of Higher Education Institutions[R]. Coventry: NCEE, 2012:3.

③ GIBB A. Towards the Entrepreneurial University: Entrepreneurship Education as a Lever for Change[R]. Birmingham: NCGE, 2005:8.

续表

年份	学者	定义
2003	Etzkowitz	天然的孵化器,为师生创建企业和成果商业化提供支持的大学
2003	Williams	向产业界销售知识和服务
2003	Jacob M, Lundqvist and Hellsmark	基于商业化(包括提供课程培训、咨询服务和拓展活动)和商品化(专利、授权许可或学生创办企业)的大学
2006	Kirby	具备创新、识别和创造机会、团队合作、冒险和迎接挑战的能力
2006	Guerrero-Cano, Kirby and Urbano	创业型大学指的是具备创新、识别和创造机会、团队合作、冒险精神和迎接挑战能力的大学,并在此基础上,寻求组织结构的重大转型以适应知识经济发展需求的大学。换句话说,就是能够为师生创办公司提供智力、商业和联络支撑的天然孵化器

资料来源:①ETZKOWITZ H. The Norms of Entrepreneurial Science:Cognitive Effects of the New University-industry Linkages[J]. Research Policy,1998,27(8):823-833;②ETZKOWITZ H. Innovation in Innovation:The Triple Helix of University-industry-Government Relations[J]. Social Science Information,2003,42(3):293-337;③KIRBY D. Creating Entrepreneurial Universities in the UK:Applying Entrepreneurship Theory to Practice[J]. The Journal of Technology Transfer,2006(31):599-603;④OECD. A Guiding Framework for Entrepreneurial Universities[R]. Paris:OECD Publishing,2012;⑤伯顿·克拉克.建立创业型大学:组织上转型的途径[M].王承绪,译. 北京:人民教育出版社,2003.

本书所探讨的创业型大学是包括教学主导型和研究主导型在内的具备以下要素的创业型大学:以知识、技术和研究创新为根本,具有符合自身发展的创业战略和服务于发展战略的创业型组织建设和保障,以创业人才培养和制度建设作为创业文化培育路径,具备研究成果商业化的条件并在创业活动中创造社会价值,将应对不确定性的挑战作为其使命与目标。

本书中英国创业型大学案例的选取来自以下几个渠道:泰晤士高等教育创业型大学年度评选入围院校名单;英国媒体创业型大学影响力评选名单;将大学创业战略确定为创业型大学的高校及在公开发表的学术研究中明确表现自己为创业型大学的高校。

二、发展模式

大学模式是一个抽象的概念,是大学群体或某个大学在办学理念、发展战略、组织方式、管理体系、人才培养和社会发展等方面的经验总结[①]。贝尔纳斯科尼(Bernasconi)将大学模式分为两个层面:一是大学的本质、作用、组织模式及其与国家和整个社会之间关系的文化内涵,二是大学文化内涵与其他组织角色和组织模式产生规范性影响的作用[②]。因此大学发展模式既牵涉大学内部的制度体系,也涵盖外部的互动关系。在实践过程中,发展模式呈现出以下特征:基本成型又不固化的发展路径,制度性的引导和规范,创造性的应用及受惯性力量影响的自我强化[③]。本书将大学创业发展模式定义为在创业战略引导下,由创业组织实施规范,各创业机制要素有序运行,具备一定创业文化特征的发展路径与创业经验的总和。

三、创业组织

相对于学科型组织而言,创业型组织具有新知识生产和知识应用的主要特征[④],具有组织网络结构、组织机制和组织资源,以调配创业资源的配置实现动态性平衡,保障创业型大学内部和外部创业意图的实现和创业实践的成功,因此,创业型组织具有动态性、组织边界模糊性和跨文化性。[⑤] 本书将创业型组织定义为创业型大学为保障战略实施、人才培养、文化建设、知识交流和研究商业化等创业资源的动态配置,以及创业活动的实施和开展,而与外部创新主体间交流互动的组织机构。创业型组织类型包括创业中心、创新中心、跨学科研究

① 黄成亮. 中国大学模式探析[J]. 高等教育研究,2010,31(12):16-23.
② BERNASCONIA. Is There a Latin American Model of the University? [J]. Comparative Education Review,2008,52(1):27-52.
③ 李培凤. 基于三螺旋创新理论的大学发展模式变革研究[D]. 太原:山西大学,2015:36-37.
④ 文少保. 走向知识创业型组织培养科技转化型人才——从美国跨学科研究组织创新视角求解"钱学森之问"[J]. 长春工业大学学报,2011,32(4):38-40.
⑤ 易高峰. 崛起中的创业型大学——基于研究型大学模式变革的视角[M]. 上海:上海交通大学出版社,2011:64.

中心、大学技术专业办公室、大学商业化部门、孵化器、科技园等。

四、创业文化

文化是"一个时代用以处理它的生活的思想体系"和"关于世界和同胞的性质的一种信念"[1],作为社会文化形态的特殊表现形式,大学文化包括精神文化、制度文化、物质文化和行为文化[2],是大学履行办学使命和功能必不可少的要素之一。有学者将创业文化的特点归纳为:更加积极沟通和坦诚的态度;公平处理竞争的能力;承认缺点和解决问题的勇气;面对问责的担当[3]。这些特点可以通过创业的学习和体验获得和迁移,并创造新的价值[4]。本书将创业文化定义为通过创业教育的实施、创业行为的体验、创业设施的配备和创业技能的迁移实现创业制度、物质和行为文化育人的一系列创业信念塑造的总和。

五、第三渠道活动

英国"第三渠道"活动是英国大学与英国社会经济交流的纽带,是推动英国社会经济发展的助推器。[5] 但是由于其形式的多样化和所处环境的不断变化,第三渠道活动概念界定具有一定的复杂性和模糊性。本书根据英国高等教育基金委员会下设的高等教育创新基金对第三渠道活动的拨款项目类型[6],将"第

---

① 克拉克·克尔. 高等教育不能回避历史——21 世纪的问题[M]. 王承绪,译. 杭州:浙江教育出版社,2001:5.

② 宋清华. 论校园文化育人功能的完善[J]. 教育评论,2011(5):63-65.

③ DAVIESJ L. The Emergence of Entrepreneurial Cultures in European Universities[J]. Higher Education Management,2001,13(2):25-42.

④ RAED, GEE S, MOON R. Creating an Enterprise Culture in a University: The Role of an Entrepreneurial Learning Team[J]. Industry and Higher Education,2009,23(3):183-197.

⑤ FULLER D, BEYNON M, PICKERNELL D. Indexing Third Stream Activities in UK Universities: Exploring Entrepreneurial/Enterprising University [J]. Studies in Higher Education,2017:1.

⑥ HEFCE. Higher Education Innovation Funding 2011-12 to 2014-15, Policy, Final Allocations and Request for Institutional Strategies[EB/OL]. (2011-05-04)[2019-06-13]. http://www. dera. ioe. ac. uk/id/eprint/3646/1/1L16pdf.

三渠道活动"定义为能够为大学带来第三渠道收入的知识交流、技术转移和社会创业等活动。

第五节 研究思路与研究方法

一、研究思路

本书以新公共管理主义主导下高等教育大众化和市场化变革的时代为背景,首先从教育学的视角探究英国创业型大学转型发展的背景动因、发展路径、实践成效与创业特点;其次从经济学的视角探讨创业型大学创业要素之间的运行、创新主体之间的互动,分析创业型大学与创业溢出之间的影响力,并以案例形式对以上论点做出进一步说明;最后力求从三螺旋理论和创业知识溢出理论的视角提炼出英国创业型大学创业发展模式,在对英国创业型大学特点和经验进行总结的同时,为我国高等教育的变革和发展提供借鉴,为高校创业人才的培养和创业文化的培育提供参考,对产学研协同合作的知识交流机制提出构想,对大学走向社会中心并服务于社会经济发展的路径提出展望。

如图 1-3 所示,在以英国创业型大学为研究对象,厘清英国创业型大学的理论溯源和背景动因的前提下,着重分析英国创业型大学发展要素的运行和互动,提炼其发展模式的特点、成效和影响,力求回答以下问题:(1)英国创业型大学发展模式由哪些关键要素构成?(2)英国创业型大学要素之间如何运行和互动?(3)英国创业型大学的发展模式有哪些类型和特点?(4)英国创业型大学发展模式研究对我们有何启示? 本书以问题为导向,进行了以下的研究和论述:

第一章:绪论。提出研究的缘起和选题意义,梳理创业型大学的相关研究。根据文献研究总结出构成创业型大学的核心要素:创新、创业组织、创业教育、创业活动。在对英国创业型大学的文献研究的基础上界定创业型大学、创业型

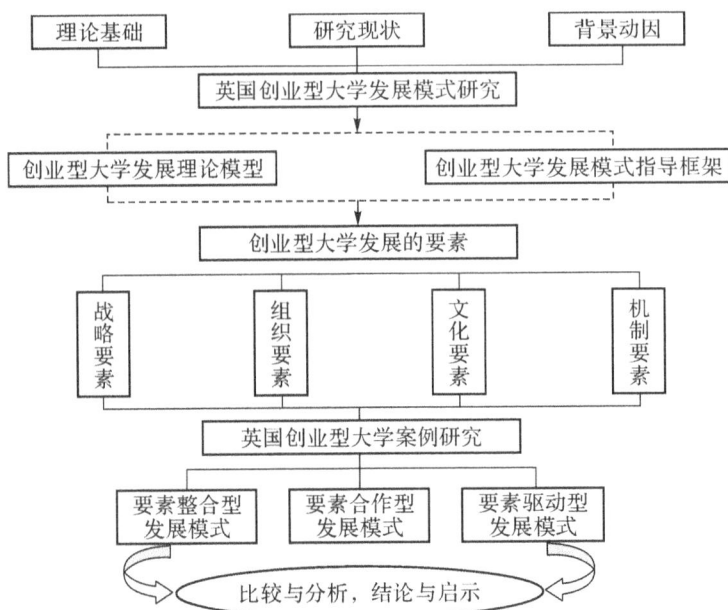

图 1-3 英国创业型大学发展模式研究框架

组织、发展模式、创业组织、创业文化和"第三渠道活动"的概念内涵。

第二章：英国创业型大学发展模式的理论基础与分析框架。阐述三螺旋理论和知识溢出创业理论的主要内容和理论特征，在分析理论与创业型大学联系的基础上构建英国创业型大学发展模式研究的分析框架，用以指导本研究主体部分的分析和论述。

第三章：英国创业型大学发展模式形成的背景动因。回顾创业型大学兴起和发展过程中的政治、经济、文化和教育的历史沿革，分析上述历史背景下的福利制度变革、创业政策推动、社会组织支持及办学理念的转变的深层动因，厘清英国创业型大学发展模式的形成与发展脉络。

第四章：英国创业型大学发展模式的构成要素。根据对英国创业型大学研究和发展的文献评述，本章将英国创业型大学发展模式的关键要素锁定为指引创业发展方向的战略要素、保障创业规划实施的组织要素、提供创业环境营造的文化要素、实现知识生产模式直接转变的机制要素。在战略制定、组织架构、文化建设和知识交流四个维度上考察英国创业型大学发展要素的整合、协同、驱动等运行情况和溢出机制。

第五章：英国创业型大学发展模式的分析及比较。在要素构成的基础上选取典型的英国创业型大学的案例进行分析并提炼出英国创业型大学的三种具有代表性意义的发展模式：要素整合型发展模式、要素合作型发展模式和要素驱动型发展模式，探讨不同模式中关键要素的运行、互动和创业溢出的具体形式，比较三种发展模式的特征差异和适用范围。

第六章：英国创业型大学发展模式的特点与反思。总结和提炼英国创业型大学要素特征、创业路径和发展模式的普遍性经验和特点，分析英国创业型大学发展模式形成的深层动因。从英国创业型大学的发展模式中思考大学的知识生产方式、大学使命与职能、高等教育分层分类治理体系和创新要素循环互动的生态体系的构建，力求从理论—实践—理论的认识过程，为我国高等教育的转型与变革、使命与职能的重塑、组织建设与人才培养、文化培育与社会服务等方面提供理论和实践的参考。

二、研究方法

1. 文献研究法

文献法是一种既古老又富有生命力的科学研究方法，也是众多研究方法中最基本和常用的一种。教育文献是以记载、反映教育活动、人物、理论和事件为主要内容的文献，有第一手文献与第二手文献之分。本书中第一手文献内容涵盖经济合作与发展组织（OECD）、世界经济论坛（WEF）、欧盟（EC）、全球创业观察项目（GEM）等国际组织和协会的政策、文件和规划；英国商业、创新与技能部（BIS）、英国创业教育中心（NCEE）、创业型大学领导者协会（EULP）、英国大学协会（Universities UK）、英国创新署（Innovate UK）、英国高等教育基金委员会（HEFCE）等政府部门和创业型大学、创业教育、知识交流与成果转化相关的政策、文件、统计资料和研究报告；学校和各类高等教育机构、创业教育、创新和创业组织的创业活动、创新研究、创业项目等报道和研究成果。第二手资料涵盖学者公开发表的期刊论文、学术著作、学术会议报告和报纸;对创业型大学服务社会和区域影响的相关报道与评述等。文献来源渠道除了上述机构相关来源,还包括 Springer、Taylor & Francis、Web of Science、JSTOR、Emerald、Springer、bookzz. org、CNKI、万方等中英文数据库和 Google Scholar 搜索引擎。本书对从以上渠道收集和检索到的资料进行梳理、追踪、分析和提炼,得出符合创业型大学的发展模式。

2. 比较法

贝雷迪将比较教育划分为"描述和解释阶段的区域研究"及"并置和假设阶段的比较研究"[①],巴纳德将"学校之外"的民族性作为比较教育方法论的中心论题[②]。本书尝试采用比较研究法和"立足本土、放眼世界"的比较教育理念,对英国创业型大学转型与发展的政治、经济、文化和教育背景因素进行考量,对创业型大学发展要素的运行和互动的特点展开比较分析,探寻英国创业型大学变革的政策影响、社会推动、产业支持及高等教育自身的转型诉求,分析英国创业型大学建设的成效及其创业知识溢出对社会区域产生的影响,为我国高等教育改革和发展、提升大学知识成果转化能力、助推大学承担社会责任和服务国家战略职能的实现提供借鉴。

3. 案例研究法

本书对创业型大学的战略发展、组织建设、文化培育和知识交流展开详细分析,以英国考文垂大学、伦敦大学国王学院和剑桥大学为典型代表,力图分析创业型大学发展要素的运行与互动的完整图貌,总结和提炼其创业发展模式的有效策略和特点,作为英国创业型大学实践和英国高等教育理论发展的组成部分。

---

① 转引自王承绪. 比较教育学史[M]. 北京:人民教育出版社,1999:4.
② 转引自王承绪. 比较教育学史[M]. 北京:人民教育出版社,1999:57.

第六节 研究的创新性与不足

一、研究的创新性

第一,研究内容覆盖的系统性。本书以英国创业型大学为研究点,以大学创业发展模式的关键构成要素为研究维度,探讨创业型大学发展模式的要素特征,分析了以政府、社会和产业为支撑的外部区域环境下英国创业型大学要素间的协作和互动,从较为系统的角度研究英国创业型大学发展模式构建的策略和路径,为我国的高等教育变革和发展提供借鉴。

第二,研究维度选取的创新性。以往研究多以组织变革或大学转型的角度作为创业型大学研究的关注点,而未对创业型大学发展关键要素的互动机制做出系统性分析。本书基于创业型大学理论模型、经济合作组织创业型大学建设路径及英国创业教育中心创业型大学建设指导框架的主要内涵,提炼出创业型大学发展模式的四个基准,围绕战略要素、组织要素、文化要素和机制要素等维度,深入分析要素之间的运作模式和互动特征,提出不同发展模式呈现出不同的要素互动机制,为大学分层分类体系的构建提供有意义的结论。

二、研究的不足

第一,本书是对广泛意义上的创业型大学发展模式的初步探索,未能全方位地覆盖创业型大学转型和发展的实践,例如艺术类和STEM类行业高校的创业展模式对社会文化发展的影响等未能纳入本书的研究范畴。此外,本书也未能细化到每一个发展维度的探讨,例如,英国创业型大学国际化创业策略和路径的研究也未列入研究维度进行考量。每一个发展模式和要素都具有其特征和规律,未尽研究将作为相对独立的分支在后续研究中进一步深入、系统地进行探讨。

第二,缺乏实证研究。在研究期间,笔者受各种主客观因素制约,未能亲自赴英国进行考察和调研,缺乏直接的实证研究。这一点也将在后续的研究中尽量弥补。

第二章

英国创业型大学发展模式研究的
理论基础与分析框架

第一节　理论基础

本节对构成本研究理论基础的三螺旋理论和知识溢出理论的内容和特征进行梳理,对理论模式构建、运行特征、要素构成及与创业型大学的关系做出阐述和评析。

一、三螺旋理论

(一)三螺旋理论的模型构建

20 世纪 30 年代,学者们开始对波士顿经济复兴中学术研究成果在大学与产业和政府合作中的应用情况开展研究,发现了从"大学—产业"的双螺旋到"大学—产业—政府"的三螺旋互动模式[①]的演变,这一模式对新英格兰区域的复兴起到重要的作用[②],且造就了著名的高科技产业中心——硅谷。在对三螺旋互动模式作用的不断分析概括中,这一模式被发展为一个经验性和常规性的

---

① 转引自 ETZKOWITZ H, KLOFSTEN M. The Innovating Region: Toward a Theory of Knowledge-based Regional Development[J]. R&D Management,2005,35(3):243-255.

② ETZKOWITZ H. Enterprises from Science: The Origins of Science-based Regional Economic Development[J]. Minerva, 1993,31(3):327-360.

概念。①

埃兹科维茨和雷德斯多夫认为,三螺旋互动模式关注大学、产业和政府三方在供给侧基础性研究中的互动关系,这些互动不仅体现在技术政策上,也体现在技术研究的层面②,因此三螺旋理论是构成国家创新战略的重要组成部分。随着创新体系的演变,三螺旋互动模式经历了从中央集权制模式到混合结构模式的发展(见图 2-1)③。

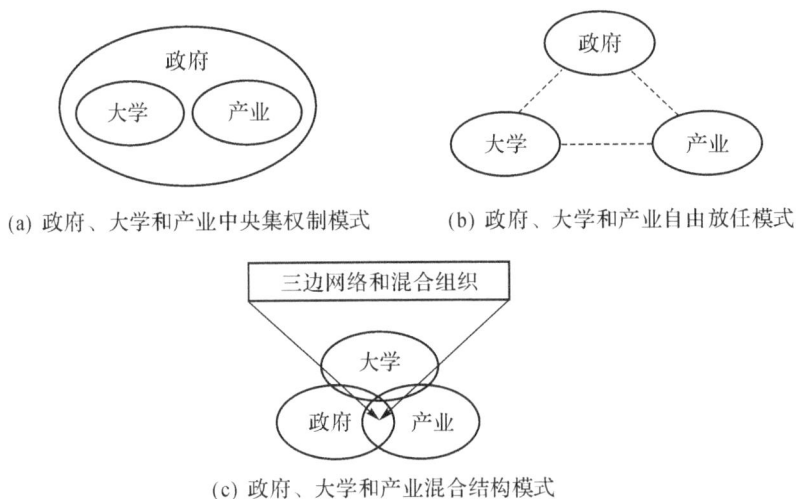

(a) 政府、大学和产业中央集权制模式　　　(b) 政府、大学和产业自由放任模式

(c) 政府、大学和产业混合结构模式

图 2-1　政府、大学和产业三螺旋互动模式

在图 2-1 的(a)模式中,政府位于大学和产业之上,在开发项目和提供资源上起到指导和主导的作用,大学和产业是独立的弱势机构,彼此互不往来,政府、大学和产业之间形成政府干预的模式。埃兹科维茨认为,苏联、拉美国家和欧洲的挪威属于这一类模式。在政府干预的模式中,因为学术机构和产业部门

---

① 亨利・埃兹科维茨. 国家创新模式——大学、产业、政府"三螺旋"创新战略[M]. 周彦春,译. 北京:东方出版社,2014:2.

② ETZKOWITZ H. LEYDESDORFF L. The Triple Helix: University-industry-government Relations: A Laboratory for Knowledge based Economic Development[J]. EASST Review, 1995(1):14-19.

③ ETZKOWITZ H, LEYDESDORFF L. The Dynamics of Innovation: From National Systems and Mode 2 to a Triple Helix [J]. Research Policy, 2000(29): 109-123.

无权直接安排事务,会在技术转移过程中产生阻碍。但是在非常时期,集权制模式能最大限度地发挥政府的作用,通过国家的干预和战略调整,可以把大学和产业的资源集中调动起来为国家服务,如美国在二战时期实施的"曼哈顿计划"。

图 2-1 中的(b)模式显示,政府、大学和产业分别处于不同的机构范畴内,有明确的边界,彼此独立,这是一种自由放任型的模式。政府在这种模式下主要起调节的作用,资源由市场来配置;大学的作用是培养行业需要的人才、开展基础研究,并将研究成果以公开发表的出版物的形式展示给社会;而产业负责生产,只希冀从大学获得有用的知识,校企间无实质性合作的互动。

图 2-1 中的(c)模式是一个混合结构模式,政府、大学和产业三方在各自扮演自己角色的同时相互作用,产生出一个机构范畴重叠的领域,这个重叠的领域被认为是一个蕴含创新动力的混合组织,如创新孵化器、跨学科的创业中心、校企合作的研究中心和战略联盟。在前两种模式中,大学都处在三者关系的次要位置,而在三螺旋互动模式中,大学与产业、政府一道成为主导机构,大学及其他知识生产机构等创新元素的加入带来了政府、大学和产业三者关系的重新调整,说明在以知识为基础的社会,高校在创新体系中将发挥越来越重要的作用。[①]

(二)三螺旋理论的运行特征

目前学术界认为,创新研究主要包含豪尔赫·萨巴托(Jorge Sabato)的三元理论、克里斯托弗·弗里曼(Christopher Freeman)的国家创新系统研究、菲利普·尼古拉斯·库克(Philip Nicholas Cooke)的区域创新系统研究、波特的产业集群战略研究和三螺旋理论研究。三螺旋理论的产生源于对波士顿经济和新英格兰区域创新实践的经验总结,根据三螺旋理论,知识是经济增长的要素,创新主体相互作用是促进区域持续创新的动力,是对创新理论研究的补充。

---

① ETZKOWITZ H, LEYDESDORFF L. The Dynamics of Innovation: From National Systems and Mode 2 to a Triple Helix [J]. Research Policy, 2000(29): 109-123.

埃兹科维茨和雷德斯多夫指出三螺旋模型的发展有四个维度:第一个维度是模型内部的螺旋转化,这是每个螺旋的横向联系,如大学之间通过任务互相联系或者企业之间的商业联盟;第二个维度是螺旋之间的互相影响,如政府政策对企业或大学产生的影响;第三个维度是模型中三个螺旋之间的三维网络组织产生的相互作用,其合力产生出一个代表高科技、新思想和新方向的创新体;第四个维度是新社团实体在社会范围内进行螺旋式交互融合的影响,这种影响以各种联盟和联合的形式存在于各级政府、企业和大学的元素之间。[①] 三螺旋模型的四个维度表明,大学不仅是初创企业和老企业的技术资源,已然成为各国甚至全世界创新政策的关键因素。

在创新和可持续发展的维度上,三螺旋理论认为可以通过大学—产业—政府和大学—公众—政府这两个三螺旋的耦合运动来实现创新的可持续发展(见图2-2)。

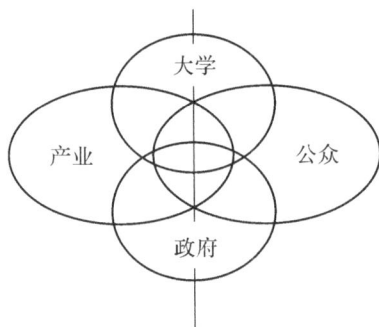

图 2-2　两个三螺旋的耦合运动

资料来源:亨利·埃兹科维茨.国家创新模式——大学、产业、政府"三螺旋"创新战略[M].周彦春,译.北京:东方出版社,2014:20.

图 2-2 中展示了两个三螺旋的耦合运动:大学—产业—政府三螺旋的互动目的在于实现创新的目标,大学—公众—政府的三螺旋力求在创新过程中确保对创新和发展中可能出现的损害人类健康、道德和环境的行为建立约束和监督

---

① ETZKOWITZ H, LEYDESDORFF L. A Triple Helix of Academic-industry-government Relations:Development models Beyond "Capitalism versus Socialism"[J]. Current Science, 1996,70(8):690-693.

机制。三螺旋理论认为正是两个三螺旋之间存在的价值与目标的矛盾和张力、冲突和协调的耦合运动构成了创新与可持续发展之间的平衡,促进了经济与社会和谐、持续地发展[①]。

总体而言,三螺旋理论下的创新体系是在三个主体要素相对独立又相互作用的情况下运行的,其运行路径是一个螺旋上升的轨迹,大学主体这个螺旋提供推动力,产业主体这个螺旋提供拉动力,政府通过调控和资源配置整合这两种力量,构成一幅产业发展的图景[②],而创业型大学则是推动力螺旋中促进知识和技术转移的重要力量。

(三)三螺旋理论与创业型大学

有学者认为,第一次学术革命是教学型大学向研究型大学的演变,第二次学术革命是研究型大学到创业型大学的转型,大学从专事教学和研究的象牙塔走向社会,开始了与外部社会的交流与互动(见图 2-3)[③]。

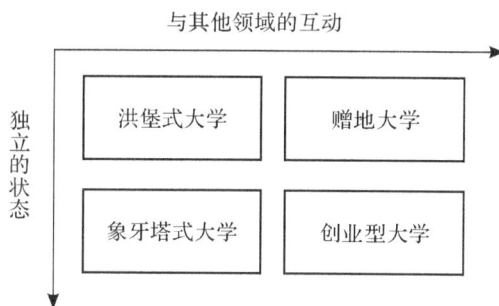

图 2-3　第二次学术革命中大学的转型

三螺旋理论是在区域创新系统的研究过程中产生的,不同于传统的国家创新系统理论,三螺旋模式中的三个基本元素有以下的特征:大学在创新中的作

---

① 亨利·埃兹科维茨.国家创新模式——大学、产业、政府"三螺旋"创新战略[M].周彦春,译.北京:东方出版社,2014:20.

② 亨利·埃兹科维茨.国家创新模式——大学、产业、政府"三螺旋"创新战略[M].周彦春,译.北京:东方出版社,2014:21.

③ ETZKOWITZ H. Innovation in Innovation：The Triple Helix of University-industry-government Relations [J]. Social Science Information，2003,42(3)：293-337.

用愈发突出,并与产业和政府起共同主导的作用;三个螺旋的主体方是紧密合作的关系,因而创新政策是三方互动的结果,并非自上而下的政府指令;三螺旋的三方主体既是独立的机构,还需要在履行传统职能的同时承担其他角色的任务。因此在三螺旋的模型中,创业型大学作为创新区域的核心机构,也承担着属于政府和产业的部分职能①。

三螺旋理论指出,不同背景和发展时期的创业型大学会呈现出不同的特征,其发展阶段大致有:过渡期的创业型大学、成熟的创业型大学和作为科技园区延伸的创业型大学(见图 2-4)②。

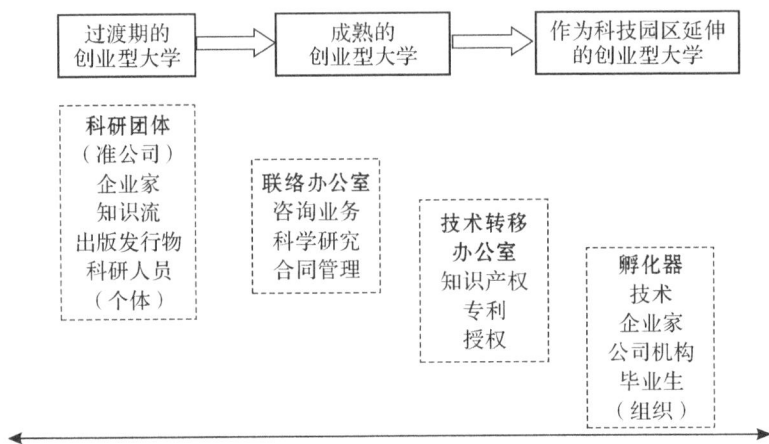

图 2-4　大学—产业关系的协同进化结构

从过渡期的创业型大学到作为科技园区延伸的创业型大学,大学与产业关系也呈现出不同的发展特点。在过渡期的创业型大学内部,可能还保留了传统的教学型大学的内部结构和特征,这一时期的研究成果和知识产出主要以公开发表的出版物、会议宣读、校友交流等形式输出,科学研究的开展正在从个体科研人员独立研究向同一学科的学术型研究团队过渡。

---

① ETZKOWITZ H,KLOFSTEN M. The Innovating Region:Toward a Theory of Knowledge-based Regional Development[J]. R&D Management,2005,35(3):243-255.

② ETZKOWITZ H. Innovation in Innovation:The Triple Helix of University-industry-government Relations [J]. Social Science Information,2003,42(3):293-337.

在三螺旋模型螺旋间互动的机制下,学术界与产业间的联系日益紧密,出现了组织机构上的创新:不同于传统大学对待研究专利只负责审查和出售的态度,创业型大学对基于知识的咨询业务、科研合同、知识产权专利等创业活动进行了规范性的管理,并对其存在和开展的合法性和正式性做出明确规定,联络办公室的成立是这一时期组织创新的具体体现,这个机构的设立使大学和产业两个领域的交互作用更加合法化,是过渡期的创业型大学进入成熟的创业型大学的重要因素。

在成熟的创业型大学阶段,大学不仅要主动将知识运用于实践,更要具备明确研究问题来源的能力,研究问题的寻找和确立不再停留在校内和学科内部,在拓展的外部资源中寻求研究问题成为成熟的创业型大学所具备的最重要的特征。技术转移办公室、研究中心和创业中心都是创业型大学的特色组织形式,这些组织整合了来自学术界的科学家和不同学科的专家学者,其他机构如企业代表和公司科研人员也参与其中,这种产业的互动方式已经超越了传统知识的传播[①],大学也不再将创造知识作为唯一和终极的使命。

三螺旋理论中新型的创业型大学应该是在科技园区、研究中心或者准研究公司基础上延伸组织起来的学术机构,这样的创业型大学继承了以教学使命为主要形式的知识传授,同时延续了研究型大学以知识创造为使命的传统,三螺旋的创新动力源泉将大学的研究与知识专利系统联系起来,将研究团队与包括技术转移办公室、孵化器和风险投资公司在内的组织网络组合为一个框架。埃兹科维茨认为在这个灵活的框架内,大学的教学、科研和成果商业化的三个使命可以得到有效的统一和整合:更多学生和老师的思想得到碰撞、创意得到激发。[②]

---

① 转引自亨利·埃兹科维茨. 三螺旋创新模式:亨利·埃兹科维茨文选[M]. 陈劲,译. 北京:清华大学出版社,2016:284.

② ETZKOWITZ H. Innovation in Innovation: The Triple Helix of University-industry-government Relations [J]. Social Science Information, 2003(42):293-337.

二、知识溢出理论

知识溢出理论的阐述涉及几个概念：知识、创新系统和经济增长理论。野中郁次郎（Nonaka）将知识理解为"合理的真实信念"（justified true belief），并在此基础上将知识分为显性知识和隐性知识[①]。显性知识是指通过语言文字、图形符号等载体形式表达的知识，在学术研究上主要体现为学术论文、著作等的公开发表和传播，可以通过保存、扩散、复制、模仿或销售等方式获得。隐性知识是指以非语言文字图形符号等载体形式表达的集技术、心智、技巧、能力等高度个人化的形式为一体的知识体，难以传授、复制、模仿和销售，在学术研究中体现为科研人员的知识创新和技术创新，只能通过互动和学习的方式获取。隐性知识还具有互动交流的依赖性、地理位置的临近性、社区文化的交融性和社交网络人际关系的互动性等特点。

经济合作与发展组织将知识分为四种类型：事实知识（know-what）、原理知识（know-why）、专有知识（know-how）和人际知识（know-who）。[②]"know-what"指的是事实知识，法律和医学知识属于这一类别；"know-why"指的是关于自然法则或原理的科学知识，这类知识往往在研究机构和大学中产生，企业需要与研究机构和大学进行互动，以合作或人才流动的方式才能获取；"know-how"指的是从事某项工种的专门技术或能力，一般是在企业内部保存和发展的一种知识；"know-who"指的是"谁知道什么"及"谁知道如何做"的知识，是一种建立和发展特殊社会关系的能力，这种知识能力在组织内部比其他三种知识更为重要。在经济合作与发展组织的知识分类中，事实知识和原理知识属于显性知识，专有知识和人际知识属于隐性知识。隐性知识是创新要素的重要组成部分，是知识溢出概念的重要基础。

---

① NONAKA I. A Dynamic Theory of Organizational Knowledge Creation[J]. Organization Science，1994，5（1）：14-37.

② OECD. The Knowledge-based Economy[EB/OL]. (1996-06-30)[2018-10-17]. https://www.oecd.org/sti/sci-tech/1913021.pdf.

阿罗（Arrow）是最早将外部性理论用于解释知识积累的学者,他认为知识积累实质上是将外部的技术知识和技术创新内生化的过程,可以通过"干中学"(learning by doing)来获得知识的积累。法拉赫(Fallah)等认为,创新是在隐性知识和显性知识之间多次迭代的知识创造的过程。[1] 隆达沃尔（Lundavall）指出,创新系统是一个主体要素在使用新知识的互动过程中形成的系统:学习是创新系统的核心活动;知识的再生产是创新系统的重要组成部分;创新是一个交互学习的过程;系统中的主体组织在学习和创新的过程中相互作用;创新是一种动态的互为反馈的非线性过程;创新是新观点和新思想的扩散。[2] 创新系统内创新主体间的互动促进知识的生产、交互学习和新观点、新思想的传播和扩散。

传统的经济学理论认为,生产函数的四个要素分别为劳动力、资本、原材料和能源,知识和技术仅是影响生产的外部因素。新经济增长理论认为,技术创新就是新知识的生产,或者是用新的方法将原有知识进行集成,以及将技术和知识转化为经济产品的过程。对知识和技术创新的投资往往带来递增性的回报,并且能够提高其他要素的生产力,转化为新产品和新工艺,因此知识成为促进经济持续增长的关键要素,而知识能够促进创新并推动经济增长的关键机制在于知识的溢出。[3]

罗默在阿罗"干中学"的基础上引入了知识溢出的积极效应,提出在工业研发中创造知识的激励机制,构建了知识溢出的内生增长模型。有学者将知识溢出的机制划分为:人才流动的知识溢出机制、研发合作的知识溢出机制、创业知识溢出机制和贸易投资知识溢出机制[4],其中人才流动、研发合作和创业知识的

①　FALLAH M, HOWE J, SHERWAT E I. Knowledge Spillover and Innovation in Technological Cluster[J]. IAMOT, 2004(1):1-16.

②　LUNDVALL B. National Sytem of Innovation: Towards a Theory of Innovation and Interactive Learning[M]//The Learning Economy and Economics of Hope. London: Anthem Press, 2016:85-106.

③　ROMER P M. Increasing Returns and Long-Run Growth[J]. Journal of Political Economy, 1986,94(5):1002-1037.

④　赵勇,白永秀. 知识溢出:一个文献综述[J]. 经济研究,2009(1):144-156.

溢出都与大学的活动密切相关。知识溢出的效应也被分为链式效应(作为知识生产原企业在产业链中对上下游企业知识的溢出效应)、模仿效应(知识从高势能组织向低势能组织流动的溢出效应)、交流效应(人员流动过程中的知识溢出效应)和激励效应(知识接收者在消化和吸收知识过程中获得效率和提高竞争力的溢出效应)。①

(一)创业知识溢出理论的内容与特征

创业知识溢出理论(the knowledge spillover theory of entrepreneurship, KSTE)是将知识溢出理论(knowledge spillover)和创业理论(entrepreneurship theory)结合起来的涉及经济、管理和政策领域的理论研究,是对内生增长理论(endogenous growth theory)的丰富和补充。大卫·奥德斯(David Audretsch)在《创新与产业的演变》中指出,小型创业公司的创新促进了财富的增长,这构成了创业知识溢出理论的重要基础。之后,奥德斯又与佐尔坦·阿克斯(Zoltan Acs)等进一步对该理论进行完善,指出对依靠知识和技术的行业进行创业投资能够获得快速的增长回报并彻底改变产业结构,其根源在于新创企业对知识创新的回应,而新创企业的建立是利用已有公司和学术研究机构产生的知识溢出效应和商业化利用的结果②。创业投资将创业作为知识溢出的商业化渠道,强调知识作为技术创新促进经济增长的作用,阿克斯认为知识溢出与创业机会的来源有很大的关联。

创业知识溢出理论对知识溢出效应做出解释的另一个观点是:知识创造增加了技术创业的机会和可能性,通过创立新公司,作为掌握新知识的企业家不仅带来知识的溢出,成为原有企业知识溢出的渠道,其创业的行为也促进了随后的创新活动和经济的发展。③

---

① 吴丹丹. 中国高校研发活动的知识溢出[D]. 合肥:中国科学技术大学,2016:7-8.

② ACS Z J, AUDRETSCH D B, LEHMANN E E. The Knowledge Spillover Theory of Entrepreneurship[J]. Small Business Economics,2013,32(1):15-30.

③ GHIO N, GUERINI M, LEHMANN E E et al. The Emergence of the Knowledge Spillover Theory of Entrepreneurship[J]. Small Business Economics,2015(44):1-18.

在阿克斯等构建的一个以知识生成和商业化结构为特征的模型中,知识溢出效应展示为上游知识溢出效应和下游知识溢出效应,代表从企业研发到创业内部知识溢出效应的上游知识溢出和代表新产品对研发行为产生影响的下游知识溢出效应反映了知识溢出的过程(见图 2-5)。[①] 在图 2-5 中,中间产品生产者使用资本生产中间产品并为终极产品生产者提供服务,然后使用劳动力生产终极产品并提供给消费者,这样一来产品就从模型左边流动到右边。椭圆形内部描述了知识的生产过程,终极产品生产者通过雇用受过教育的劳动力来提供生产力,这个创新的过程为中间部门提供了新的机遇。在该模型中,企业家精神以"新元素"的形式出现在中间产品生产环节,并将企业研发中的上游知识溢出与企业投资的知识积累整合在一起,企业家精神还将反过来通过下游的知识溢出效应来提高企业研发的生产率。模型中的上游知识溢出效应和下游知识溢出效应以外部联系的形式出现,上游知识溢出效应来自已有企业的研发产出,下游的研发部门接收的是来自创业活动的知识溢出,在这样一个跨时间的知识溢出效应过程中推动经济的增长。在这个模型的构建中,阿克斯将熊彼特定义的企业家精神嵌入罗默的内生增长模型,实现知识产生和机会商业化要素的内生,创业知识溢出理论的核心思想与知识增长模型融为一体。

(二)创业知识溢出的要素构成

根据阿克斯的创业知识溢出理论,知识的生产导致知识溢出,并创造技术创新和促进经济发展的机会。但是知识溢出(spillover)并不等同于知识转移(transfer),知识溢出是知识无意识的传播和扩散,知识转移是知识生产和接收机构之间有意识发生的知识交流和转化。

大学作为知识的生产者和创造者,拥有新知识、新成果和新技术等通过出版和专利等途径溢出的显性知识,也有先进的管理知识、专业技能和创新能力等通过互动等途径溢出的隐性知识。根据知识溢出机制的讨论,人才流动、研

---

① ACS Z J，SANDERS M W J L. Knowledge Spillover Entrepreneurship in an Endogenous Growth Model[J]. Small Business Economics，2013(41):775-795.

上游知识溢出效应

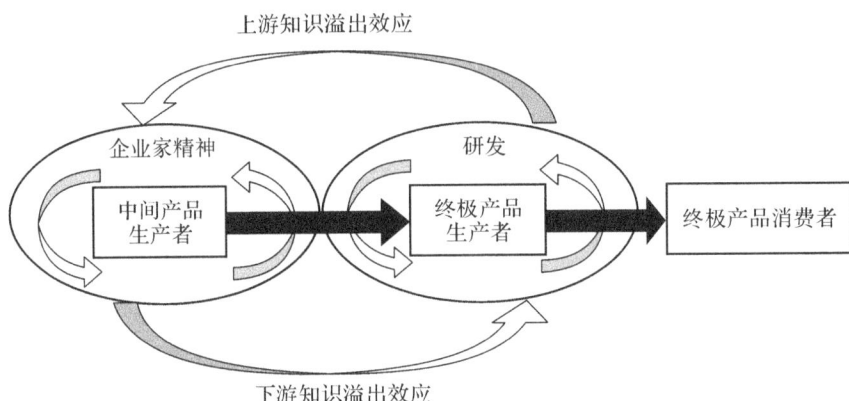

图 2-5　知识溢出创业流程模型

发合作和创业知识溢出都属于大学知识溢出机制的范畴,大学的毕业生就业及科研人员的跳槽或创业行为会引发大学人力资本向产业界流动,为企业带去知识、信息和技术,基于人才流动的知识溢出更多的是促进知识,特别是隐性知识的流动与扩散。大学以学术论文、研究著作和技术专利形式呈现的研究成果的知识溢出会带来产学研的合作,进一步带来更多的知识转移和技术转移。创业知识溢出是企业和新创企业在建立和成长过程中发生的知识溢出,企业家或者来自大学的明星科学家的创业行为会带来从已有企业向新创企业的大量隐性知识的溢出,并在一定条件下形成区域产业集群。韦恩堡等将大学知识溢出形式划分为四种类型(见图 2-6)①。

　　格雷罗和厄尔巴诺(2014)认为,知识溢出和转移的过程中存在几个要素:第一,新知识,大学或企业研发产生的新知识被认为是创业机会的来源;第二,创业机制,具备将创业行动转化为经济价值的创业机制,该机制识别将知识转化为具备经济价值的知识;第三,知识过滤器,筛选具备经济价值的知识进行知

---

① WENNBERG K, WIKLUND J, WRIGHT M. The Effectiveness of University Knowledge Spillovers: Performance Differenced between University Spinoffs and Corporate Spinoffs[J]. Research Policy, 2011(40):1128-1143.

1.直接创业溢出USO（学术创业）	2.间接创业溢出CSO
3.非创业溢出（知识产权授权）	4.非创业间接溢出（教学活动）

创业/非创业机制

直接/间接机制

· USO——大学衍生公司 University spinoffs
· CSO——毕业生就业/创业公司 Corporate spinoffs

图 2-6　大学知识溢出类型

识转移[1]。创业知识溢出理论提出一个知识溢出渠道的实施框架：首先确定具有潜在经济价值的知识，在发明者或研究者进行研究成果转化时明确其创新价值和意义所在；其次研究成果要通过过滤器使其商业价值得以转化，形成知识产权并授权给已有企业和/或新创企业，最终实现知识转移，促进经济发展。

（三）创业知识溢出理论与创业型大学

创业型大学是集人才培养、科学研究和创新创业使命于一体的创业组织，在知识溢出和转移的过程中起到了显著的优化作用：创业型大学为学术创业意向提供了作为知识过滤器的组织保障、文化环境和政策支持。创业型大学从组织架构、领导机制、教学科研、人才培养和创业文化等各方面体现创业精神和创业理念，反映在大学的创业教育、创业项目、创业机制和创业文化之中。因此，与在大学和产业社会边缘开展创业活动的学术创业相比，创业型大学的知识溢出是在大学内部与外部构建的生态系统内运作的基础上构建了一个创业型大学知识转移框架（见图 2-7）。

在该框架图中，假定学术人员投入研究的时间和大学类型是固定的，考察知识过滤器在社会主观规范和大学政策对学术人员创业意向影响中的作用。创业意向是影响学术研究人员职业规划和发展的一个重要因素，学术人员是否

---

[1] GUERRERO M，URBANO D. Academics' Start-up Intentions and Knowledge Filters：An Individual Perspective of the Knowledge Spillover Theory of Entrepreneurship［J］. Small Business Economics，2014(43)：57-74.

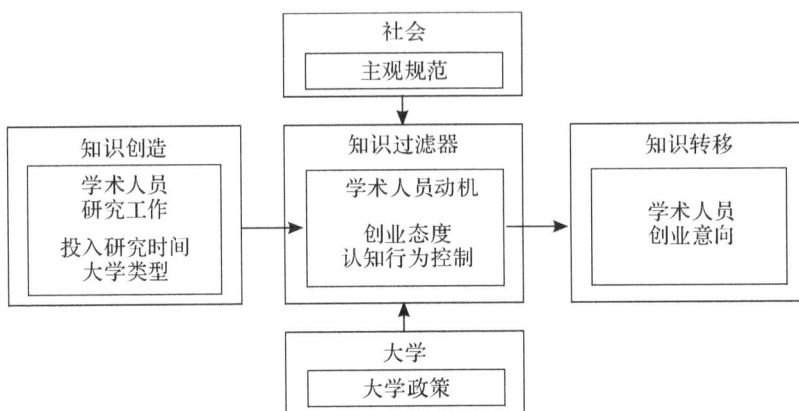

图 2-7　创业型大学知识转移框架

资料来源:GUERRERO M,URBANO D. Academics' Start-up Intentions and Knowledge Filters: An Individual Perspective of the Knowledge Spillover Theory of Entrepreneurship[J]. Small Business Economics,2014(43):57-74.

具备开展知识转移的创业意向由两个动机因素决定:创业态度(attitude toward entrepreneurship,即对成为企业家的评价)和认知行为控制(perceived behavioral control,即对成为企业家难度的认知)。此外,来自社会的主观规范 (subjective norms)也是一个影响因素,主观规范反映来自家庭、朋友和其他重要人士对采取创业行动所实施的社会压力,也就是说,社会关系在人力资本和知识转移中也起到相关影响因素的作用。格雷罗和厄尔巴诺认为,在创业型大学中,创业文化不仅培育了创业精神,更重要的是形成了学术人员知识创新、识别创业机会、团队合作、承担风险和应对挑战的能力;同时,创业型大学在外部环境拓展中投入的人力、经费、设施等,以及与社会公共组织和个人形成的社会网络、战略联盟和合作关系等机制构成,不仅展现出创业型大学服务经济的姿态,也构筑起区域范围内的外部创业支撑,创业型大学政策和策略的制定对大学知识过滤器和学术人员创业意向的形成产生积极的影响。

三、两个理论在本研究中的适切性分析

三螺旋理论和创业知识溢出理论是研究创业型大学和创业活动的主要理

论,选择三螺旋理论和知识溢出理论作为本书的分析视角有如下原因:首先,三螺旋创新模型用于阐释政府、大学和产业三个创新主体机构领域间的动态作用,三螺旋的动态作用一方面表现为机构领域内部微观的循环互动及各自释放的创新能量,另一方面表现为机构领域之间宏观循环产生的政策规划、合作项目、创新网络和创业平台等。创新主体机构领域间的微观和宏观互动循环激励创业型大学使命和职能的重新审视,是分析创业型大学战略制定、组织转型、要素流动和模式特征形成的理论依据。其次,三螺旋视角下政府、产业与大学的互动推动了大学在创业战略、组织、文化和知识交流领域的变革,与本书的关键维度如战略要素、组织要素、文化要素和机制要素等具有一定的适切性。三螺旋的耦合运动和对"大学—产业"协同进化的阶段性阐释也为创业型大学各阶段发展模式的特征提炼和成因分析提供了理论基础。最后,创业型大学变革的实质源于大学知识生产模式的变革,从而引发大学人才培养知识体系、科学研究知识体系和社会服务知识体系的改变,创业型大学服务国家战略和社会发展的职能和大学知识转化的影响力显现归根结底是通过知识体系中知识的简单生产、扩大再生产及知识生产的延续来实现各类知识的"溢出效应"。创业知识溢出理论为探究创业型大学知识体系的溢出特点、运行规律及影响成效提供理论基础和框架。本书希望通过建立在三螺旋的循环理论和知识溢出效应的理论之上的解释,进一步加深对创业型大学发展的分析和理解。

第二节 分析框架

本节在对创业型大学主要特征、理论模型、建设路径及指导框架主要内容进行梳理的基础上,提出英国创业型大学发展模式的关键要素,形成研究维度,并拟定研究的分析框架。

创业型大学是具备创新能力、识别机会、创造机会、承担风险、应对挑战,为教师和学生提供智力支持、商业支持和合作支持的"孵化器"①,具备一定理论模型的特征。最早提出创业型大学理论模型特征的学者是伯顿·克拉克,他对五所欧洲大学进行了研究,发现了大学创业转型的三个核心:有力的驾驭核心、拓宽的发展外围、多渠道的经费来源。此外,还有两个非正式的要素特征:整合的创业文化和激活的学术心脏地带。之后,埃兹科维茨提出发展创业型大学的机制和组织结构特征:对现有任务进行修正的内部转型;为实现发展稳定而开展的跨机构项目影响成效;有利于集中式机构分散协调的接口流程;三方组织合作的递归效应。埃兹科维茨在对美国、欧洲和拉丁美洲创业型大学发展的研究中又提出知识资本化、与产业和政府的依存度、与其他制度领域的独立性、混合组织的形式及革新的理念和创新要素的生成构成了创业型大学理论的重要特征。斯伯恩(Sporn)模型将大学结构和环境因素联系起来,提出创业型大学在的转型过程中的六个主要特征:任务、目标、结构、管理、治理和领导,一个组织文化的次要特征和作为影响因素存在的环境特征。科比(Kirby)提出的创业型大学模型包含七项战略要素:组织、认可、整合、实施、交流、晋升和奖励。格雷罗(Gueerero)模型认为,组织结构和领导管理层面的转型及大学对创业教育、创业措施和创业机制的支持力度是创业型大学的核心要素,大学的创业态度和大学成员对创业的意向、创业教学理论和实践方法的多样性、大学对创业行为和研究成果的奖励制度也是创业型大学构建的要素特征。全球化与国家化压力下的宏观经济因素和政府政策方面整合的微观经济因素会在一定程度上对创业型大学产生影响,前者包括知识社会的兴起、高等教育体系的变革、信息技术的发展等,后者包括社会经济条件、创业和商业运营技能、政府组织提供的经济和非经济支持等(见表2-1)。

---

① GUERRERO M, KIRBY D A, URBANO D. A Literature Review on Entrepreneurial Universities: An Institutional Approach[C]. Working Paper Presented at the 3rd Conference of Pre-Communications to Congresses, 2006:5.

表 2-1 创业型大学理论模型

模型	主要特征			次要特征		影响因素
克拉克三角协调模型(1998)	有力的驾驭核心	拓展的外围空间	多渠道经费来源	激活的学术心脏	整合的创业文化	
斯伯恩模型(2001)	任务、目标、结构、管理、治理和领导		网络、企业集团与战略联盟	文化		环境
埃兹科维茨模型(2004)	与产业和政府的相互依存和与其他制度领域的相互独立	混合组织形式	知识的资本化	革新		
科比模型(2005)	企业整合、实施执行、交流互动、组织机构		激励和支持	认可和奖励	支持和促进	
格雷罗模型(2006)	大学组织结构与大学政府	大学创业教育项目		教学方式与学术激励体系	制度价值观念、大学创业态度、角色引领作用	宏观经济和微观经济对高等教育的影响
		支持大学新创企业、孵化器和其他创业活动				
罗萨梅尔模型(2007)	政策、技术			文化		

资料来源：① GUERRERO M，KIRBY D. A，URBANO D A Literature Review on Entrepreneurial Universities：An Institutional Approach ［C］. Working Paper Presented at the 3ʳᵈ Conference of Pre-communications to Congresses，2006：8；②GUERRERO M，URBANO D. The Development of An Entrepreneurial University ［J］. Journal of Technology Transfer，2012 (37)：43-74.

除了学术界的理论探讨,国际组织和社会机构也对创业型大学的发展和建设给出了指导建议。2012 年,经济合作与发展组织对创业型大学发展的七个建设路径和 2013 年英国国家创业教育中心有关创业型大学发展的五个关键论述成为英国创业型大学转型和发展的重要纲领性依据。经济合作组织将创业型大学的七个建设路径明确为:领导和治理能力、组织和激励能力、开展创业教育的能力、创业人才的培养能力、知识交流的合作能力、国际化能力和创业实施的影响力①。英国国家创业教育中心在经济合作与发展组织指导框架的基础上对创业型大学有别于传统大学发展的五个关键领域做出进一步提炼:(1)创业使命、治理与战略(mission, governance and strategy)——与创业组织、机构和规划相关的大学理念、使命、治理和策略的制定与实施;(2)知识成果转化与支持(knowledge transfer, exchange and support)——与知识交流和技术转移相关的创业战略、衍生公司、孵化器、科技园、股权融资和学术创业的开展;(3)创业教育实施(entrepreneurship education)——在全校组织范围内开展的创业教育,包括创造性人才的培养,与创业型大学一致的办学目标,创业教学理念和方法的创新,创业教育师资队伍的培训和引导,支持学生创业活动平台的搭建;(4)利益相关者联盟(stakeholder engagement)——包括与地方区域的互动,企业、企业家和校友的参与及大学参与的社会创业活动等;(5)国际化发展(internationalisation)——国际化范畴下的人才流动、国际校区建设、协同合作网络的构建。②

本书基于创业型大学理论模型、创业型大学要素特征、经济合作与发展组织创业能力建设路径及英国创业教育中心对英国创业型大学关键领域的描述,选取创业型大学发展模式的影响因素和关键要素:政府政策、产业支持、社会推动等外部影响因素及战略要素、组织要素、文化要素和机制要素等内部构成要素。外部影响因素是创业型大学与外部利益相关者联系、合作和互动的具体反映,也是构建创业型大学外部生态环境的重要支撑。内部要素是创业型大学实施变革、形成发展模式特点的重要条件。战略要素是创业型大学创业理念和使命的倡导、体现与规划;组织要素是创业型大学战略和规划的贯彻与执行,是大学创业策略和创业行为的实施,是实现大学使命、履行创新创业人才培养目标、开展知识成果转化、推动创业要素与利益相关者互动的组织资源;文化要素是

---

① OECD. A Guiding Framework for Entrepreneurial Universities[R]. Paris: OECD Publishing, 2012.

② NCEE. The University Entrepreneurial Scorecard:Reviewing the Entrepreneurial Potential of a University[EB/OL]. (2013-12-01) [2018-10-31]. http://ncee. org. uk/wp-content/uploads/2018/01/Entrepreneurial_University_SCORE_CARD. pdf.

创业型大学培育观念和孕育精神的沃土,是根植创新思维和创业精神的先决条件,是战略意图、组织意图和机制要素实现和运行的有力保障;机制要素是实现大学创业职能和实现创业溢出的具体手段,是创业型大学推动区域创新和实现社会服务使命的有效载体,是大学作为创新主体推动创新要素生成的直接动力。本书将战略要素、组织要素、文化要素和机制要素作为创业型大学发展的四个主要分析维度,构建分析框架,同时依托对关键要素运行和互动的特征提炼创业型大学的发展模式。依据三螺旋理论和知识溢出理论对大学的发展战略制定、创业组织建设、创业文化培育和知识交流转化等维度的要素互动进行分析,依据知识溢出理论对创业型大学内部知识溢出、智力溢出和创业溢出的成效和影响力进行探究,构成创业型大学发展模式的关键要素运行和互动及与三螺旋理论和知识溢出理论间的分析脉络(见表 2-2)。

表 2-2　英国创业型大学发展模式分析脉络

外部影响因素	内部构成要素	理论基础
制度因素 政策因素 社会因素	战略要素 组织要素 文化要素 机制要素	三螺旋理论 知识溢出理论

三螺旋理论和知识溢出理论是本书的理论基础,为创业型大学发展构成要素的互动和协作、创业型大学的影响力分析及创业型大学发展模式的提炼提供理论指导,为本书梳理分析脉络和构建分析框架提供理论依据。

三螺旋理论模型经过中央集权制模式和自由放任模式的演变和发展,最终形成服务于国家创新体系的混合式结构,成为分析大学、政府、产业、社会创新机构间互动影响的模型,有助于明确外部主体即大学、政府、产业和社会之间的关系和作用。三螺旋理论耦合运行机制关注大学、产业、政府和社会之间互动过程的冲突与协调、互动与平衡、矛盾与张力,有利于探索创业型大学在政策引导、资金资助、产学研合作和社会服务过程中外部发展主体与内部创业要素之间的运行特征、联系模式和互动机制,有助于对创业型大学在过渡时期、成熟时期和科技园区延伸时期的创业型大学特征的总结,以及各发展时期中大学内部的发展战略制定、创业组织建设、创业文化培育和知识交流转化等创业能力和创业要素之间的运行和互动特征分析,对创业型大学发展模式的总结和提炼具有理论指导的作用和意义。

知识溢出理论从知识创新和经济内生增长的角度,阐释了创业型大学内外部发展要素和主体间,通过人才流动的人力资本溢出、研发合作的技术溢出和创业能力培养的智力溢出之间的互动,形成促进区域经济增长的机制,有助于分析英国创业型大学以第三渠道活动为载体的知识交流转化的实施成效,分析大学创业知识溢出对区域发展和经济增长的影响,是对创业型大学发展模式研究的重要补充。

在上述理论基础的背景下,本书选取考文垂大学、伦敦大学国王学院和剑桥大学作为个案,以"要素分析—个案研究—模式分析与比较—创业型大学发展模式"为分析框架,以发展战略、组织建设、文化培育和知识交流为分析维度,探讨英国创业型大学发展模式的主要特点,为中国高等教育的改革和发展提供借鉴。

第三章　英国创业型大学发展模式形成的背景动因

　　克拉克·克尔指出:"高等教育的历史,很多是由内部逻辑和外部压力的对抗谱写而成"①,英国创业型大学发展模式的形成有其独特的背景因素。英国自二战后以福利制度解体和市场竞争化为特征的社会经济变革、政府出台鼓励大学经济发展政策的推动及社会促进创业型大学建设的实践举措等外部压力和动力,为英国创业型大学发展模式的形成提供了从理论到实践的铺垫和推动。

第一节　社会福利制度的变革

一、新自由主义与公共福利制度的变革

　　新自由主义(neoliberalism)产生于20世纪20至30年代,是在经济领域的古典自由主义基础之上发展而来的思想理论体系。当时的资本主义经济大萧条及伴随经济危机而盛行的凯恩斯主义使新自由主义一直处于非主流思潮的边缘状态,直到20世纪70年代末期,西方资本主义经济遭受了自30年代大萧条以来的社会高失业率、低经济增长率与高通货通胀率并存的"滞胀"危机。西方社会的政治家们为了解决滞胀危机带来的问题,将新自由主义这一非主流理

---

　　① 克拉克·克尔. 高等教育不能回避历史——21世纪的问题[M]. 王承绪,译. 杭州:浙江教育出版社,2001:2.

论变成了主导国家社会变革的理论基础,为新自由主义登上历史舞台提供了契机。

新自由主义的思想特征主要体现在:在经济学术领域,主张引入市场机制,强调市场调节的作用,提倡私有化,推崇私有制经济的优越性;在国家政治领域,反对国家干预、反对公有制,否定社会主义,提倡改革福利制度,削弱工会力量;在意识形态领域,宣扬自由高于平等,形成多元价值观,鼓吹超级大国主导的全球一体化。在大卫·哈维看来,新自由主义是"通过在一个财产私有、市场贸易自由的框架内,充分释放企业的自由和能力,最大程度促进人的幸福的一种政治经济实践理论,而国家的角色就是创造并维持这样一个制度框架"[1]。

在英国,撒切尔夫人所在政党为了解决在凯恩斯主义倡导下建立的福利国家所暴露出的效率低下、通货膨胀、经济低迷、失业攀升等弊端,推行新自由主义的改革措施,实行国有企业私有化,在养老金、住房补贴、失业救济等社会福利领域实施改革。撒切尔夫人之后的继任者——梅杰和布莱尔,也在沿着她开创的新自由主义道路行进。新自由主义不仅超越了经济学术思想的范畴,开始扩散到国家政治生活的其他方面[2],甚至带来了意识形态和价值观念在福利制度和高等教育领域的巨大转变。大卫·哈维将新自由主义带来的影响描述为:"新自由主义作为话语权模式已居霸权地位……它已成为我们许多人解释和理解世界常识的一部分。"[3]

但是新自由主义自产生之日起就一直受到左翼学者和拉美欠发达国家的抵制和批判。20世纪90年代,拉美国家的"圣保罗论坛"、欧洲国家的"第三条道路理论"及发展中国家大规模的"世界社会论坛"都是与新自由主义抗衡的阵地。特别是在2007—2008年全球金融危机之后,新自由主义受到严厉的批评与攻击,更有学者提出"新自由主义即将消亡"的断言[4]。我国学者认为,新自由

---

① 大卫·哈维. 新自由主义简史[M]. 王钦,译. 上海:上海译文出版社,2016:2.
② 张征. 新自由主义背景下大学制度变革研究[M]. 青岛:中国海洋出版社,2014:29.
③ 大卫·哈维. 新自由主义简史[M]. 王钦,译. 上海:上海译文出版社,2016:3.
④ CURAJ A, DECA L, PRICOPIE R. European Higher Education Area: The Impact of Past and Future Policies[M]. Cham: Springer International Publishing, 2018:39.

主义倡导的自由化、市场化、私有化和全球一体化这"四化"否定公有制、否定国家干预、否定社会主义和新自由主义，实质上是"全球美国化"，其理论思潮在全球的蔓延实质上是西方资本主义国际金融垄断资本在全球的扩张。因此，学者普遍将新自由主义定义为以"对凯恩斯革命的反革命"为特征的，为适应国家垄断资本主义向国际金融资本垄断的资本主义转变要求而形成的理论思潮、思想体系和政策主张。[①]

二、高等教育与公共福利制度的变革

高等教育作为具有为社会发展提供人才培养的公共属性的教育部门，也深受新自由主义福利制度变革的渗透。在新自由主义者看来，高等教育能够帮助受教育者提升未来求职和发展的潜在能力，提升个人的社会地位，获得利益回报。不同于具有公共产品属性的国家基础教育，高等教育更倾向于私有性的特征，因此作为准公共产品的高等教育也应该实施福利制度范畴下的改革。此外，作为现代社会中重要组织机构的大学，要想在它们所处的社会环境中生存下来并兴旺发达，除了需要物质资源和技术信息，还需要得到社会的认可、接受与信任。[②]

迫于福利制度改革的压力，大学为了获得社会的接受和信任，不得不做出组织和制度的变革：为了争取到政府的资助，大学需要按照政府的订单和合同完成相应的条款，大学与政府的关系演变成合同和契约的关系；为了拓展经费来源，大学积极发展与企业的伙伴关系，利用自己的知识资本和人力资本大力开展学术创业活动，导致了"为了确保外部资金市场或具有市场特点的学术资本主义"[③]的出现。

新自由主义在高等教育领域的最显著表现为新管理主义和新公共管理成

---

①　张征. 新自由主义背景下大学制度变革研究[M]. 青岛:中国海洋出版社，2014:40.

②　W. 理查德·斯科特. 制度与组织——思想观念与物质利益[M]. 姚伟,王黎芳,译. 北京:中国人民大学出版社，2010:67.

③　希拉·斯劳特,拉里·莱斯利. 学术资本主义[M]. 梁骁,黎丽,译. 北京:北京大学出版社，2014:8.

为大学绩效问责的理论依据。有学者认为,新管理主义和新公共管理是新自由主义思潮兴起、经济衰退、财政危机和政府公共服务效率低下等多方因素催生的两个同源竞争性概念,为英国等西方国家在过去 20 年国家公共服务改革领域强势的主流话语。① 建立在公共选择理论、交易成本理论、委托代理理论、微观经济学理论、新经济社会学理论等以市场化为特征的理论基础之上的新公共管理理论,对高等教育的意识形态产生了颠覆性的影响,成为政府治理高等教育内部结构的"技术操作",试图在坚守传统的合法性、公正性和平等性价值观的同时融合市场的原则和公共部门的规范,以商业的逻辑体现行政文化的效率、效能和质量的核心价值观②。同时新公共管理也成为政府调整政府—大学—市场三方关系的政策范式③,政府和社会对高等教育提出效益、绩效和效能的要求,认为企业化的竞争机制会带来比公有制经济更高的效率,且能实现资源的有效配置。大学通过竞争机制来获取资助经费、教学科研资源并举行各种商业创收活动,通过竞争从市场上招募教师,通过竞争获得生源,通过竞争促使大学形成多元化的发展,提高管理效益和效能。

新公共管理在高等教育政策上表现为:一方面,大学按市场需求定义教育效率、教育问责和教育质量,逐步形成"课程成为教学的商品、学生成为商品消费者"④等特征;另一方面,由于大学越来越趋向于企业化,大学在对政府经费的依赖逐步减小的同时也在高等教育领域形成准市场的机制,准企业家成为大学学术人员的另一个身份标签,学术行为也被赋予类似市场行为的特征,大学则成为越来越模糊的准市场化场域⑤。在准市场化场域下,重视竞争与效能、绩效

---

① 黄亚婷,彭新强. 新管理主义改革进程中西方学术职业的变革与坚守[J]. 比较教育研究,2015(2):45-52.

② TOLOFARI S. Mew Public Management and Education[J]. Policy Future in Education,2015,3(1):75-89.

③ 张银霞. 新管理主义背景下西方学术职业群体的困境[J]. 高等教育研究,2012,33(4):105-109.

④ ROSS E W, GIBSON R. Neoliberalism and Education Reform[M]. New Jersey:Hampton Press,2006:238.

⑤ 黄亚婷. 新公共管理改革中的英国学术职业变革[J]. 高等教育研究,2013,34(5):95-102.

与问责、投入与产出成为英国高等教育的新特征。

首先,拨款委员会对各校的经费拨款实施差异性对待,通过引入竞争机制来强调大学的效能,并引发经费削减的浪潮。从 1980 年到 1984 年,保守党政府拨给大学拨款委员会的经费共减少了 17％;自 1985 年起,大学的预算每年又减少了 2％。大学经费的削减幅度高达 30％,例如索尔福德大学在 3 年内减少了 42％的拨款,沃里克大学获得的政府资助从 1979 年占总资助的 90％削减至 1989 年的 48％,约 4000 个大学教职员职位被裁撤[①],绝大多数政府资助的岗位人员被迫提前退休。

其次,政府设立质量监控和绩效制度。大学基金委员会取代了大学拨款委员会,政府利用政策的手段实行直接或间接的资金分配机制,同时为确保高等教育的质量产出,设立了英格兰、苏格兰和威尔士三个高等教育基金委员会下属的质量评估委员会,负责对教育质量进行学术审计,教育质量被上升为政治和学术议题[②],并与教师的评定和绩效工资挂钩。仿照企业的形式进行大学组织、管理和运转的绩效制度也被提上议程。

最后,伴随着政府及其他利益相关者对高等教育效益和效率、投入和产出的质疑,政府与大学的关系从信任转变为问责。市场竞争机制和社会问责机制被引入高等教育机构,大学的管理文化随之从"同僚管理"演变为新公共管理模式,形成科层逻辑、专业逻辑与管理逻辑三种代表不同竞争性、不同管理手段和不同价值诉求的现代社会公共服务部门的制度逻辑[③],并存于高等教育的治理体系中。有学者指出,新公共管理在英国造成大学内部结构上的显著改变:大学内部和大学与外部之间角色和关系的改变、大学治理模式和权力结构的改变、大学问责模式的改变、大学资金和资源流向的改变、高等教育文化价值观的

---

① SHATTOCK M. Thatcherism and British Higher Education[J]. Change, 1989,21(5):31-39.
② 弗兰斯・F.范富格特. 国际高等教育政策比较研究[M]. 王承绪,等译. 杭州:浙江教育出版社,2001:393.
③ 黄亚婷. 聘任制改革背景下我国大学教师的学术身份建构[M]. 杭州:浙江大学出版社,2019:14.

改变、教师领导从学术角色向商业角色的转变[①],这些转变推动英国大学朝向创业型大学或企业化大学的方向变革和发展。

因此,自 20 世纪 80 年代以来英国高等教育的变化并非高等教育范畴内的改革,而是将高等教育纳入公共事业部门考虑下的政治、经济、财政和社会领域的一系列变革的反映。在政府对高等教育的干预下,市场竞争机制和绩效管理制度的实行给大学学术传统和自治带来冲击,使英国高等教育呈现出不同于精英教育、自由教育和绅士教育的大众化、平民化、市场化、国际化、终身化和多样化的特点。[②]

第二节　政府创业政策的推动

创业型大学的出现是大学内部知识性质转型和外部环境变革的必然产物。[③] 创业型大学的发展模式既源于大学内部办学理念、价值观、文化和组织结构的变革,也深受其所处的政策推动、经费支持、社会需求、校企协同、产学研平台搭建等外部环境因素的影响。

英国政府部门、非政府部门、高等教育机构和其他创业支持机构组成了推动大学实施创业的主要力量。具体而言,政府部门有英国财政部、创新大学与技能部、商业企业与改革部、文化媒体与体育部、区域发展署、苏格兰政府、威尔士议会政府、北爱尔兰行政院;非政府部门包括全国创业教育中心、高等教育基金委员会、英国创新署、英国创业教育工作者协会、英国研究委员会、英国技术战略委员会、英国贸易投资总署、国家科学技术与艺术基金会、工业与高等教育委员会;高等教育机构涵盖高等教育学院、卓越教学中心、质量保障署、大学研

---

① TOLOFARI S. Mew Public Management and Education[J]. Policy Future in Education,2015,3(1):75-89.

② 易红郡. 战后英国高等教育政策研究[M]. 长沙:湖南师范大学出版社,2016:258.

③ 温正胞. 创业型大学:比较与启示[D]. 上海:华东师范大学,2008:125.

究与产业联合会、大学公司联合会等，它们构成了英国高等教育创业利益相关者网络的主要成员。以英国财政部、创新大学与技能部、全国创业教育中心和高等教育基金委员会为首的政府和非政府部门在英国创业型大学的转型和发展过程中起到了重要的指导和推动作用，自英国政府《兰伯特评论》开启英国高等教育校企合作大门以来，《赛恩斯伯里评论》（全称为《力争上游：政府科学和创新政策评论》，2007）、《威尔森评论》（2012）和《威蒂评论：鼓励英国发明革命》（2013）等为深化校企合作、加强成果转化和推动政产学研的发展明确了方向，促进高等教育学术创业和知识创新能力的提升，为创业型大学组织建设和制度变革提供合法化的前提和制度化的保障，为创业型大学发展模式的形成构筑了宏观的政策环境。

一、深化校企合作的产业政策

英国校企合作的概念具有宽泛的外延和多样性的特征："高科技的应用研究、企业员工技能的提升、校企学位课程的定制、科技园的建立、创业教育的开展、对学生和职员创业行为的支持、高水平学徒制的培育和博士后职员的技能发展，以及校企双方在创意产业、农业、生物制药和工程领域展开的合作"[1]，都可以纳入校企合作的范畴。

自 2003 年的《兰伯特评论》以来，英国政府共颁布了 14 项法案和政策报告，引导和促进战略性校企合作的实施（见表 3-1）。战略性的校企合作政策为参与校企合作的各方带来利好：在政府层面，高校和企业的研发合作推动了企业生产力的提高和效率的增长，提高了研究成果的质量，最终促进国家经济产能和社会创新等发展；在高校层面，学术研究者有机会在技术应用中解决具有挑战性的研究问题并看到研究带来的切实的影响和效果，在研究和实际应用的整个过程中获得新的设备、数据、技能和想法；在企业层面，通过技术创新提高产能绩效，减少研发投资风险，增强拓展公司业务的能力。

---

① WILSON T. A Review of Business-University Collaboration[R]. London：BIS，2012：1.

表 3-1　英国校企合作政策一览(2003—2015 年)

颁布年份	文件名称	制定者/部门
2003	《兰伯特评论》(Review of Business-University Collaboration)	理查德·兰伯特爵士(Sir Richard Lambert)
2007	《力争上游：政府科学和创新政策评论》(The Race to the Top：A Review of Government's Science and Innovation Policies，or Sainsbury)	塞恩斯伯里勋爵(Lord Sainsbury)
2010	《英国技术和创新中心当前与未来的角色》(The Current and Future Role of Technology and Innovation Centres in the UK)	郝尔曼·豪瑟博士(Dr. Hermann Hauser)
2012	《增强价值任务系列报告》(Enhancing Value Task Force-series of Reports)	全国大学与商业中心(National Centre for Universities and Business)
2012	《威尔森评论》(Review of Business-University Collaboration)	蒂姆·威尔森爵士(Sir Tim Wilson)
2013	《威蒂评论：鼓励英国发明革命》(Encouraging a British Revolution)	安德鲁·威蒂爵士(Sir Andrew Witty)
2013	《创业：发展微型企业的报告》(Growing your Business：A Report on Growing Micro-Business)	扬格勋爵(Lord Young)
2013	《成长道路上竭尽全力》(No Stone Unturned in Pursuit of Growth)	郝塞尔廷勋爵(Lord Heselyine)
2013	《校企合作研究：兰伯特工具包》(Collaborative Research between Business and Universities：The Lambert Toolkit 8 Years On)	知识产权办公室(Intellectual Property Office)
2013	《搭建"死亡之谷"的桥梁：促进研究成果商业化》(Bridging the Valley of Death)	下议院科技委员会(House of Commons S&T Committee)
2014	《校企合作第七次会议公告》(Business-University Collaboration：Seventh Report of Session 2014—2015)	下议院商业、创新和技能委员会(House of Commons BIS Committee)
2014	《弹射创新中心评论》(Review of Catapult Centers)	郝尔曼·豪瑟博士(Hermann Hauser)

续表

颁布年份	文件名称	制定者/部门
2014	《成长的价值：21世纪的校企合作》(Growing Value： Business-University Collaboration for 21ˢᵗ Century)	全国大学与商业中心(National Centre for Universities and Business)
2015	《道林校企合作评论》(The Dowling Review of Business-University Research Collaborations)	安道林爵士(Dame Ann Dowling)

资料来源：The Dowling Review of Business-University Research Collaboration[R]. London：BIS，2015：11.

战术性的校企合作政策旨在为英国大学与企业间的合作条款提供公平合理的原则和决策协商的依据，例如《校企合作研究：兰伯特工具包》对大学和企业双方在知识产权使用、收益分配及产权处置等方面列出不同的协议模型、决策指南、合作原则等指南备注，并针对一对一的合作研发协议和多方合作的联合协议提供了协议参考模板。[①] 该协议在英国大学的使用程度较高，特别是在罗素集团的创业型大学校企合作活动中，对作为战术性支撑的该协议利用成效的认同率达到88%，正如牛津大学高级合同专家卡洛琳·詹金斯(Caroline Jenkins)对此的评论："兰伯特工具包和谅解备忘录共同纳入合作整体框架的方式，让我们能够非常有效地展开合作，并将我们的关注点集中在能够全力以赴地开展学术研究和产品的开发上。"

英国研究委员会和英国创新署是校企合作经费的主要资助部门。在校企合作政策实施的框架下，英国政府通过以上部门采取基金项目和计划等形式鼓励高校和企业通过"引入大学学术研究人员与产业界专业人员共同从事重大项目研究"[②]的合作机制，推动大学与企业的互动，例如知识成果转移伙伴项目(KTP)、高等教育创新基金项目(HEIF)、影响力加速器项目(Impact

---

[①] EGGINGTON E，OSBORN R，KAPLAN C. Collaborative Research between Business and Universities：The Lambert Toolkit 8 Years On[R]. South Wales：IPO，2013：11.

[②] HM TREASURY. The Race to the Top：A Review of Government's Science and Innovation Policies[R]. Norwich：HMSO，2007：55-66.

Acceleration Accounts)和科学与工程合作奖学金项目(CASE Studentships)等。研究理事会的项目侧重于资助技术成熟度达到1—3级的研究,其资助渠道主要有:第一,通过全国大学、商业中心和各研究门站等经纪网络提供资助;第二,与行业直接合作,比如建立战略伙伴关系、研究行业俱乐部和协会等;第三,与英国创新署合作共同资助产业合作伙伴奖励评选和催化剂项目;第四,与英国创新署组织联合,通过案例奖学金、博士培育中心和知识转移伙伴项目开展人才培养;第五,通过影响力加速器账户资助大学研究成果转化;第六,支持研究创新校园和创新知识等中心设施机构的发展。英国创新署的项目主要资助技术成熟度达到4—6级的研究,其资助研究合作渠道主要是联合研发资助项目、联合资助催化项目、知识转移伙伴项目和弹射网络项目。科学与工程合作奖学金项目是上述两类主要资助渠道以外的第三种基金项目,该项目以联合资助的形式为博士生颁发由研究理事会、企业界、公共部门或第三方部门共同资助的奖项,旨在促进校企之间互惠互利的合作向更实质性的方向发展,这种合作项目为参与校企合作的博士生提供了在学术界无法获得的发展技能的机会,同时也鼓励了合作伙伴在研究合作领域开展共同的探索并进一步加强这种实质性的合作关系。

二、促进成果转化的创新政策

政府是主导英国大学成果转化的主体部门,政府通过利用大学和研究机构与产业战略部门的合作,充分发挥知识创造在创新网络中推动经济发展的潜能①,促进经济和社会的发展。高等教育和研究机构则凭借知识创造的功能,成为构建英国创新体系的关键力量,英国 150 多所从事教学和科研任务的普通高校和在世界大学综合排名前 200 名的 30 所一流大学不仅是英国人才培养的阵地,更是创造和传承知识、开发和创新技术、解决社会新问题和新挑战的场所。

---

① WITTY A. Encouraging a British Invention Revolution: Sir Andrew Witty's Review of Universities and Growth[R]. London: BIS, 2013:6.

为保持英国的科学创新在全球化竞争力方面的领先地位，2007年英国政府发表《赛恩斯伯里评论》（简称《评论》）。《评论》对大学研究成果转移做出了四个方面的明确规定：第一，深化成果转化实施路径。通过研究委员会（Research Council）促进大学成果转化机制的建立，鼓励更多的院校（包括继续教育学院）与中小企业开展富有成效的成果转化活动。第二，改革经费拨款制度。建议高等教育基金在资源分配公式框架下进行竞争性拨款，鼓励拨款经费向与商业界密切合作的创业型大学倾斜。第三，开发知识转移伙伴项目。政府在成功的知识转移伙伴项目的经验基础上将项目数量增加一倍，并针对期限短、难度小的迷你型知识转移伙伴计划的特点，在创业产业、服务行业和中小企业中大力推广。第四，推动和支持成果转化机制在继续教育领域的发展。鼓励教师到企业借调和交流，作为继续教育改革计划的一部分，通过经济发展署（Regional Development Agencies）资助继续教育领域成果转化项目的开展和转化机制的创建，将成果转化能力纳入卓越雇主中心（Centres of Vocational Excellence）的指标体系，并作为评判和反馈新雇主信息的标准，鼓励和增大继续教育参与KTP项目的力度，通过英国商务联系网（Business Links）和其他支援路径提高商业界对继续教育领域在成果转化潜力方面的认识，推动继续教育领域成果转化在地方就业和技能提升方面的角色作用[①]。这份议程在明确高等教育创新基金建立的重要性、持续性和规范性的基础上，将大学知识成果转化的成功案例推广至中小学、高等教育和继续教育领域，以提高科学、技术、工程与数学课程的教学水平和教育质量，实现培养有创造力的青年科学家和工程师人才的目的。

根据《评论》的指导思想，英国创业教育中心重新修订了《引领创业型大学——满足高等教育机构创业发展需求》报告（2012），该报告中明确将大学"知识转移创新和技术转移机制"的内容界定为"在大学内部或周边建立科技工业

---

① HM TREASURY. The Race to the Top：A Review of Government's Science and Innovation Policies[R]. Norwich：HMSO，2007：55-66.

园区,充分发挥产业联络办公室等中介组织的作用,开设技术转移与信息办公室,为大学师生提供创业孵化器和新的风险投资项目,制定明确的知识产权政策,为大学的专利许可和授权提供便捷的服务,鼓励大学衍生公司的创办,建立风险投资和贷款基金项目"①,其中对知识转移创新和技术转移创新部分的明确表述被认为是大学对《评论》的积极响应。

为了强调通过成果转化推动知识和产业创新并最终改变英国的产业结构和提升生产力的重要性,英国政府和教育部在 2016 年和 2017 年先后颁布《知识经济白皮书》和《构建我们的产业战略绿皮书》(Building our Industrial Strategy Green Paper,简称《绿皮书》)。《绿皮书》补充强调了政府和大学合作的若干事宜:加强政府与大学的合作,改善大学研究成果商业化、知识交流、成果转化和研究投资对经济的影响,提高大学对企业和地方合作伙伴的支持力度,扩大双方共同发展产业技术的合作领域,增强大学创新集群和网络的优势,助推地方经济乃至英国经济的创新增长②。《绿皮书》成为政府大力推动大学与企业和社会间实施知识交流活动的政策导向和理论基础,是英国大学开展知识交流和成果转化的催化剂和加速器,并且直接促成了英国高校知识交流框架(knowledge exchange framework,KEF)的出台。

三、推动大学创业的资助政策

英国政府对大学创业提供经费支持的主要部门有英格兰高等教育拨款委员会下设的高等教育创新基金,商业、创新与技能部及英国创新署。此外,英国研究委员会和慈善机构也对创业型大学的发展给予经费资助。上述部门从不同的渠道对大学的创新创业发展提供支持:高等教育创新基金主要对大学创业教育和知识交流活动的开展提供经费资助;商业、创新与技能部主要为大学STEM 课程、学徒制课程和继续教育技能培训提供资助;英国创新署关注对企

---

① Leading the Entrepreneurial University: Meeting the Entrepreneurial Development Needs of Higher Education Institutions[R]. Coventry: NCEE, 2012: 12.

② DBEIS. Building our Industrial Strategy Green Paper[R]. London: HM Government, 2017.

业发展和技术创新的资助;英国研究委员会下设的生物科技与生物科学研究委员会、工程和物理科学研究委员会、医学研究委员会、艺术与人文研究委员会及自然环境研究委员会主要支持用于大学知识成果转化的研发经费的拨款;英国慈善机构,如维康信托基金会和英国皇家协会,以明确特定项目的形式提供经费资助,形成全方位的资助模式(见图3-1)。

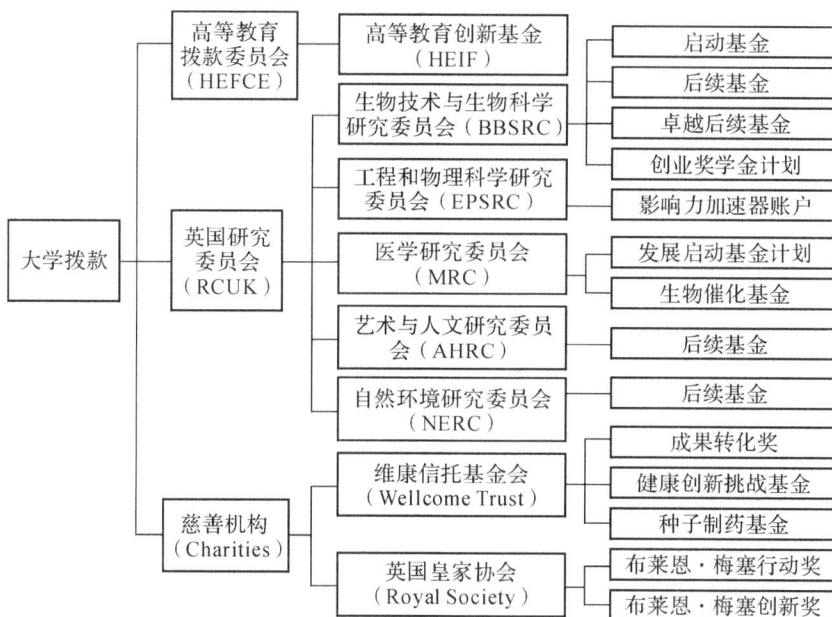

图 3-1 英国大学创业活动资助渠道

资料来源:LOCKWOOD R. Funding for Commercialization:Non-equity Funding,2012.

(一)科学研究经费资助

英国"机构式"资助和"竞争式"资助的研究经费拨款是英国创业型大学政府科研经费的主要来源,前者为大学研究机构提供直接的可自由支配的经费,具有追溯性;后者以研究项目提交和申请的形式提供项目经费,具有竞争性。[①]由于英国机构式科研经费的资助占比不到50%,这在无形中加大了竞争性研究

① ARNOLD E, SIMMONDS P, FARLA K et al. Review of the Research Excellence Framework: Evidence Report[R]. Brighton: Technopolis Group, 2018:2.

经费的比例,具体体现在研究经费集中流向研究成果较为显著的大学研究机构,形成基于绩效的研究经费拨款制度。英国拨款委员会和研究委员会依据英国科研水平评估(Research Assessment Exercise)和研究卓越框架(Research Excellence Framework)的评估结果对英国大学实行机构式和竞争式双轨制经费资助①,评估体系依据研究成果产出、成果影响和研究环境的相关指标,对研究成果的原创性、重要性和严谨性进行多维度的质量评估,并根据评估结果决定对大学研究经费的分配。从表 3-2 可以看出,罗素集团大学近 20 年获得研究经费的拨款平均占比为 68%,为各类型大学中研究经费拨款占比最大的;92 后大学②获得的研究经费拨款占比最小,但是 2009 年以后有明显的增幅,相比之下,罗素集团和 92 后大学之外的其他类高校研究经费均呈递减趋势。

表 3-2　英国大学研究经费资助占比情况(1997—2015 年)　　　　单位:%

大学类型	1997—1998 年	2002—2003 年	2009—2010 年	2015—2016 年
RAE/REF 排名前十的大学	47	50	42	48
罗素集团大学	67	70	67	68
92 后大学	5	5	8	9
其他大学	28	25	25	23

注:RAE 指科研水平评估;REF 指研究卓越框架评估。
资料来源:ARNOLD E, SIMMONDS P, FARLA K et al. Review of the Research Excellence Framework:Evidence Report[R]. Brighton:Technopolis Group,2018:36.

　　跨学科研究资助也是大学研究经费的另一个重要来源。英国工程与物理科学研究委员会通过对大学提交的研究项目的评审,采用竞争式经费拨款对跨学科研究机构进行经费资助。2016—2017 年跨学科研究经费的资助统计数据显示(见表 3-3),就项目数的实际资助比例而言,杜伦大学有 62% 的研究项目获得了跨学科研究资助,成为接受资助项目数最多的大学;从资助的实际金额来

---

① DBEIS. Building on Success and Learning from Experience:An Independent Review of the Research Excellence Framework[R]. London:HM Government,2016:44.
② 92 后大学:亦作"1992 年后大学",专指因英国政府所颁布的《1992 年持续进修及高等教育法》而获授予大学地位的前理工学院或高等教育学院。

看,获得 1000 万英镑以上资助的大学有谢菲尔德大学、诺丁汉大学、斯特拉斯克莱德大学、剑桥大学、利兹大学、杜伦大学和沃里克大学,上述大学均为典型的英国创业型大学。同时,数据也显示,安格利亚鲁斯金大学未获得本轮资助,可见跨学科经费拨款亦存在较为显著的竞争性差异。研究经费获取的差距导致创业型大学在发展战略、创业策略、研究方向、组织结构、人才培养和成果转化等方面开展和实施路径的显著差异。

表 3-3　英国工程与物理科学研究委员会(EPSRC)跨学科研究项目经费

拨款情况(2016—2017)

创业型大学	申请项目数	实际资助项目数	实际资助比例/%	实际资助金额/英镑
谢菲尔德大学	90	35	39	30101537.60
诺丁汉大学	86	25	29	29427590.97
斯特拉斯克莱德大学	55	17	31	23380933.26
剑桥大学	80	29	36	23040600.34
利兹大学	70	33	47	22415630.40
杜伦大学	29	18	62	10811074.67
沃里克大学	82	26	32	10589258.80
贝尔法斯特女王大学	46	20	43	8504898.16
萨里大学	43	17	40	8427510.12
伦敦大学国王学院	43	15	35	6806146.04
兰卡斯特大学	43	10	24	3888140.21
诺桑比亚大学	22	10	45	2677517.97
斯旺西大学	27	4	15	2524271.56
阿斯顿大学	13	2	15	1117612.50
考文垂大学	9	4	44	458690.80
金斯顿大学	3	1	33	279703.25
利物浦约翰摩尔斯大学	7	2	29	201513.65

续表

创业型大学	申请项目数	实际资助项目数	实际资助比例/%	实际资助金额/英镑
普利茅斯大学	10	1	10	100956.99
提赛德大学	1	1	100	95611.10
中央兰开夏大学	9	1	11	4571.13
安格利亚鲁斯金大学	3	0	0	0

资料来源:EPSRC. Investing in Research for Discovery and Innovation:Research Proposal Funding Rates 2016—2017[EB/OL]. (2017-03-31)[2019-06-28]. https://epsrc. ukri. org/ newsevents/pubs/201617.

(二)创业人才培养经费资助

英国创业教育经费来源也呈现出多元化来源的特征。首先,从资助主体的多样性来看,创业教育经费有来自政府、大学和企业的资助,也有来自欧盟组织和社会第三方机构的资助;其次,从基金项目来看,高等教育创新基金、科学创业挑战基金、大学萌芽挑战基金和新创奖学金等项目都是创业教育经费资助的来源,其中高等教育创新基金是英国大学开展创业教育的主要经费来源,资助内容覆盖创业活动、创业设施、创业教学和创业社团。依托高等教育创新基金的资助渠道,英国大学创业人才培养的支持力度在2000—2012年一直呈现增长的态势(见图3-2)。

但是,自2012年以后,英国政府及相关部门对大学创业的经费资助发生了明显的变化:第一,第二轮创业资助较第一轮资助总体上呈现下降的趋势,与此同时,大学第三渠道经费资助、知识交流和成果转化的资助力度以常规性研究拨款(recurrent research grant)、知识交流基金资助(knowledge exchange funding)和资本融资(capital funding)的形式呈现上升趋势[①]。第二,用于创业教育相关支持项目的经费在不断降低,用于创业课程开设方面的资助力度持平

[①] RESEARCH ENGLAND. Reseach and Knowlede Exchange Funding for 2018—2019:Recurrent Grants and Formula Capital Aloocations[EB/OL]. (2018-05-15)[2022-12-06]. https://dera. ioe. ac. uk/32031/1/Research%20AND%20 Knowledge%20exchange%20funding%20for%202018-19. pdf.

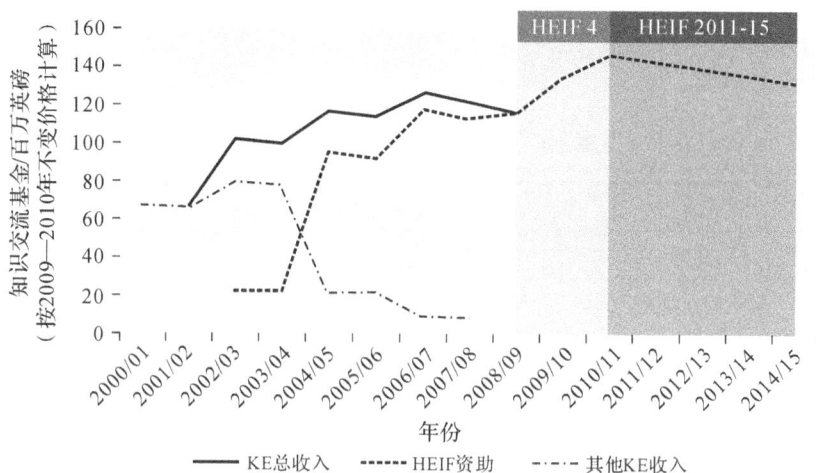

图 3-2　高等教育创新基金资助情况

资料来源：HEFCE. Knowledge Exchange Performance and the Impact of HEIF in the English Higher Education Sector，2014：11.

或略有减少，例如设置技术转移机构的大学数量从 84％下降至 66％，对创业大赛的资助也从 75％下降至 47％，大学用于专业教育课程开设的教职员经费拨款比例从 79％下降至 40％，对大学教职员的创业培训资助从 60％下降至 39％。第三，对特殊群体的创业扶持力度有小幅度提升，例如对女性学生创业活动的支持从 23％上升至 29％，对少数族裔学生创业活动的支持从 12％上升到 18％。第四，用于以知识交流和成果转化为特点的创业扶持力度明显加强，例如对学生创业孵化器设施、创业投资活动及创业活动或项目的资助分别从 53％、35％和 80％上升到 60％、45％和 85％（见表 3-4）。英国大学创业资助的调整表明，"创业支持正在朝向高科技、高附加值和知识型创业的领域倾斜，以更高效地促进大学对社会和经济产生显著影响的知识交流活动的开展"①，这也是继 2012年英国创业型大学指导框架制定和颁布之后伴随而来的政策导向的具体反映，与英国政府以推动创业型大学建设和发展为抓手，力图将知识交流活动和成果

---

① HEFCE. Higher Education Innovation Funding 2011-12 to 2015-15：Policy，Final Allocations and Request for Institutional Strategies[EB/OL]. (2011-05-04)[2019-06-13]. https：//dera. ioe. ac. uk// 3646/.

转化活动嵌入大学使命和战略[①],以促进国家产业发展和创新驱动为目标的政策思路一脉相承。

表 3-4 英国大学创业支持情况比较

创业支持项目	2012 年占比/%	2018 年占比/%	变化趋势
学位课创业学分课程开设	93	92	↓
课外创业课程开设	99	95	↓
学术创业或技术转移办公室设置	84	66	↓
对地方社区的创业支持	73	44	↓
教职员创业培训	60	39	↓
学生创业孵化器设施	53	60	↑
创业活动或项目	80	85	↑
创业咨询服务	78	76	↓
创业投资活动	35	45	↑
创业大赛	75	47	↓
女性学生创业活动	23	29	↑
少数族裔学生创业活动	12	18	↑

资料来源:NCEE. Inspiring Entrepreneurship in Education:Enterprise and Entrepreneurship in Higher Education[EB/OL]. (2018-08-10)[2019-04-06]. https://necc. org. uk/wp-content/uploads/2019/04/NCEE-Inspiring-Entrepreneurship-in-Education-2018. pdf.

(三)知识交流活动的经费资助

高等教育创新基金是英国大学知识交流和成果转化活动经费资助的主要来源,其资助总体情况呈现出拨款的地域性、类别性和协同性的显著特征。

1. 知识交流活动资助的地域性

从 2016—2017 年度高等教育创新基金资助的总体情况来看,共计 97 所大学获得知识交流和成果转化活动的经费资助,其中 28 所大学获得高达 285 万

---

① HEFCE. Higher Education Innovation Funding 2011-12 to 2014-25:Policy,Final Allocations and Request for Institutional Strategies[EB/OL]. (2011-05-04)[2019-06-13]. https://dera. ioe. ac. uk//3646/.

英镑的经费,占总资助金额的 53%。从资助大学所在的地区来看,伦敦地区的大学获得 3560 万英镑资助,成为获得资助最多的区域;资助最少的地区是英国东北部区域的大学,仅获得 710 万英镑(见图 3-3)。资助强度与区域内大学数量呈一定程度的正相关,呈现出显著的地域性分布的特点。高等教育学校集聚的区域,开展知识交流和成果转化的比例相应较高,获取的资助力度也相应较大,依托知识交流活动开展的大学与区域间的联系和互动也较为频繁和密切。

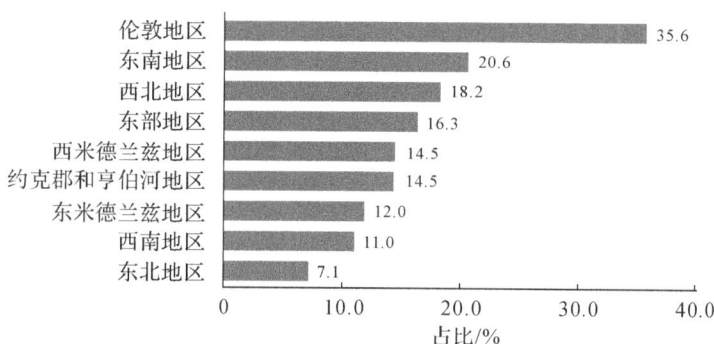

图 3-3　高等教育创新基金资助区域分配情况(2016—2017 年度)

资料来源:HEFCE. The State of the English University Knowledge Exchange Landscape:Overview Report to HEFCE by RAM PACEC [R]. London:RSM PACEC,2017:8.

2. 知识交流活动资助的类别性

高等教育创新基金对大学知识交流创新活动的资助领域分为对人力成本的资助和对其他成本的资助,人力成本的资助又分为对从事知识交流和成果转化具体工作的专业人员和从事学术研究人员的资助;其他成本资助涵盖对所有成果转化项目的资助,比如概念证明(proof of concept)、种子基金(seed funding)、启动基金(pump-priming)和知识成果转化活动管理等项目的资助。具体而言,高等教育创新基金对以下七个类别进行竞争性拨款资助:第一,对非技术转移的研究开发过程的资助,比如咨询服务、合作和合同研究、研究伙伴及研究转化的资助。第二,对包含技术转移在内的大学研究成果商业化过程的资助,比如衍生公司和新创企业。第三,对技能和人力成本开发过程的资助,比如学生就业能力和劳动技能以外的能力发展,该类别的资助主要体现在对学徒制项目、专业教育课程(CPD)、行政管理项目和委培项目的资助。第四,对社区和公众参与项目的资助,比如公众参与的研究项目(PER)、与地方慈善机构合作的项目、学生组织开展的义工和志愿者服务项目。第五,对知识传播和扩散过程的资助。这一类的资助体现在与外部利益相关者的互动中,比如校友网络、专业机构组织、社区活动等。第六,对大学创业活动的资助,比如创业教育的开展、创业知识和技能发展的研究和推动、社会创业的开展和驻校企业家的资助等。第七,对大学创业设施的资助,比如大学科技园、孵化器、工作坊及对创业相关设施和专业设备开发利用的资助。

从高等教育创新基金 2016—2017 年度知识交流活动的资助情况来看,该基金对三个类别和六个领域进行了拨款资助。三个类别分别是从事知识交流与成果转化专职人员的经费投入、从事知识交流与成果转化学术研究人员的经费投入和创业项目与成果转化学术研究人员的经费投入;六个领域分别是研究开发(research exploitation)、技能培训(skills development)、创新创业教育(entrepreneurship and enterprise education)、知识传播(knowledge diffusion)、公共/社区服务(public/community engagement)和实物资产利用开发(exploiting physical assets)①。2016—2017 年度高等教育创新基金经费拨款明细统计结果显示,对专职人员的资助拨款金额为 8950 万英镑,占总资助金额的56%;用于成果转化学术研究人员的经费资助为 2690 万英镑,占总资助金额的17%;用于成果转化类创业项目和创业设施的资助金额为 4370 万英镑,占总资助金额的 27%(见表 3-5)。高等教育创新基金 2012—2015 年第二轮资助中对6 个领域的拨款明细显示,对研究开发领域的资助占总拨款金额的 53%,技能培训占 14%,创业教育占 10%,知识传播占 10%,公共服务占 7%,实物资产利用占 6%。②

---

① ULRICHSEN T. C. Knowledge Exchange Performance and the Impact of HEIF in the English Higher Education Sector[R]. Bristol:HEFCE,2014:14.

② ULRICHSEN T. C. Knowledge Exchange Performance and the Impact of HEIF in the English Higher Education Sector[R]. Bristol:HEFCE,2014:15.

表 3-5　英国高等教育创新基金资助类别及金额(2016—2017 年度)

开支类别	项目类型	金额/百万英镑
从事知识成果转化专职人员经费投入	非技术转移的研究开发	39.8
	包含技术转移的商业化	14.1
	技能与人力资本开发	10.8
	知识传播与扩散	9.5
	社区与公众参与项目资助	4.1
	创新创业	7.4
	大学创业设施等资产投入	3.8
	合计	89.5
从事知识成果转化学术研究人员经费投入	非技术转移的研究开发	10.2
	包含技术转移的商业化	4.3
	技能与人力资本开发	3.8
	知识传播与扩散	3.8
	社区与公众参与项目资助	2.2
	创新创业	1.6
	大学创业设施等资产投入	1.0
	合计	26.9
创业项目及知识成果转化管理经费投入	非技术转移的研究开发	15.0
	包含技术转移的商业化	8.5
	技能与人力资本开发	4.6
	知识传播与扩散	4.8
	社区与公众参与项目资助	3.4
	创新创业	5.4
	大学创业设施等资产投入	2.0
	合计	43.7
总金额	共计	160

资料来源:HEFCE. The State of the English University Knowledge Exchange Landscape: Overview Report to HEFCE by RAM PACEC [R]. London: RSM PACEC,2017:47.

英国大学知识交流与成果转化的拨款情况体现了英国高等教育对技术转移和成果转化及创业管理正逐步向专业化方向发展的趋势，其类别性拨款的分配机制主要呈现出两个特点：第一，导向性。向知识交流活动倾斜的拨款机制正促使大学全力提升知识交流和成果转化的能力，并凭借成果转化的业绩来争取更多的经费资助。从大学在国家创新体系战略和产业政策中的作用的视角来看，这也是政府对大学研究、创新和商业化能力的需求和推动的引导性的结果。第二，差异性。研究实力强的大学将经费配置用于支持与研究开发相关的创业活动，而研究实力较弱的大学则较多地将经费用于创业教育和技能培训等教学活动，造成拨款经费配置上的差异性。

3. 知识交流活动资助的协同性

英国高等教育知识交流和成果转化的经费资助还体现出以高等教育创新基金为主，以联络能力基金、大学挑战种子基金、影响力加速器账户和弹射创新中心基金为辅的协同性，具体表现为：

首先，联络能力基金促进建立大学与外部产业和区域战略伙伴。英国政府在《2016 秋季声明》（2016 Autumn Statement）中宣布，在 2020—2021 年度之前将为英国大学科学研究提供 1 亿英镑额外经费作为联络能力基金，以鼓励大学在知识交流项目、技术转移和研究成果商业化领域的合作和成效，旨在促进大学之间及大学与外部产业和区域伙伴间建立战略合作关系，并对政府优先发展的产业战略重点项目提供优先支持。联络能力基金项目是对政府产业战略的直接回应和对高等教育创新基金机制的有利补充，体现了政府支持研究成果商业化合作战略的信心。2017—2018 年度，联络能力基金共拨款 1500 万英镑用于对大学与各产业战略合作项目的支持（见表 3-6）。

表3-6　英国创业型大学联络能力基金(CCF)分配情况(部分)

主体机构	合作机构	项目名称	资助金额/百万英镑
巴斯大学	布里斯托大学 埃克塞特大学 南安普敦大学 萨里大学	英国南部 SET 方拓展项目（SET Squared Scale-up Programme）	5.000
曼彻斯特大学	利兹大学 谢菲尔德大学	旨在加强英格兰北部创业生态系统的"北方三角倡议项目"（Northern Triangle Initiative）	5.000
约克大学	郝尔大学 提赛德大学	提赛德—郝尔—约克生物经济知识交流项目（Teesside, Hull and York-Mobilizing Bioeconomy Knowledge, THYME Project）	5.000
利兹大学	布拉德福德大学 利兹贝克特大学 谢菲尔德哈勒姆大学 哈德斯菲尔德大学 约克大学	医疗技术发展项目（Grow MedTech: Collaborating for a Competitive Future）	4.995
帝国理工学院	白金汉郡大学 癌症研究院 伦敦玛丽女王大学 皇家艺术学院 皇家音乐学院 皇家兽医学院	医学技术联络项目（MedTech Super Connector）	4.947
杜伦大学	纽卡斯尔大学 诺桑比亚大学 桑德兰大学	北方集成能力加速器项目（The Northern Accelerator Integrating Capabilities）	4.934
伦敦大学国王学院	伦敦大学学院 帝国理工学院	支持学术部门与生命科学企业和投资者进行知识交流与成果转化的高级诊疗项目（Advanced Therapies）	4.922
谢菲尔德大学	牛津大学 剑桥大学 纽卡斯尔大学	校企物联网项目（Promoting the Internet of Things via Collaboration between Higher Education Institutions and Industry, Pitch-In）	4.918
牛津大学	伯明翰大学 邓迪大学	开发改善老年人健康疗法的"英国脊柱知识交流项目"（UK SPINE KE）	4.820

续表

主体机构	合作机构	项目名称	资助金额/英镑
剑桥大学	赫特福德大学 林肯大学 东安格利亚大学	克瑞斯·艾瑞泰克知识转移伙伴项目(The Ceres Agritech Knowledge Exchange Partnership)	4.781
布莱顿大学	利物浦约翰摩尔斯大学 朴次茅斯大学	清洁发展创新项目(Innovation for Clean Growth)	3.500

资料来源:The Connecting Capability Fund. Funded Project[EB/OL]. RE. Interim Review of the Connecting Capability Fund Programme:To Inform the Case for Continued Public Funding for Shared Best Practice,Capability and Collaboration in University Commercialization[R]. London:IP Pragmatics Limited,2020:10-11.

其次,大学挑战种子基金推动大学研究成果商业化应用。

大学挑战种子基金是由英国政府设立的 15 个种子基金项目的其中一个,旨在资助大学研究人员成功地把优秀的研究成果转化为商业实践,以实现大学研究应用上的突破,使大学研究成果具备商业用途和实用性,实质是将大学推向市场的第一步。项目主要关注科学和工程领域研究成果的开发,具体资助活动为:获取管理技能,保护知识产权,支持额外研发活动,资助原创产品,扩大知识应用,筹备商业规划,负责法律赔偿,支付外部专家监管咨询等。[①]

再次,影响力加速器账户通过机构和文化变革促进大学创业能力提升。

影响力加速器账户是由工程和物理科学研究委员会(EPSRC)为促进和支持研究机构的知识成果转化而设置的战略性奖项,资助方允许研究机构以灵活和富有创造性的方式对资助做出反应。加速器账户是促进英国研究和创新的资助机制之一,资助内容主要是通过机构变革和创业文化的培育促进成果转化的能力,同时确保成果在取得进展的早期阶段获得经费资助。其支持方式包括人员借调和交流等有效产生影响力的活动。该基金项目在剑桥大学、牛津大学、伯明翰大学、沃里克大学、伦敦大学国王学院、兰卡斯特大学、拉夫堡大学、利兹大学、诺丁汉大学、贝尔法斯特女王大学、斯特拉斯克莱德大学、谢菲尔德

---

① UCSF. The University Challenge Seed Fund [EB/OL]. (2020-01-16)[2022-12-20]. https://innovation. ox. ac. uk/award-details/university-challenge-seed-fund-ucsf/.

大学等 33 所英国创业型大学设立了影响力加速器账户,自 2012 年以来加速器账户的资助金额总计超过 1.5 亿英镑①。

最后,英国弹射创新中心基金促进大学知识创新融入产业创新体系的发展。

英国弹射创新中心是英国创新署受英国政府委托成立的独立的、非营利性的技术创新中心,主要目的是通过缩小知识成果商业化概念和实践之间的差距来解决英国创新发展的一系列问题,推动英国经济增长。弹射创新中心选择与研究实力雄厚的创业型大学合作,提供研发能力和专业知识,获取尖端技术设备、专业设施开发和实践创新的理念,成为汇集企业、政府和大学的一个重要纽带。截至 2015 年,英国政府共投入 2 亿英镑公共资金在弹射创新中心网络下建设了 7 个高附加值制造业弹射创新中心,分别是与斯特拉斯克莱德大学共建的高端材料成型研究中心(AFRC),与谢菲尔德大学共建的高级制造研究中心(AMRC),与伯明翰大学、诺丁汉大学和拉夫堡大学共建的制造技术中心(MTC),与布里斯托大学共建的国家复合材料中心(NCC),由谢菲尔德大学主导创建的核先进制造研究中心(NAMRC),在沃里克制造集团(Warwick Manufacturing Group)基础上建立的沃里克制造集团弹射创新中心(WMG)②及工艺创新中心(CPI)。弹射创新中心的资金渠道采取 1/3 的合作研究与开发项目资金、1/3 的企业创新合同的竞争性资金和 1/3 的英国创新署核心公共经费直接拨款的形式。2013—2014 年度,高附加值制造业弹射创新中心的收入达到并超过了两个非核心资金的收入目标,创造了 4400 万英镑的合作开发与研究项目收入及 6500 万英镑的私营经费收入。③ 英国创新署在现有标准上,计划

①　UKRI. Impact Acceleration Accounts[EB/OL]. (2022-06-21)[2022-12-30]. https://epsrc. ukri. org/innovation/fundingforimpact/impact-acceleration-accounts/.

②　HVMC. High Value Manufacturing Catapult:Impact Evaluation Framework[EB/OL]. (2015-04-03)[2018-12-24]. https://hvm. catapult. org. uk/wp-content/uploads/2015/09/ITT-Impact-Evaluation-Framework. pdf.

③　HAUSER H. Review of the Catapult Network:Recommendations on the Future Shape, Scope and Ambition of the Programme[R]. London:DBIS,2014:33.

力争到 2030 年将弹射创新中心增至 30 个,预计核心资金拨款总额将达到每年 4 亿英镑①。

经费资助是政府实施调控和落实政策的直接手段,也是引导资源实现策略性配置的有效方式。由拨款委员会、研究委员会和慈善机构组成的大学教学、研究和创业的资助体系及由基金计划、挑战项目和创业奖项等构成的协同机制对创业型大学跨学科研究、创业人才培养和知识交流提供规范、公平、有序的经费支持,为创业型大学发展营造了良好的资助环境。

第三节 社会创业组织的支持

保罗·科伊尔(Paul Coyle)强调:"创业型大学与学术自由和自治的传统大学文化和价值观并不抵触,唯一的限制是对广大的利益相关者互相依存关系的监管和治理。创业型大学所面临的机遇和挑战是以一种将学术自治、思想自由和赋予个人权利最大化的方式来处理这个问题。"②创业教育的组织与开展既是体现英国创业型大学转型的切入点,也是其学术价值与创业价值、大学传统文化与创业文化之间寻求平衡和融合的临界点。英国社会组织和机构通过对创业教育和创业型大学建设等理论的探讨和调查推动相关实践的开展,成为英国创业型大学文化建设和精神孕育的最直接有效的工具载体。

一、创业理念的推动

英国非政府部门、高等教育机构和其他创业组织构成了推动英国大学创业实践发展的社会网络,为大学创业组织建设提供了战略性的指导规划和全社会

---

① HAUSER H. Review of the Catapult Network: Recommendations on the Future Shape, Scope and Ambition of the Programme[R]. London: DBIS,2014:36.

② COYLE P, GIBB A, HASKINS G. The Entrepreneurial University: From Concept to Action [R]. Coventry: NCEE, 2013:17.

范围内的实践支持。英国创业教育中心、高等教育机构和质量保障署在遵循欧洲委员会、经济合作与发展组织和世界经济论坛有关创业型大学发展框架的基础上，制定了英国创业型大学转型的发展策略，成为大学创业变革和组织构建的理论指导部门；高等教育基金委员会、研究委员会、英国创新署、英国研究与产业联合会和各类信托基金为英国创业型大学的实践提供实质性的经费资助；高等教育机构的创业组织、大学创业联合会、泰晤士高等教育、媒体机构等来自大学和社会的各类组织构成的社会网络和各种利益相关者团体成为创业型大学组织建设、战略制定和机构变革的具体推动者、合作者和评估者。

（一）推动创业型大学建设的报告

10 余年来，英国科学创业中心、英国大学生创业委员会、英国创业教育中心、高等教育学院、英国大学企业家联合会、英国创业教育机构等非政府组织部门在英国高等教育界开展了丰富多样的大学生创业和毕业生社会创业的实践活动，极大地影响了大学师生创业的理念和信念，在英国乃至欧盟地区的创新创业领域产生了重要的影响，在促进大学创业文化形成的同时成为大学创业实践开展的推动力量，为创业型组织的构建和创业型大学的转型提供了依据和动力。特别是全国创业教育中心出台的一系列针对建设和发展创业型大学的报告（见表 3-7），成为英国创业型大学发展的战略性指导文件，对英国创业型大学的概念、行动和影响达成了理解和认识上的统一，成为推动英国创业型大学发展的纲领性和实质性的理论依据。《走向创业型大学——作为变革杠杆的创业教育》（2005）是英国大学生创业委员会在国家层面提出的首个建设创业型大学构想的文件，明确了英国创业型大学发展可采用的办学模式和创业模式，创业委员会执行官伊恩·罗伯逊（Ian Robertson）将此举评价为"富有启发性和挑战性的主张，为高等教育的变革提供了一系列切实可行、清晰明确的发展路径和可以预期的极富成效的创业效果"①。继《走向创业型大学——作为变革杠杆的

---

① GIBB A. Towards the Entrepreneurial University：Entrepreneurship Education as A Lever for Change[R]. Birmingham：NCGE，2005：2.

创业教育》之后，英国大学生创业委员会和后继的英国创业教育中心又相继出台了《引领创业型大学——满足高等教育机构创业发展需求》(2009)、《探索创业型大学发展的协同潜力：建立一个战略性框架》(2012)、《创业型大学记分卡：审视大学的创业潜力》(2013)、《未来的大学：创业型利益相关者的学习组织?》(2013)、《创建创业型大学：从概念到行动》(2013)、《再谈创业型大学：促进不确定时期的大学变革》(2018)和《大学领导面临的变化与挑战：NCEE 领导力调查》(2019)等一系列促进创业型大学发展的文件报告，从创业战略的制定、创业型组织的建设、创业型大学及其领导力概念、行动、规划和影响力评估方面做出了具体的调查、规划、阐释和指导，对大学未来即将面对的大学范式、创业领导力建设、与市场的互动、与利益相关者之间的联系及创业型大学的变革方式和趋势进行了深入的探讨、大胆的预测和明确的规划。

表 3-7　英国创业型大学发展主要文件报告

文件/报告名	主要内容	发布年份
《走向创业型大学——作为变革杠杆的创业教育》 (Towards the Entrepreneurial University——Entrepreneurship Education as a Lever for Change)	提出"创业"的概念，强调创业在高等教育教学、技术转移和研究成果转化中的作用，提出整合式、介入式和外部支持的三种创业教育模式	2005
《引领创业型大学——满足高等教育机构创业发展需求》 (Leading the Entrepreneurial University: Meeting the Entrepreneurial Development Needs of Higher Education Institution)	大学组织范式转型趋势下的几个关键问题：大学国际化发展的策略、基于三螺旋模型的互动关系、大学知识要素流动的模型、大学作为创业型组织的建设	2009
《引领创业型大学——满足高等教育机构创业发展需求》(修订版) (Leading the Entrepreneurial University: Meeting the Entrepreneurial Development Needs of Higher Education Institution, Updated 2012)	提出创业型大学领导人项目(EULP)的概念基础和发展趋势	2012

文件/报告名	主要内容	发布年份
《探索创业型大学发展的协同潜力：建立一个战略性框架》（Exploring the Synergistic Potential in Entrepreneurial University Development：Towards the Building of a Strategic Framework）	为创业型大学的发展提供战略性的指导框架，作为英国创业型大学建设的行动基础	2012
《大学创业记分卡：审视大学的创业潜力》（The University Entrepreneurial Scorecard：Reviewing the Entrepreneurial Potential of a University）	关于如何调整个大学个人与机构创业活动的评分标准，范围包括概念、愿景、使命、策略、治理、组织、设计、跨学科、公共价值、影响力和利益相关者参与共 11 个模块 108 个指标	2013
《未来的大学：创业型利益相关者的学习组织？》（The University of the Future：An Entrepreneurial Stakeholder Learning Organization?）	探讨了当前和未来压力促成大学创业本质形成的因素及大学应对压力的反应，即大学如何采用更广泛的创业范式在应对市场和利益相关者压力的同时保持学术的自由和自治	2013
《创建创业型大学：从概念到行动》（The Entrepreneurial University：From Concept to Action）	提出关于创业型大学概念的 20 个关键问题和创业型大学的 11 个行动案例	2013
《再谈创业型大学：促进不确定时期的大学变革》（The Entrepreneurial University Revisited：Promoting Change in Times of Uncertainty）	继续探索引领高等教育变革的方式，继续支持对创业领导项目（EL）和创业型大学领导者项目（EULP）的实施	2018
《大学领导面临的变化与挑战：NCEE 领导力调查》（Changes and Challenges Facing University Leadership：The 2019 NCEE Leadership Survey）	对自 2010 年起实施的"创业型大学领导人项目"（EULP）成效进行探索，对曾经参与 EULP 项目的现任大学副校长就大学领导力变革、创业机构和创业领袖三个方面开展调查	2019
《创新与创业》（Enterprise and Entrepreneurship）（AGCAS）	再次重申何为创业型大学，总结创业型大学的特点，提供就业、创业与创新的经验分享	2020

（二）推动创业教育发展的报告

英国创业教育中心是推动英国大学创业教育发展的主要机构,这一时期的英国高校创业教育呈现出两个特征:第一,立足于欧盟创业教育框架,彰显英国创业教育特点。例如英国创业教育中心将世界经济论坛发布的《培养下一批企业家:开启创业能力,迎接 21 世纪的全球挑战》报告(2009)、欧洲委员会的《创业能力学习:创业能力框架》(2016)和《创业能力行动:获得灵感、行动起来》(2018)作为指导英国创业教育文件制定的指导性和框架性意见,并在此基础上编写了《创业教学大纲》(2007/2014)、《大学创业网络:蓬勃发展的 STEM 创业》(2013)和《创业教育:英国高等教育指南》(2018),对创业教育过程中的创业教学、创业实践、创业能力和创业评估方面的实施做出具体的理论指导(见表 3-8)。第二,大力推动创业教育为英国创业型大学的转型和变革起到了重要的杠杆作用,而创业型大学的建设反过来为高质量的创业教育实施提供了战略、制度、机制和组织上的保障和平台。

表 3-8　英国大学主要创业教育文件报告

文件/报告名称	主要内容	发布机构与年份
《培养创业型毕业生:将创业精神置于高等教育的中心》(Developing Entrepreneurial Graduates: Putting Entrepreneurship at the Centre of Higher Education)	总结了建立跨校区创业环境的注意事项:大学的顶层设计;应用创新的方法将创业精神融入学科教学;企业家和创业组织的参与至关重要;推动大学、企业、政府及第三方组织的合作,创建"高等教育创业型毕业生培养框架",旨在培养具备创新精神的未来企业家	英国毕业生创业委员会(NCGE)2008
《培养下一批企业家:开启创业能力,迎接 21 世纪的全球挑战》(Educating the Next Wave of Entrepreneurs: Unlocking Entrepreneurial Capabilities to Meet the Global Challenges of the 21st Century)	提出弱势青年创业、大学毕业生的增长型/机会型创业及社会创业三种类型创业的机会和挑战、现有创业教育的工具和优秀案例,为利益攸关方提出制定和实施创业教育方案的有效建议	世界经济论坛(WEF)2009

续表

文件/报告名称	主要内容	发布机构与年份
《大学创业网络：蓬勃发展的 STEM 创业》 （University Enterprise Network：Inspiring Enterprise in STEM）	报告介绍了 STEM 大学创业网络（STEM-UEN）在大学、产业和政府部门三者间的合作模式，从技术支援、商业支持、企业创建、商业拓展和知识成果转化几个方面展示该模式取得的成就及其对英国东南部地区创业发展的推动，该模式在确保 STEM 学生获得高质量创业教育方面提供了有力的保障	英国创业教育中心 2013
《创业教学大纲》 （第 1/2 版） （A Compendium of Pedagogies for Teaching Entrepreneurship）	借鉴广泛学科的教学传统，提出创业教育的 44 条教学指南、创业成果分类框架和路线图，旨在创建更高层次的、具有课堂外可迁移性和应用性的教学法，解决创业如何教的问题	英国创业教育中心 2007/2014
《创业能力学习：创业能力框架》 （EntreComp：The Entrepreneurship Competence Framework）	对"创业能力"做出定义，对创业行为做出分类；提出创业价值论和"创业能力概念模型"，该模型明确了 3 个创业能力领域、15 种作为公民应具备的创业能力及指标、8 个熟练程度和 442 个学习成果	欧洲委员会（EC） 2016
《创业能力行动：获得灵感、行动起来》 （EntreComp into Action：Get Inspired Make It Happen）	帮助个人和组织探索如何使用"创业能力框架"，介绍和分享了 70 多个将创业能力框架应用于学校正规教育和培训及商业领域的非正规学习和就业的案例，反映创业学习如何融入不同行业和群体的图景	欧洲委员会（EC） 2018
《创业教育：英国高等教育指南》 （Enterprise and Entrepreneurship Education：Guidance for UK Higher Education Providers）	促进英国高校所有科目开设创新创业课程；对就业、创新和创业做出界定；提供国家对影响力的高质量评估方法；为创业教育者、管理者和政策制定者提供参考和指导等	英国高等教育质量保障署（QAA） 2018
《在教育中开启创业精神》 （Unclocking Entrepreneurship in Education—University Heads of Enterprise Report 2020：An Annual Survey of Enterprise in Higher Education）	对英国高等教育机构在过去 8 年间的创业活动进行梳理和总结，分析活动开展具备的优势和存在的问题，为疫情后的大学创业做出规划	全国创业教育中心 2020

二、创业实践的举措

英国创业教育中心等社会组织在创业活动方面开展的有力实践是助推创业型大学发展和组织转型的社会力量。以各类创业教育项目、创业计划、创业会议等形式的创业活动将创业的概念深入人心、深入校园、深入社会,成为推动创业型大学建设的个体因素、精神因素、组织因素和社会因素,奠定了大学创业精神培育和成长的土壤,为英国创业型大学教学研究、人才培养和成果转化构建了浓厚的文化氛围。

(一)创业教育项目的开展

1.创业型大学领导人项目

创业型大学领导人项目是2010年牛津大学和英国大学校长联盟联合启动的专门为全英高等院校领导人开设的创新创业教育培训项目。之后,英国创业教育中心先后三次发布了《引领创业型大学——满足高等教育机构创业发展需要》研究报告(2009)、研究报告修订版(2012)及《再谈创业型大学:促进不确定时期的大学变革》文件(2018),通过对"创业型大学领导人"项目方案的完善和修订,加强大学"对创业机遇灵敏的反应能力和创业能力的提升",这些能力将成为"大学在前所未有的不确定性中生存必不可少的技能与措施"[①]。

创业型大学领导人项目自2010年在牛津大学赛德商学院启动以来,已培训数百名副校长以上级别的创业型领导,在英国院校的项目覆盖率达到90%以上[②]。在项目实施的8年中,得到了政策专家、大学校长、企业首席执行官、国家和地方领导的支持,构建了一个紧密联系且相互支持的网络来应对创业的挑战和时代的竞争[③],同时项目又通过对创业人士的博采众长和实践丰富的经历,将

[①] BAKER C. The Entrepreneurial University Revisited: Promoting Change in Terms of Uncertainty[R]. Coventry: NCEE, 2018:1.

[②] Entrepreneurial Leadership[EB/OL]. (2023-01-28)[2023-02-01]. http://ncee.org.uk/leadership/.

[③] BAKER C. The Entrepreneurial University Revisited: Promoting Change in Terms of Uncertainty[R]. Coventry: NCEE, 2018:2.

方案聚焦为具有连续性主题的三个模块:高等教育的领导变革、高等教育的发展趋势和实践中的创业型大学,对大学如何加强创业、企业家精神和创新问题给出了指导性的意见,逐步成长为一个"充满活力和积极拓展的项目"①。创业型大学领导人项目是"高等教育应对挑战的积极回应,是探索创业型组织和创业型领导两个关键概念及推动高等教育与动态变化环境之间有效融合"②的大胆创举,创业型大学领导人项目成为英国大学发展的重要策略,对创业型大学的转型和发展产生了重大的影响。

2.大学创业网络

大学创业网络(University Enterprise Networks,UEN)是促进由全国创业教育中心主导的旨在为大学、产业界和政府公共部门伙伴关系搭建网络平台,为大学毕业生创业提供创业环境、为英国经济和社会保持长期的凝聚力和竞争力做出实质性的贡献③的创业举措。

3.国际创新创业教育者项目

国际创新创业教育项目(International Entrepreneurship Educators Programme,IEEP)是面向创业教育工作者、企业家和创业学生的创业教育项目,英国90%以上的高等院校创业教育师资接受了该项目的培训,增强了创新创业教育理念和授课技能,提高了他们指导学生创业就业的能力。④

4.国际创新创业教育工作会议

国际创新创业教育工作会议(International Entrepreneurship Educators Conference,IEEC)是欧洲规模最大的关于创业教育的国际性会议,每年通过召开研讨会、交流会议和论坛等形式,汇集全球300多个高等院校、企业和创业

①　BAKER C. The Entrepreneurial University Revisited:Promoting Change in Terms of Uncertainty[R]. Coventry:NCEE, 2018:2.

②　GIBB A, HASKINS G, ROBERTSON I et al. Leading the Entrepreneurial University:Meeting the Entrepreneurial Development Needs of Higher Education Institutions[R]. Coventry:NCEE, 2012.

③　NCEE. University Enterprise Network[EB/OL]. (2023-01-28)[2023-02-01]. http://ncee.org. uk/university-enterprise-networks/.

④　NCEE. Introducing IEEP[EB/OL]. (2012-12-21)[2020-08-26]. https://ncee.org.uk/2012/12/21/ncee-launches-ieep-for-2013-2014-international-entreneurship-educators-programme-20132014-21.

教育工作者开展经验交流和学术研讨。目前,IEEC还通过英国创业教育中心(NCEE)的平台开展与包括中国在内的其他国家高等院校创新创业领域的国际合作,促进创业教育的全球化和国际化发展。

5.国家创业教育奖

英国国家创业教育奖(National Enterprise Educators Awards)主要表彰在英国大学创业教育领域做出杰出贡献的人员,对在校学生和毕业生创业的支持者给予表彰和奖励。该奖项设置了创业推动奖(Enterprise Catalyst)、高等教育团队创业奖(HE Team Enterprise)、继续教育团队创业奖(FE Team Enterprise)。

6.欧洲创业教育工作者项目

欧洲创业教育工作者项目(The European Entrepreneurship Educators Project,3EP)是由欧盟竞争与创新框架计划资助,芬兰、丹麦、克罗地亚和英国4国高等教育合作开发的创业资助项目,旨在为欧盟地区创业活动提供融资渠道和商业支持服务,为培养具有进取心和创业精神的师生和员工建立平台,项目实施时间为3年。[①]

(二)创业型大学评选

1.创业型大学年度评选活动

创业型大学年度奖项(The Times Entrepreneurial University of the Year Award)由泰晤士高等教育报和英国创业教育中心在全英创业型大学中组织评选,从2008年至2020年的10余年间,共有50余所大学入围"创业型大学年度奖"评选,阿斯顿大学、拉夫堡大学、利物浦约翰摩尔斯大学、伦敦南岸大学、利兹大学、安格利亚鲁斯金大学、斯特拉斯格莱德大学、贝尔法斯特女王大学和诺

---

① CHALLIS T, WILKINSON D. 3EP European Entrepreneurship Educators Project: Evaluation [EB/OL]. (2013-03-01) [2018-01-30]. http://ncee. org. uk//wp-content/uploads/2018/01/3EP_evalreportv5. pdf.

丁汉大学是历年"创业型大学年度奖"获奖院校。此外中央兰开夏大学、提赛德大学、伦敦城市大学、林肯大学、考文垂大学、诺丁汉大学和赫特福德大学多次入围"创业型大学年度奖"的提名(见表3-9)。奖项的评选依据最初按照大学在机构内开展的创业活动及将这些活动在全校范围内整合的能力来考察,评选指标涵盖大学创业环境、学生创业活动参与度、创业教育师资及创业影响力等。[①]从2015年开始,组委会将奖项的评选标准调整为:具备将创业、创业精神和创新置于组织核心的愿景和策略;具备支持师生创业意愿和创业行为实现的文化和环境;对校内师生、校友及国内外创业活动产生一定的影响力;具有将创业精神以直接迁移或间接影响的方式来促进该领域其他机构部门进一步完善的战略路径。[②]奖项评选标准的调整为从愿景、战略、组织、文化、环境等因素考量大学的创业举措,将大学实施创业活动的机制和路径及创业活动产生的影响力纳入创业型大学的评估指标。2020年的创业型大学年度奖评选不再设置"创业型大学年度提名奖",取而代之的是"年度最佳大学奖""年度最佳商学院奖""最佳年度国际合作奖""最佳年度知识交流贡献奖""区域杰出贡献奖""优秀营销团队奖""房地产策略杰出奖""艺术与人文社科年度优秀科研奖""STEM·年度优秀科研奖""年度技术数字创新奖""外部拓展杰出贡献奖""年度卓越成就奖"等近20个奖项[③]。评选项目、类型和标准的调整对全面推动创业型大学建设和发展模式的形成起到重要的导向作用。

① NCEE. Entrepreneurial University of The Year 2012[EB/OL]. (2012-11-30)[2019-06-05]. http://ncee. org. ukwp-contentuploads201406EUOTY2012. 1. pdf.

② NCEE. Times Higher Education, Outstanding Entrepreneurial University Award [EB/OL]. (2022-11-26)[2022-12-30]. http://ncee. org. uk/programmes/the-entrepreneurial-university/.

③ NCEE. The Awards 2020 Winners[EB/OL]. (2021-03-11)[2022-12-30]. https://evessio. s3. amazonaws. com/customer/3897c7b1-0c71-459a-8ee7-fd8251fd666e/event/5c3928ea-fc32-4e76-ba12-eac8e01ca262/media/General_Content/be9cf41f-node_THE_Awards_UK_winners_ebook. pdf.

表 3-9　英国"创业型大学年度奖"评选(2008—2020 年)

年度	获奖院校	提名院校
2019—2020	阿斯顿大学 (Aston University)	—
2018—2019	拉夫堡大学 (Loughborough University)	中央兰开夏大学(University of Central Lancashire) 伦敦城市大学(City, University of London) 爱丁堡大学(University of Edinburgh) 赫特福德大学(University of Hertfordshire) 西英格兰大学(University of the West of England)
2017—2018	伦敦大学国王学院 (King's College London)	中央兰开夏大学(University of Central Lancashire) 伦敦城市大学(City, University of London) 赫特福德大学(University of Hertfordshire) 伦敦大学国王学院(King's College London) 林肯大学(University of Lincoln) 提赛德大学(Teesside University)
2016—2017	利物浦约翰摩尔斯大学 (Liverpool John Moores University)	伦敦城市大学(City, University of London) 法尔茅斯大学(Falmouth University) 伦敦皮尔森学院(Pearson College London) 索尔福德大学(University of Salford) 南安普敦索伦特大学(Southampton Solent University)
2015—2016	伦敦南岸大学 (London South Bank University)	阿斯顿大学(Aston University) 考文垂大学(Coventry University) 曼彻斯特城市大学(Manchester Metropolitan University) 中央兰开夏大学(University of Central Lancashire) 林肯大学(University of Lincoln)
2014—2015	利兹大学 (University of Leeds)	中央兰开夏大学(University of Central Lancashire) 林肯大学(University of Lincoln) 拉夫堡大学(Loughborough University) 诺桑比亚大学(Northumbria University) 诺丁汉大学(University of Nottingham)

续表

年度	获奖院校	提名院校
2013—2014	安格利亚鲁斯金大学 (Anglia Ruskin University)	金斯顿大学(Kingston University) 提赛德大学(Teesside University) 中央兰开夏大学(University of Central Lancashire) 切斯特大学(University of Chester) 伦敦大学学院(University College London)
2012—2013	斯特拉斯克莱德大学 (University of Strathclyde)	切斯特大学(University of Chester) 林肯大学(University of Lincoln) 谢菲尔德大学(University of Sheffield) 提赛德大学(Teesside University)
2011—2012	考文垂大学 (Coventry University)	东安格利亚大学(University of East Anglia) 爱丁堡大学(University of Edinburgh) 哈德斯费尔德大学(University of Huddersfield) 北安普顿大学(University of Northampton) 普利茅斯大学(University of Plymouth) 斯特拉斯克莱德大学(University of Strathclyde)
2010—2011	赫特福德大学 (University of Hertfordshire)	布鲁纳尔大学(Brunel University) 中央兰开夏大学(University of Central Lancashire) 赫特福德大学(University of Hertfordshire) 帝国理工学院(Imperial College London) 普利茅斯大学(University of Plymouth) 提赛德大学(Teesside University)
2009—2010	贝尔法斯特女王大学 (Queen's University Belfast)	考文垂大学(Coventry University) 赫特福德大学(University of Hertfordshire) 普利茅斯大学(The University of Plymouth) 萨里大学(University of Surrey) 斯特拉斯克莱德大学(University of Strathclyde)
2008—2009	诺丁汉大学 (University of Nottingham)	考文垂大学(Coventry University) 贝尔法斯特女王大学(Queen's University Belfast) 利兹大学(University of Leeds) 牛津大学(University of Oxford) 索尔福德大学(University of Salford)

2.创业型大学区域影响力评选活动

英国著名的中小企业网站 The Real Business 根据大学对国家地区经济发展的影响力和贡献度评出英国排名前 6 位的创业型大学,这 6 所创业型大学基于自身的研究成果和高校创业活动推动地方乃至国家的经济增长,提供社会就业岗位,促进经济社会的发展(见表3-10)。处于第三方立场的社会组织机构更为重视创业型大学通过智力溢出、知识溢出和创业溢出产生的经济价值和社会价值,这倒逼和促进创业型大学围绕大学影响力这个核心展开各种职能和功能的拓展。

表 3-10　英国最具影响力创业型大学排名

排名	大学	评选理由
1	剑桥大学 (University of Cambridge)	提供 15 万个就业岗位,取得超过 5000 亿英镑的经济收益; "剑桥集群":拥有 1000 家科技和生物技术公司,1400 多家服务支持性企业,截至 2006 年,创办衍生公司 51 家和 250 家校企合作公司
2	帝国理工学院 (Imperial College)	与 Arup、IBM、Atkins、Laing O、Rourke、the Olympic Delivery Authority 等企业合作的创新技术转移模式; 通过企业家项目(Entrepreneurs' Program)、衍生文化(spin-out culture)、研习会(Seminar)、工作室(workshop)和高级讲习班(master classes)的形式促进创业技能的学习
3	伯明翰大学 (University of Birmingham)	为西米德兰兹郡(West Midlands)经济发展贡献 5.3 亿英镑,年同比增长 1 亿元,创造 311830 个就业岗位; 强劲的科研实力:研究评估调查(Research Assessment Exercise)显示,该校 90% 的研究成果达到国际水平,该校 1.455 亿英镑的研究经费中 87% 来自伯明翰大学; 平均每 6 个月有 57 项新发明和 6 项专利投入使用,原有的 19 家公司也有望在一年内增至 25 家
4	牛津大学 (University of Oxford)	牛津郡最大的就业提供方,共创造就业岗位 16200 个,以提供高科技岗位出名,为地方经济贡献 7.50 亿英镑的收入; 创办基于学术研究的衍生公司,平均每 2 个月产生 1 家衍生公司; 2000 年创办的牛津 ISIS 公司向衍生公司投资共计 2.66 亿英镑,位居 2011 年英国最具创新大学榜首

排名	大学	评选理由
5	伦敦大学学院（University College London）	授权许可创业活动成果显著：与大奥德蒙街儿童医院（Great Ormond Street Hospital for Children）、皇家自由医院（Royal Free Hospital）、莫菲尔德眼科医院（Moorfields Eye Hospital）等7家教学医院合作为伦敦市民提供一流的医疗服务，并在医学研究领域独树一帜
6	伦敦商学院〔London Business School（LBS）〕	推进教育国际化进程：2001年与哥伦比亚大学商学院开展全球商业领导培训合作项目；在此基础上，2008年与香港大学合作EMBA全球亚洲项目，是第一个在伦敦、纽约和香港三地联合办学的项目

资料来源：REALBUSINESS. The UK's Six Most Entrepreneurial Universities〔EB/OL〕. (2015-07-03)〔2020-08-26〕. http://realbusiness. co. uk/hr-and-management/2015/07/03/the-uks-six-most-entrepreneurial-universities/2/.

（三）创业型大学发展策略实施成效

在战略规划和创业组织方面，英国创业型大学采取多样化的创业策略、伙伴战略和教学改革等各具特色的创业举措推动创业型大学的转型和发展，涌现出杰出的实践案例。安格利亚鲁斯金大学的"创业培育策略"、阿伯里斯特维斯大学的"国际化策略"和提赛德大学的"创业文化建设"策略成为创业型大学发展过程中创业策略实施的典型案例；布莱顿大学"与地方共建创新"、邓迪大学"促进战略伙伴影响力"、西英格兰大学"区域创新中心战略伙伴"及曼彻斯特大学"创业活动战略合作"成为英国创业型大学开拓与外部利益相关者联系、大力创造公共价值、建立战略伙伴关系促进经济社会发展的实践案例；考文垂大学"基于风险的课程设计法"和切斯特大学（University of Chester）的"嵌入式创业课程"体现了通过开展创业教育促进创业精神和创业文化的校园氛围、构建"自下而上"创业行动的又一种创业型大学的发展路径。

1. 创业策略实施成效

"创业策略"（entrepreneurial strategy）是创业型大学体现战略规划和发展模式特征的具体表现。创业策略的实施并不是一成不变和整齐划一的。英国创业型大学采取创业培育的策略、国际化发展的策略和构建创业文化的策略推动创业型大学的多元化发展(见表 3-11)。

表 3-11　英国创业型大学"创业策略"实施情况

策略实施	创业型大学	创业行动
创业培育策略	安格利亚鲁斯金大学	整合创业活动、创业项目和合作研究中心
国际化发展策略	阿伯里斯特维斯大学	拓展国际市场、扩大国际学生招收规模、加强国际合作、开发远程课程学习
发展创业型大学的策略	威尔士大学新港分校	创业精神嵌入学术课程、创业理念融入日常管理、创业激励纳入奖励制度、加大与企业地方的合作、支持学生新创企业
商业参与构建创业文化的策略	提赛德大学	培养具有在教学、研究和商业合作中融入创新方法的创业型教职员工

资料来源:COYLE P，GIBB A，HASKINS G. The Entrepreneurial University:From Concept to Action[R]. Coventry:NCEE，2013.

成立于 1872 年的阿伯里斯特维斯大学(Aberystwyth University)以卓越的研究、高质量的教学和体验式学习闻名,这所传统的英国大学采用以校园为阵地,把面向国际留学生和国际伙伴敞开大门的国际化战略作为创业型大学的发展策略,该战略又称为"11 条创业行动准则"[①]:建立国际分校,并制定相应策略;寻求海外合作伙伴,提供有效的授权条款;创建高质量项目,拓宽项目海外知名度;成立高效的基金会项目,委托海外基金会合作伙伴实施和运作;开设国际学生英语培训强化课程,由海外基金会合作伙伴负责;与国内继续教育领域的其他高校建立战略联盟,打通新入学大学生在高等教育框架(FHEQ)内 5 级以上课程学习的通道;与目标国的高等教育机构建立一系列的伙伴关系,如建立与国际学生交流联系的备忘录,与合作联盟伙伴在具有战略性领域共同开发和提供远程学习项目;调研与国际高等教育机构合作开发的远程教育项目的实施情况;为国际留学生提供从本科至硕士和博士完整阶段获取学位的升学通道,并让学生意识到阿伯里斯特维斯大学的学位是一笔可观的职业资产,拓宽

---

① COYLE P，GIBB A，HASKINS G. The Entrepreneurial University:From Concept to Action[R]. Coventry:NCEE，2013:23-24.

国际留学生市场;开设提供远程教育学习的专门机构,运营和继续开发远程教育项目(E-distance learning)和成人继续教育的认证职业发展(certified professional development,CPD)等课程,以满足不断攀升的国际受众的需求,挑战更高的创收目标;进行深入而广泛的市场调研和分析,制订市场准入的计划。阿伯里斯特维斯大学遵循以上准则实施大学的国际化策略:依托大学一流的研究实力,在食品与水源安全、科学与环境质量、人工智能和机器学习、国际政治、现代语言、健康与运动科学等学科的国际声誉及所有学位课程国际认可的优势上,扩大国际留学生的招生规模,特别是在印度尼西亚、印度、土耳其和沙特阿拉伯国家的本科生市场,呈现出巨大的市场增长潜力。阿伯里斯特维斯大学还采取与国际市场中其他高等教育机构合作投资的创业策略,比如与挪威的高等教育紧密而牢固的合作关系,成为大学在国际市场上取得成功的重要因素之一。此外,开发自主式的远程信息教育也是阿伯里斯特维斯大学实施国际化策略的重要手段,远程信息教育满足了教育高质量的需求,特别是发展中国家对高质量的教育资源的诉求。阿伯里斯特维斯大学针对成人继续教育开发的在线学习课程,由于其面向的目标群体明确且价格适中,深受国际市场上的学生群体好评。学校开发的学习网站每年为2万名学生提供学习课程和在线指导,这些远程课程为大学带来超过1800万英镑的年收入。

2. 创业伙伴战略实施成效

"创业伙伴战略"(entrepreneurial partnerships)强调大学与外部利益相关者之间共建和加强战略伙伴关系的协同作用,通过启动伙伴计划项目、开放创新模式、加强创新中心职能及寻求共同利益的创业行为开辟创业型大学的发展之路(见表3-12)。

表 3-12　英国创业型大学"创业伙伴战略"实施情况

策略实施	创业型大学	创业行动
地方合作共建战略	布莱顿大学	启动"布莱顿社区大学伙伴计划"、"建设布莱顿创新社区"和"建设海斯廷斯和克劳利创新社区"项目①
知识成果转化促进区域影响力战略	邓迪大学	开放创新模式:凭借生物科学技术转移与世界领先医药公司合作;与乔丹斯通艺术与设计学院合并建设维多利亚与艾伯特博物馆(V&A)分馆
共建区域创新中心伙伴战略	西英格兰大学	确定创新中心的特征;根据对伙伴关系类型的分类来确定合作战略;强调创新平台的可持续性;加强区域大学集体协同合作的力量②
共同利益服务伙伴战略	曼彻斯特大学	加强医院前沿研究人员与大学学术人员的密切互动;明确与合作伙伴的核心价值和重叠的利益领域;从利益相关者处获取和利用资源

　　创建于 19 世纪末市民大学运动时期的曼彻斯特大学(University of Manchester)一直将服务社会作为红砖大学③的主要使命和职责。2004 年在曼彻斯特大学科技学院和曼彻斯特大学维多利亚大学合并基础上的曼彻斯特大学逐步形成综合性研究型大学。2008 年,英国四大医疗保健系统机构之一的英国卫生署在《全民高质量医疗服务:下一阶段评估》(High Quality Care for All: NHS Next Stage Review Final Report)报告中强调,国民医疗系统应加强医院临床医生与大学医学研究前沿学术人员之间的互动,通过建立学术健康科学研究中心把卫生医疗领域和学术领域的专业人员聚集起来,专注于世界前沿的医学研究,提供高质量的医学课程和医疗服务。④ 在这一背景下,曼彻斯特大学开

---

①　UOB. University of Brighton Strategic Plan. [EB/OL]. (2012-11-16)[2018-11-24]. https://issuu. com/universityofbrighton/docs/strategic_plan.

②　UWE. Advancing Knowledge, Inspiring People, Transforming Futures: UWE Bristol Strategy 2020[EB/OL]. (2015-12-30)[2018-11-24]. http://www. cems. uwe. ac. uk/~vzverovi/UWE-Bristol-Strategy-2020. pdf.

③　红砖大学(Red Brick University)指 19 世纪末 20 世纪初,以英格兰六大重要工业城市命名且获得英国皇家许可的六所著名大学,分别为伯明翰大学、曼彻斯特大学、利兹大学、布里斯托大学、谢菲尔德大学和利物浦大学。

④　DH. High Quality Care For All: NHS Next Stage Review Final Report[R]. London: TSO Ltd. , 2008:9.

启了与英国国民健康服务信托基金(NHS)密切的伙伴关系,负责为曼彻斯特地区提供临床领域的课程教学和研究支持。曼彻斯特大学创业伙伴战略主要实施路径有:首先,大学医学和人文科学学院负责为医护专业学生和相关人员提供包括临床医学、牙医学、护理学、心理学、药剂学、助产学等在内的教学服务;其次,由英国卫生部批准成立的曼彻斯特学术健康科中心承担医学研究及与外部合作伙伴之间的协同互动的职能;再次,依托大学学术健康科学中心的协同作用,曼彻斯特大学与全球最大的癌症早期临床试验机构之一的克里斯蒂基金会(Christie Foundation Trust)建立了癌症的医学临床研究,由克里斯蒂基金会负责提供医学研究的实验条件和场所;最后,大学与克里斯蒂信托基金会共同商定研究团队的组成、任命及研究成本的预算,并报相关法定机构审议,同时评估研究成果和研究创收对临床服务和教学质量中长短期的影响作用。

曼彻斯特大学创业伙伴战略的特点在于:第一,利益相关方的协同性。创业型大学与外部主体机构的合作与互动是一个涉及多方面、复杂化和动态性的过程,曼彻斯特大学开展的医学合作研究的创业活动涉及大学、英国国民健康服务信托基金、克里斯蒂信托基金会、医院、负责程序审批的相关部门、医疗人员、学术研究人员、学生、教师、癌症病患等不同的利益攸关方,必然存在兴趣焦点、利益关注点和核心价值观上的重叠和差异,协同利益攸关方的共同利益和需求是创业伙伴战略实施的主要内容。第二,组织结构的创业优势。创业多方的良性互动在于协同的战略伙伴关系、有效的合作管理和服务于共同利益的创业战略,从而确保充分发挥战略伙伴的创业优势,实现教学、研究和社会服务最终目标的统一。

3. 创业课程与教学改革实施成效

创业型大学发展的第三类创业策略是通过创业教育课程与教学(entrepreneurial curriculum and pedagogy)的改革促进大学创业文化的培育和创业精神的根植,进而推动创业型大学形成教学、研究和创业三驾马车并驾齐驱的发展模式(见表3-13)。

表 3-13　英国创业型大学"创业伙伴战略"实施情况

策略实施	创业型大学	创业行动
基于风险的课程改革	考文垂大学	支持旨在培养创新创业精神的课程体系改革,将执行课程开发的能力分配给负责创建和操作课程的专业团队,如 Add+Vantage 模块
嵌入式创业课程	切斯特大学	通过"教职工创业社团"和"学生创业社团"拓宽利益相关者参与创业教学的路径;将创业学习纳入《切斯特大学2014—2020 年教学策略规划》;与校内外富于创造力、想象力和创业行动的团队部门以及利益相关者合作[①]

资料来源:①COYLE P, GIBB A, HASKINS G. The Entrepreneurial University: From Concept to Action[R]. Coventry: NCEE, 2013;②MAAS G, JONES P. Entrepreneurship Centres: Global Perspectives on Their Contributions to Higher Education institutions [M]. London: Palgrave Macmillan, 2017.

　　切斯特大学是英国传统国教的高等教育机构,其办学历史可以追溯到 19世纪,但同时切斯特大学也是一所现代的、充满活力和创业精神的大学,该校 3个校区 7 个学院的 16800 名学生和 1400 多名教职员都积极地为地方和社区做贡献并从中受益,对切斯特、沃灵顿、威勒尔和威尔士东北部的经济、文化和创新产生重大影响,每年对地方的经济贡献达到 2.98 亿英镑,故曾两度入围泰晤士高等教育"创业型大学评选"院校提名奖。切斯特大学在回应外部需求的创业变革中,根据不同学科和专业的特点及对创业概念的理解,实施了嵌入式课程的战略:第一,通过"教职工创业社团"(Staff Enterprise Society)和"学生创业社团"(Student Enterprise Society)拓宽利益相关者参与创业教学的路径,具体行动有鼓励学生自主创业、在学生会内部建立学生创业社团、学生创业与职业就业联络通道、开发与就业能力相关的训练营、"咖啡垫挑战"(coffee mat challenges)及"锅炉房"(boiler rooms)和"聚光灯"(spotlight events)等社会创业活动。上述活动推动了跨学科、跨专业、跨学校和跨行业的全方位参与创业教学模式的发展。第二,将创业学习嵌入《切斯特大学 2014—2020 学年教学战

---

　　①　UOC. Learning and Teaching Strategy 2014—2020[EB/OL]. [2018-11-24]. https://d3mcbia3 evjswv. cloudfront. net/files/L&TSTRATEGY-V6. pdf.

略规划》,这表明切斯特大学的创业教学和课程将在大学学术质量领导小组(University Academic Quality Team)、院长委员会(Dean Group)和教师的领导下自上而下地执行和推动。[①] 创业学习嵌入教学战略的规划能够孕育一个富于创造性和创业精神的环境,并促使学生生理上和心理上适应当代竞争和挑战的能力,反之也对学校、院系和教师的规划产生直接影响,促使学校和教师重新审视年度的目标设定、课程规划、学年总结、资源配置和创业计划等问题。第三,与校内外富于创造力、想象力和创业行动的团队部门及利益相关者合作,提升学生达到创业活动模块的能力要求。依托大学创新中心通过跨学科的方式培育学生创办企业等创业和就业的能力,同时跨学科和跨院系的创业活动也通过教师合作的形式在商学院、艺术与媒体学院、卫生与社会护理学院、教育与儿童服务学院及社会科学学院中得以开展。切斯特大学嵌入式创业教学取得了显著成效,该校前副校长迈克·托马斯(Mike Thomas)对此的评价为:"创业如此地深入大学,可以预计在未来的五年,创业将被视为与科学研究和人才培养并驾齐驱的大学的第三大支柱。"[②]

第四节　本章小结

本章对促成创业型大学转型、发展及其模式形成的背景动因进行梳理,从制度变革、政策导向、社会推动和高校办学的视角做出探析,力图对创业型大学发展及其模式形成的动因追根溯源,探究其全貌。

首先,英国创业型大学的转型是自上而下的由社会体制变革引发的高等教育变革。由于新公共管理主义在国家公共服务改革中的渗透,政府和大学的信

① UOC. Learning and Teaching Strategy 2014—2020 [EB/OL]. [2018-11-24]. https://d3mcbia3evjswv.cloudfront.net/files/L&TSTRATEGY-V6.pdf.

② COYLE P, GIBB A, HAKINS G. The Entrepreneurial University: From Concept to Action [EB/OL]. (2013-12-01)[2017-05-10]. http://eulp.co.uk/wp-content/uploads/2013/11/From-Concept-To-Action.pdf.

任关系受到质疑,英国高等教育领域逐步形成以效率、效益和效能为技术操作的管理模式:一方面,高等教育内部在办学观念、大学职能、组织制度、资源分配、大学文化和学术职业场域发生颠覆性的变化,大学不再依赖政府的单一拨款,而是积极参与到争取竞争性经费资助的行列之中,利用自身资源和优势拓宽创收的渠道。伴随着大学以寻求更注重效率、成本、绩效、考核、问责和质量的现代管理制度的变革过程,传统的"同僚自治"被新的公共管理方式所取代,并逐步向企业家办学模式靠拢。另一方面,以新公共管理为政策范式的高等教育外部关系的发展促使大学与政府的关系演变为合同和契约的关系,大学与产业的关系演变为合作伙伴的关系,加深了大学准市场化的标签,也进一步推动英国大学逐步倾向具有企业化特征的转型和发展。

其次,英国创业型大学发展模式的形成有其政策驱动的政治背景和社会因素。全球化和知识经济对英国政府和社会提出了创新驱动的变革需求:从国家层面来讲,英国迫切需要以产业结构的调整、产业效能的提高换取国家竞争力的提升,进而维持其世界强国的地位和形象。英国政府利用政策和资源分配等工具,从校企合作、成果转化和创新发展三个领域推动高等教育实现融入国家战略、履行服务职能和引领知识创新并最终置于国家创新系统中枢位置的目的;从社会层面来看,英国持续多年的经济低迷和不容乐观的就业市场也亟须创业革命的催化、创业精神的融入和创业文化的培育。以全国创业教育中心和泰晤士高等教育为代表的社会组织一方面以创业教育为切入点指导和引领创业型大学的建设;另一方面以更为直接的创业型大学评选及相关活动为抓手,推动英国高等教育的转型,成为英国创业型大学发展模式形成的重要助力。

最后,高等教育内部办学理念、模式和制度的重新审视是英国创业型大学建设实践蓬勃开展的直接动因。政策推动、理论指引和实践催化的组合拳共同导致了英国高等教育重新审视大学使命、管理模式和办学经费等领域,其内部在发展战略、组织架构、人才培养和创业机制等领域的转型和发展都是英国大学对外部多重动因合力作用下的回应和结果,并在此基础上形成符合自身发展的创业模式。

第四章　英国创业型大学
发展模式的构成要素

创业型组织是实施创业实践和培育创业精神的实体机构[①]，也是创业发展战略和策略规划的实施者和行动者。创业型组织的构建包含战略指引、人力资源、组织结构、创业文化和管理制度等资源要素[②]，"要素间的协同和互动所形成的规则与符号被组织内化为具体的创业行为，这些创业行为在创业程度、频度和强度上蕴含的逻辑力量推动创业型大学的建设和发展"[③]。作为创业型组织的创业型大学，一方面具有创业型组织的管理特征，例如尝试风险、创造岗位、终身学习、全方位整合、扁平化管理、知识资本、动态松散、边缘模糊、协同合作等；同时，由于创业型大学遵循适应社会经济和产业需求的知识生产模式，具备教学、科研和创业的使命和功能，能够根据市场机制的特点和需求进行组织重构、资源配置和外部互动，因此还具有组织结构的灵活性、多样性和跨机构性等特征。另一方面作为高等教育机构存在的创业型大学还具备现代高等教育的学术特征：首先，创业型大学需要根据大学所处的高等教育环境的具体情况，调动学院、系所、中心和研究所的创业资源，将研究人员、教职员、学生等人力和智力要素组成动态的组织网络结构，在适应社会需求和与外界机构进行知识商业化的过程中发挥联络、治理和互动的作用，具备应对未来发展的诸多挑战、问题和不确定性的能力。其次，创业型大学在组织架构上还体现出"强有力的驾驭

　　① DHLIWAYO S. The Entrepreneurial Organization［M］// Frontiers in Entrepreneurship. London：Springer，2010：141.

　　② URBAN B. Frontiers in Entrepreneurship［M］. London：Springer，2010：142.

　　③ 易高峰. 崛起中的创业型大学——基于研究型大学模式变革的视角［M］. 上海：上海交通大学出版社，2011：64.

中心，拓展外部的组织单元，实现第三渠道活动的组织架构，具备创业精神和思维的学术机构以及整合的创业组织文化"①等组织特性，这些组织特性为创业型大学资源配置、人才培养、文化培育、知识创新、成果转化和社会服务等方面提供了组织、运作和治理的保障作用，也构成创业型大学要素存在和发展的基础。本章从创业型大学发展战略、组织架构、组织文化和创业机制四个维度探讨英国创业型大学发展模式构成要素的典型特征、主要内容和运行方式。

第一节　战略要素

根据《辞海》的解释，"战略"一词来源于希腊语，意指"指导站在全局的计划和策略"，即在不确定情况下实现一个或多个目标的战略行动和军事计划，因此也可引申为"领袖的艺术"之意。战略包括目标的制定、目标策略的考量和行动的实施②，是一种试图用"可用的手段达到理想目的和塑造未来"③的"学说或主义"④，忠实地遵循这种学说或主义，就能确保长期的成功。

创业战略是创业组织建立或重建该组织与环境关系的一种手段⑤，通过这种手段，可以创造组织本身，重建组织内部与环境的关系，并对环境的变化做出预测、调整或适应⑥，因此创业战略往往以一种渐变且连续的模式循环出现。

国家和大学的发展战略是为了建立可持续的比较优势而确定的日常运作

---

① 伯顿·克拉克. 建立创业型大学：组织上转型的途径[M]. 王承绪, 译. 北京：人民教育出版社，2003：4-7.

② FREEDMAN L. Strategy：A History[M]. Oxford：Oxford University Press，2015.

③ SCHEEL V H，POSING V M. The Importance of a Business Model[M]// Applying Real-World BPM in an SAP Environment. Quincy：SAP Press，2010：23-52.

④ KVINT V. The Global Emerging Market：Strategic Management and Economics[M]. London：Routledge，2009.

⑤ MURRAY J A. A Concept of Entrepreneurial Strategy[J]. Strategic Management Journal，1984(5)：1-13.

⑥ MURRAY J A. A Concept of Entrepreneurial Strategy[J]. Strategic Management Journal，1984(5)：1-13.

中的一系列政策和活动的规划,正如美国宾夕法尼亚大学罗丁校长所言:"具备高度的战略性是大学校长最重要的特点之一",因此大学创业发展战略的制定标志着伟大领导者工作的开启①。

英国创业教育中心将英国创业型大学发展战略的重要特征归纳为:"制定和实施体现创业使命和治理规划的创业策略"②"具有促进创业精神的战略路径""将创新创业置于组织核心的策略与愿景"③,其具体的行动主要有:知识交流、成果转化、研究发展、社区服务、校企合作、国际竞争、毕业生就业与创业能力培养及多元收入的拓展。普遍认同的是,在创业型大学的发展战略中,"创新创业"与大学自治和学术自由并不矛盾,创业的精神更多的是融入大学办学理念的核心元素,体现在大学的使命和大学治理的过程中。艾伦·吉布在《创新创业年鉴》中指出:"创业纳入大学战略规划意味着战略需要体现其与大学使命的融合度,与研究成果导向的关注度,与大学自身定位的适切度,战略还要能够彰显大学承担社会责任和解决社会问题的信心,支持和鼓励知识交流与成果转化的决心,具备培养合格的创造性人才的能力和开拓外部业务关系的资源。"④在这个过程中,全校性的创业精神尤为重要,创业思维和创业文化在院系和师生中的嵌入成为创业发展战略的关键考量。英国创业型大学发展战略通过明确大学使命、加强策略规划和开辟知识交流等行动路径实现大学在教学研究、创新创业和服务社会等方面的目标和使命。

一、国家层面的战略主导

有学者提出:"发生在整个 80 年代的几乎全球范围内政府对高等教育系统

　　① 霍尔登·索普,巴克·戈尔兹坦. 创新引擎——21 世纪的创业型大学[M]. 赵中建,卓泽林,李谦,张燕南,译. 上海:上海科技教育出版社,2018:81.

　　② GIBB A,HASKINS G,ROBERTSON I. Leading the Entrepreneurial University:Meeting the Entrepreneurial Development Needs of Higher Education Institutions[R]. Coventry:NCEE,2012:27.

　　③ NCEE. Outstanding Entrepreneurial University 2022—THE Awards [EB/OL]. (2022-11-26) [2023-01-23]. http://ncee. org. uk/programmes/the-entrepreneurial-university/.

　　④ GIBB A. Exploring the Synergistic Potential in Entrepreneurial University Development:Towards the Building of a Strategic Framework[J]. Annals of Innovation & Entrepreneurship,2012:1-21.

的改组,并非像一般人认为的那样,为对高等教育普遍的不满所造成,而是由于对高等教育的重要性的认识。"①英国创业型大学的兴起既有大学内部办学理念、办学模式和办学经费的变革,同样也有来自大学外部政治、经济和文化的因素。国家层面的政治、经济和文化战略对英国创业型社会、创业型经济和创业型文化的形成和演变都具有标杆性的指向作用,对大学创业发展战略的制定具有深刻的影响作用。

(一)创新发展战略

国家创新生态系统(The Research and Innovation Ecosystem)是国家层面的复杂的创新网络。为推动英国国家创新生态系统的构建,自 2012 年以来,英国政府和各相关部门陆续制定和颁布了一系列推动高等教育融入国家创新体系构建的政策文件和报告:《加强英国高等教育机构对创新体系的贡献:知识成果转化与高等教育基金》(2012)、《我们的发展规划:科学与创新》(2014)、《校企研究合作道林评论》(2015)、《夯实基础:创建更为繁荣的国家》(2015)、《知识经济白皮书》(又名《知识经济的成功:卓越教学、社会流动和学生选择》)(2016)、《大学知识成果转化框架:技术转移典型实践案例》(2016)、《英国大学知识成果转化现状分析》(2017)等,为英国高等教育参与创新发展提供了战略指引。

此外,英国创新署不断追加用于大学知识创新的资助经费,英国政府创建的弹射创新中心和地方企业伙伴关系(LEPs)等项目为大学知识创新提供了实践平台。卓越研究框架(REF)和知识交流框架(KEF)的启动和实施不断完善和健全了知识产出的绩效评估制度,为深度发掘大学的创新潜能、促进大学重视社会经济效益和推动大学知识成果转化奠定了重要的基础。英国创新署、研究委员会、各资助委员会、创新中心、弹射创新系统(The Catapults System)、公共部门研究机构(PSRE)、全国大学和商业中心(NCUB)、地方企业合作伙伴(LEPs)及大学创业园区(UEZs)也为英国创新生态的构建提供了经费、场地、

---

① 弗兰斯·F.范富格特.国际高等教育政策比较研究[M].王承绪,等译.杭州:浙江教育出版社,2001:438.

项目和资源等支持。

(二)产业发展战略

产业是构建创新体系和促进经济转型升级的重要推手。英国各级政府在大数据、空间结构、机器人自动控制、合成生物、再生医学、农业科学、材料和能源等产业领域出台了战略性的优先扶持政策,在航空航天、农业技术、汽车、建筑、信息技术、国际教育、生命科学、核能、离岸风能、石油、天然气和商业服务领域与特定的产业部门建立了战略伙伴关系来促进经济的增长和解决就业问题。

2017年1月,英国保守党政府出台《产业战略绿皮书》(Building Our Industrial Strategy Green Paper),提出建设现代英国产业战略的愿景,具体涵盖投入科学研究与创新、发展人员技能、提升基础设施、促进企业创建与发展、加大政府采购、鼓励贸易和外部投资、提供清洁能源、培育世界级卓越行业、推动全国经济增长及创建整合型部门等十大支柱领域[①]。同年,英国政府出台《产业战略白皮书:建设适合未来的英国》(Industrial Strategy:Building a Britain Fit for the Future),这一产业战略将实现经济转型的路径确定为理念、人力、设施、环境和社会五大要素,具体而言就是通过提升五大要素领域的生产力,实现英国成为最具创新经济体的目标,满足全民高质量就业的人力发展需求,完成基础设施的全面升级,创建利于创业和发展的商业环境及建立全国范围内的繁荣型社区[②]。《产业战略》再次重申《道林评论》(The Dowling Review)对促进大学研究成果商业化的倡议,强调通过大学与产业间的知识产权许可、创办衍生公司、合作研究、合同研究和咨询服务等多种形式的知识交流途径,促进大学研究成果的商业化。

英国政府通过创新发展战略和产业发展战略的政策杠杆,撬动包括政府、社区、产业和高等教育在内的众多行业和机构的创业潜能,激发各创新主体大

---

① DBEIS. Building our Industrial Strategy Green Paper[R]. London:HM Government,2017:12.
② DBEIS. Industrial Strategy:Building a Britain Fit for the Future [R]. London:HM Government,2017:10.

力开拓创新思维,为构建创业型社会、创业型经济和创业型文化扫清障碍。首先,英国政府强调产业创新对于变革英国产业结构、提升经济生产力和国家综合竞争力的必要性。在具体措施中,一方面通过深化校企合作的产业政策引导学术界与产业界的合作;另一方面通过成果转化的创新政策加大校企技术成果转化的力度,助推大学作为创新主体走向社会中心的进程,真正实现知识创新推动产业创新的结构变革。其次,政府以基金和项目的形式推动校企合作、产业发展和创新网络的构建,为产业与大学搭建合作的桥梁和纽带,为大学全方位地与利益相关者开展互动合作和创业实践提供交流平台和技术支持。再次,英国政府自《兰伯特评论》以来,多次反复地强调大学的研究和创新在支持产业发展战略和创新驱动发展战略中所发挥的核心作用,以及大学作为战略合作伙伴在产业战略关系中的重要地位,在一定程度上推动了大学与产业和社会的紧密联系。随着大学和产业等外部社会之间频繁的互动和渗透,大学的组织建设、学科设置、人才培养、技术研发也愈发密切地与产业社会的战略需求互相融合、互为协调,两者之间的明确界限开始趋于模糊并逐步被创新的网络所取代,大学被视为国家创新体系和地区创新体系的重要角色①,开始履行其服务国家战略和创新体系建设的社会责任。最后,政府部门的产业政策和创新政策激励产业界和学术界产学研协同合作程度不断升级,激发了学术界对创业型大学开展研究的浓厚兴趣,同时也极大地树立了英国众多非政府部门和创业组织推动大学实施创业转型的信心和对构建创业型大学的期待,这些都为英国大学创业战略的实施、创业文化的培育、创业组织的建设和创业机制的构建提供了良好的政治、经济和社会背景,也为英国创业型大学发展路径的选取、发展特色的凝练和发展模式的形成搭建了现实的舞台,成为英国创业型大学发展的战略要素。

---

① 亨利·埃兹科维茨,劳埃特·雷德斯多夫. 大学与全球知识经济[M]. 夏道源,等译. 南昌:江西教育出版社,1999:4.

二、大学层面的战略推进

在国家创新战略和产业战略的大力推动下,英国大学的办学使命、战略导向和策略规划也在调整。为回应社会对高等教育的问责,大学将服务社会列为大学的主要使命和职能之一,这是大学办学理念内涵与外延拓展的表现。为实施大学的绩效变革,大学在与工商业越发频繁互动的交流中也愈加倾向于企业化的办学模式,并形成办学经费多元化的特征。办学经费多元化是创业型大学的显著标志之一,也是创业型大学战略制定和实施的重要考量因素之一。

(一)办学理念的拓展

早在 19 世纪后期,英国大学就开始出现与工商业和经济发展联系的早期萌芽:一方面,由于政府疏于管理、经济社会发展需求及英国工商业阶层对教育的呼吁,出现部分企业主和商人捐资兴建城市学院的潮流;另一方面,由于职业和专业的概念内涵得以拓宽,在一定程度上与应用学科和商业学科紧密联系,导致英国传统学术价值中嗤之以鼻的技术和工程学科开始堂而皇之地登上高等教育的讲坛,成为大学教学和研究的一部分,这成为后来基础研究在产业实践中结合和应用的早期萌芽①。上述两个因素导致维多利亚时代城市大学在英国陆续修建并获得民众的广泛支持。

城市大学主要为本市中产阶级子弟提供包括拉丁语、希腊语、数学、自然科学、现代语言学等学科的高等教育课程,同时注重科学与技术的学习,增强大学独特的优势和社会服务的使命。自 1851 年第一所城市大学——曼彻斯特欧文斯学院成立以来,利兹约克郡学院(1874)、伯明翰梅森学院(1880)、诺丁汉大学学院(1881)等相继成立。城市大学的出现不仅传承了古代大学"教育"的传统职能,更重要的是,大学将其所处的地理位置赋予的经济发展和服务社会的职

---

①　HALSEY A H, TROW M A. The British Academics[M]. Cambridge:Harvard University Press,1971:52.

能也融入大学的使命①,开启了以社会需求为导向的办学模式,为 20 世纪新大学、多科技术学院和 92 后大学的大学使命和办学理念赋予了新的内容。

双重制拨款政策的变革和多科技术学院的建立使英国高等教育在扩大规模的同时实现了各种学校和各种高等教育类型的平衡:职业性课程的开设和社会实用型人才培养的方式在满足各类学习者不同需求的同时促进了高等教育的多样化,少花钱多办事的原则在一定程度上也节约了办学经费,工程类学科的开设提高了工程生产领域的毕业生就业率,为大学办学理念内涵和外延的不断拓展奠定了基础,成为创业型大学以应用导向为基础的学科服务理念的逻辑起点。市场调节和社会问责导致大学需要通过竞争获得办学经费和资源配置,通过绩效评估和大学排名获得学术声誉。为了获得市场竞争的优势,大学会竞相模仿彼此的办学优势,在教学研究和质量标准上向学术声誉高的大学靠拢,在市场竞争中呈现出注重就业和开设应用学科等多科技术和工程院校的特征,以满足社会的需求。英国高等教育体制在不断磨合、调整和适应的过程中呈现逐步融合和变迁的特征,呈现出英国高等教育"统一性与多样性并存的特点"②,也使"大学"一词的理念在英国高等教育内涵和外延上得以不断地延伸和拓展。③

(二)企业化办学模式的导向

在精英教育向大众教育过渡、职业教育与学术训练边界逐渐模糊的背景下,大学已不再是昔日的象牙塔。大学和社会、政府、企业之间从互不往来的时代走向相互依赖的时代,大学逐渐置身于一个由学生个体、校友成员、企业雇主、行业人士、问责机构、国家单位等各类利益相关者群体构筑的纷繁复杂的网络体系中,高等教育机构需要与这些利益相关者建立积极的伙伴关系并参与区域经济的建设和发展。

---

① BARNES S V. England' Civic Universities and the Triumph of the Oxbridge Ideal[J]. History of Education Quarterly,1996(36):271-305.

② 许明. 英国高等教育发展研究[M]. 大连:辽宁师范大学出版社,1998:267-268.

③ 易红郡. 战后英国高等教育政策研究[M]. 长沙:湖南师范大学出版社,2016:135.

　1984 年 4 月,英国校长委员会(Committee of Vice-Chancellors and Principals,CVCP)委托爱丁堡大学、埃塞克斯大学、拉夫堡大学、诺丁汉大学、谢菲尔德大学和伦敦大学学院共六所院校对大学管理机制、组织结构、目标责任、决策机制和资源利用的效果及质量问责等方面的情况进行调查和研究,其研究结果形成了《大学效率研究指导委员会报告》(Report of the Steering Committee for Effiency Studies in Universities),又名《贾纳特报告》(Jarratt Report)。《贾纳特报告》鼓励大学以企业的方式运作,将整体规划、资源分配和质量问责功能合为一体,实行有效率的绩效管理制度①。《贾纳特报告》被认为是以"关注效率为核心"并促使英国大学开始着手内部结构治理、走上与市场接轨的多中心化治理的引导性文件②,其所强调的以"企业家形式"运作为特征的建议对英国创业型大学的建设产生了深远的影响,成为英国未来大学组织变革和行政管理的基础。

　　企业化办学模式促使大学着手组建由学术人员和行政人员共同组成的精简的校委员会来加强大学的领导力、决策力和规划力,同时将财政预算和资源分配等权力下放至院系等学术单位,以推动更具创业精神的文化和组织变革。在人才培养方面,大学也开始明确以社会需求和就业为导向的培养目标。针对产业和职业需求开设特定领域的课程,在学校简章中公布毕业生就业信息,明确行业技能委员会(Sector Skills Councils,SSCs)③对大学课程的监管和督导权力,确保教学经费在就业课程中的分配和使用,充分考虑雇主和公共部门等代表的意见。④ 此外,大学大力拓展与产业界和学术界人员的相互交流和互动,

---

　　①　SIR JARRETT A. Report of Steering Committee for Efficiency Studies in Universities (Jarratt Report)[R]. London: Committee of Vice Chancellors and Principals & University Grants Committee, 1985.

　　②　李峻,尤伟. 从《贾纳特报告》到《迪尔英报告》和《兰伯特回顾》——1980 年代以来英国大学市场化治理的历程与启示[J]. 高教探索,2009(3):59-62.

　　③　行业技能委员会是 2001 年由相关经济部门联合成立的独立机构,旨在鼓励雇主维护其在行业领域的技能需求。委员会的任务是通过调查和反馈本科生及研究生所掌握的技能与行业技能需求之间的差距,采取措施进行调整。

　　④　HM TREASURY. Lambert Review of Business-University Collaboration[R]. Correspondence and Enquiry Unit. Norwich: HMSO, 2003.

开设第三渠道经费保障和各种成果转化形式,重视对大学衍生公司的创建和发展等一系列举措,成为大学企业化办学模式的方向与特征。这一时期,沃里克大学和斯特拉斯克莱德大学成为企业家形式办学模式的典型案例,沃里克大学"在没有牺牲核心学术价值前提下的创新型做法"及"扁平的不混淆学术效能与财务效能的管理机制"①试图证明企业家办学与学术价值之间和谐共处的可能性。

有学者将英国大学的企业化办学模式比喻为"国家经济政策的副产品"。大学通过市场拓宽他们的活动范围来实现收入来源的多样化②,作为最有效甚至最合乎道德的社会和经济活动的组织形式的市场,成为大学创业精神孕育的摇篮,而在创业精神指引下发展的创业型大学成为高等教育系统与市场密切联系的必然产物,成为回应教育大众化和市场化的变革结果。

(三)办学经费的多元化

高等教育市场化和大众化过程中的企业化办学模式与大学传统意义上以学术为主的管理模式存在差异和冲突,大学经营者开始将企业注重效率、成本核算、战略规划、多元理财、绩效考核及质量保证等理念引入企业化办学的理念和模式,倡导企业家精神和创业文化在校内的孕育和培养,以及实现绩效问责的管理制度。最为显著的变革体现为学费收取、国际化办学、科研资助、社会捐赠、工商业合作和第三渠道等经费来源的多元化拓展。

首先,学费与国际化收入成为大学经费的主要来源。自 2006 年起,英国大学的平均学费收取额度不断攀升,仅 2005 年至 2010 年就从 615 英镑增加到 1025 英镑③。尽管英国学生联合会提出学费的提高会带来大学生负债随之增

---

① 伯顿·克拉克. 大学的持续变革:创业型大学新案例和新概念[M]. 王承绪,译. 北京:人民教育出版社,2008:4-6.

② FILIPPAKOU O, WILLIAMS G. Academic Capitalism and Entrepreneurial Universities as New Pradigm of "Development"[J]. Open Review of Educational Research,2014,1(1):70-83.

③ BOLTON P. Tuition Fee Statistics[EB/OL]. (2018-02-19)[2018-11-07]. https://researchbriefings. parliament. uk/ResearchBriefing/Summary/SN00917.

高的警示①,然而仍然有 2/3 的大学校长认为依然有必要再行提高学费,他们希望学费水平增至每年 4000～20000 英镑不等。此外,英国的大学凭借其悠久的历史底蕴和良好的办学声誉,为其高等教育的国际化奠定了坚实的基础,对本国青年敞开的大学之门同样吸引了海外留学生,在高等教育财政紧缩时期,各所高校纷纷将学费纳入经费来源之一,将扩招海外学生和国际办学作为教育资源的又一重要补充。英国工党政府 2006 年颁布的《高等教育的未来》(The Future of Higher Education)白皮书,认为学费是"学生对高等教育的贡献,也是大学减少对政府经济依赖,提高大学独立和自治的手段":

> 高等教育的学位赋予大学毕业生在社会中获得更为广泛的就业机会和随之而来的经济利益、社会地位和发展前景。平均而言,受过高等教育的毕业生比未受过高等教育的毕业生赚取大约多 50% 的薪酬。基于个人从高等教育投资中能够获取一定回报的角度考虑,政府决定,允许大学(假如大学愿意的话)要求学生对高等教育有所贡献是公平的……我们也相信,大学减少对政府的经济依赖将有助于提高大学的独立和自治。②

其次,科研经费成为多元经费渠道的重要补充。在撒切尔政府推行私有化之前,英国高等教育的科研拨款以公共部门提供的研究经费为主。自高等教育拨款制度改革之后,公共部门仅剩下以高等教育基金委员会和研究委员会为主的研究资助机构,高等教育基金委员会负责支付常设学术人员的薪金、办公场所、图书馆和中央宏观调控需要的经费开支;研究委员会则根据研究项目方案划拨经费资助。自高等教育拨款制度改革之后,公共部门提供的研究经费逐年递减,截至 2016 年,这部分的研究经费仅占英国研究经费总量的 4.6%③,私立

---

① 新华网.英国多数高校希望大幅提高学费水平[N].世界教育信息,2009(4):4.

② DFES. White Paper: The Future of Higher Education[R]. The House of Commons. London: TSO Ltd. , 2003:54.

③ GIDEON A. The Structure of Research Funding in Germany, the Netherlands and England (UK)[M]// Higher Education Institutions in the EU: Between Competition and Public Service. The Hague: T. M. C. Asser Press, 2017:122.

部门由于包含大量海外资金来源,成为英国最大的研究资助机构;国际部门和第三产业提供的研究资助份额占英国总的研究经费的 1/4,来自欧盟的国际部门研究经费资助成为英国大学竞相争取的目标,也是政府青睐的经费来源;第三产业部门的研究资助主要由高等教育创新基金(Higher Education Innovation Fund,HEIF)提供,这项基金项目由高等教育基金委员会和英国创新、大学与技能部(DIUS)于 2008 年开始联合启动,旨在为英国高校的成果转化和技术转移活动提供研究经费,鼓励大学与企业、公共部门与第三产业部门开展伙伴合作关系。20 世纪 90 年代中期以来,英国高等教育的经费来源发生了明显的变化:政府资助机构的拨款在大学收入中所占份额从 1993—1994 年度的 40% 下降至 2016—2017 年度的 14%,英格兰和北爱尔兰在 2006—2007 年度及威尔士 2010—2011 年度的各项学费收入均增长了约 33%,科研拨款的收入达到 16%~18%[①],学费和科研经费取代经常性拨款,成为大学经费来源的重要渠道。

再次,校企合作与社会捐赠稳步攀升。进入与市场社会紧密联系互动阶段的英国大学开始加大与工商业之间以合同研究、合作研究和咨询服务等创业活动形式开展的知识交流和成果转化活动,这成为高等教育经费创收的渠道之一。合同研究是由企业将经费支付给大学研究人员,由研究人员按照企业特定要求进行研究的创业活动,企业验收研究结果但不参与研究工作。在合作研究中,企业往往倾向于进行产品市场调研或测试,而大学则倾向于在研究工作中收取经济成本。与合同研究不同的是,企业和大学的研究人员在合作研究的形式中共同参与到项目的研究中,行业的工程师和学术界的科学家共同致力于研究和创新,因此合作研究在本质上比合同研究更具竞争力。以咨询形式开展的校企合作与合同研究较为相似,咨询是学术人员向企业提供特定问题的咨询意见或分析服务的一种形式。区别在于,学术人员在咨询中仅仅向企业提供建

① HUBBLE S,BOLTON P. Higher Education Tuition Fees in England[EB/OL].(2018-06-25)[2018-11-03]. https://researchbriefings. parliament. uk/ResearchBriefing/Summary/CBP-8151.

议,但并不付诸实际的研究行为。根据相关数据统计,仅 2000—2001 年,英国企业就与大学签署了 10951 份研究经费高达 2.61 亿英镑的研究合同,其中与大型企业合作的平均合同经费达 3.28 万英镑,与中小企业(SMEs)签署的平均合同经费达到 8500 英镑。自 20 世纪 90 年代起,英国大学与工商业界采用研究经费拨款和合同经费形式开展的校企合作数量上呈现出明显的增长趋势(见图4-1)[①]。

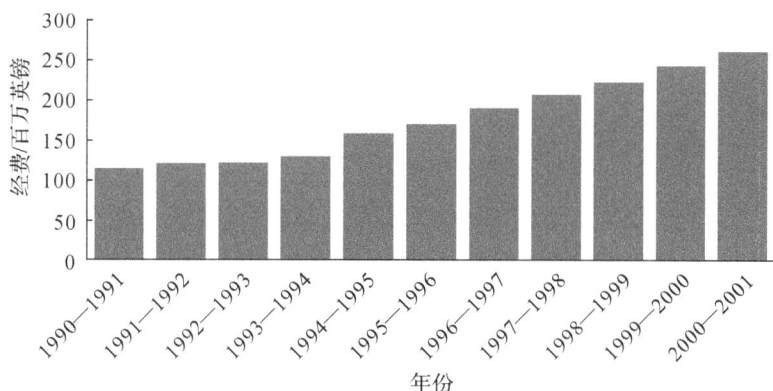

图 4-1　英国大学校企合作研究合同收入经费情况

相比之下,作为大学经费来源之一的捐赠收入在英国尚有较大的提升空间。英国高等教育与工商业互动调查报告数据显示,英国大学从工商业获得的收入经费占比从 20 世纪 90 年代中期的 10.9% 增长至 21 世纪初期的 12.3%,同时接受捐赠的收入占比也从 21.8% 增长至 24.6%(见表 4-1)[②]。但是相比美国的著名大学,英国哪怕是一流大学获得的捐赠数量也不具备任何优势。有数据显示,美国哈佛大学累计接收捐赠金额 180 亿美元,耶鲁大学接收捐赠 110 亿美元,普林斯顿大学接收捐赠 80 亿美元,而英国牛津大学接收捐赠金额仅为

　　① HHM TREASURY. Lambert Review of Business-University Collaboration [R]. Correspondence and Enquiry Unit. Norwich：HMSO，2003.
　　② CHARLES D, CONWAY C. Higher Education-Business Interaction Survey：A Report to the UK HE Funding Bodies (HEFCE, SHEFC, HEFCW and DEL) and the Office of Science and Technology [R]. Bristol：HEFCE，2001:37.

20 亿美元[①],英国大学捐赠机制的建立尚需一个长期的捐赠思维和文化的转变。

表 4-1　英国高等教育机构各项经费收入统计

	工商业	研究委员会	社会捐赠	政府	欧盟	海外	其他	总计
1995—1996 年/百万英镑	169	532	338	269	148	59	38	1554
占比/%	10.9	34.2	21.8	17.3	9.5	3.8	2.4	100
1999—2000 年/百万英镑	242	604	485	337	167	98	40	1973
占比/%	12.3	30.6	24.6	17.1	8.5	5.0	2.0	100

最后,第三渠道活动创业经费的大力拓展。正如伯顿·克拉克所言:"一所大学,为了形成以革新定位的新的特征,一般要求具有比较大的财政资源……创业型大学认识到这种趋势,并且使这种趋势转为优势。它们努力从第二个主要来源,即研究委员会,通过更加强有力地争取补助和合同筹措经费。它们开始构建一个不断拓宽和加深的第三个收入来源的渠道。"[②]创业型大学开始构建的这个第三收入来源的渠道包括从"工厂企业、地方政府和慈善基金会,到来自知识财产版税收入、校园服务收入、学费及校友集资"等代表"真正的财政多元化的经费渠道",这类经费与教学和科研的前两类渠道的不同之处在于:具备更多的自由使用的价值。而在创业型大学后期的发展过程中,第三渠道活动更与大学的知识交流和成果转化活动的功能与职能不断整合,成为大学知识商业化活动、技术转移活动和社会服务活动的直接载体,成为大学与外部互动联系的具体表现形式,也成为大学创业发展战略制定和考量的重要因素。

---

① HCESC. The Future of Higher Education: Fifth Report of Session 2002-03. Volume I. [EB/OL]. (2002-03-16) [2018-11-06]. https://publications.parliament.uk/pa/cm200203/cmselect/cmeduski/425425.pdf.

② 伯顿·克拉克. 建立创业型大学:组织上转型的路径[M]. 王承绪,译. 北京:人民教育出版社,2003:5.

三、英国创业型大学的发展战略

英国创业型大学的发展战略包括使命、愿景、价值观、策略、规划几个部分。大学曾是人类精神的伊甸园，是高深知识的象牙塔，理想的大学应独守学术的孤寂，远离世俗的商业、社会和市场。但是知识经济和创新驱动发展赋予了或者说督促大学产生了新的使命和职责：大学的人才培养和知识创造要服务于所在国家和地方的经济和社会发展，大学必须拓展原有的使命，承担更多的社会职责，致力于服务和推动经济社会文化的发展。英国创业型大学服务社会、经济和国家发展的第三使命不仅是对传统的教学与研究使命的拓展、对现代大学职责和使命的重新审视，更是对未来大学发展范式的"颠覆式的创新"。由于英国大学传统文化的保守性，英国创业型大学的使命和愿景体现出学术自由和创业变革博弈的特征，形成既坚守传统又融合创业的兼容并蓄的发展态势。

使命能够为富有创造力的人才提供创新所需的鼓励和空间，深思熟虑的价值观为大学提供日常的指引。使命和价值观的具体阐释会随着不同学校的办学定位而发生变化[①]。愿景是大学办学历史、传统文化、地域特征等多项要素的综合反映，充分揭示了大学致力于建设和发展的方向，既体现学校的传承、使命和价值观，也明确了学校当下的定位和期望实现的目标。无论是牛津大学的"培育有益于服务地方、区域、国家和全球社会创新与协作的大学文化"，沃里克大学"建设创新包容、区域领导和国际合作的大学"，还是"造福社会"的斯特拉斯克莱德大学，"辅助商业"的伦敦城市大学和强调"知识交流"的诺丁汉大学，都坚定地将企业家的精神、创新创业的使命和回应社会服务的问责写入大学的使命与愿景（见表4-2），也为未来大学发展的何去何从做出实践和尝试。

---

①　霍尔登·索普，巴克·戈尔兹坦. 创新引擎——21世纪的创业型大学[M]. 赵中建，卓泽林，李谦，等译. 上海：上海科技教育出版社，2018：79.

表 4-2　英国(部分)创业型大学的使命与愿景

创业型大学	使命	愿景	主要内容/战略焦点
牛津大学	通过教学与研究,促进并全方位地传播学习	提供世界一流的教学和研究	在大学自治和学术自由的基础上培育大学有益于服务地方、区域、国家和全球社会创新与协作的文化
沃里克大学	致力于建设以教学和研究为核心的具备创新、包容、区域领导和国际合作元素的大学	将卓越转化为新的目标和影响	将在学术研究、校企合作和创新创业方面的卓越潜能加以整合,创建更有影响力的大学
斯特拉斯克莱德大学	在"有用的学习场所"基础上明确研究、教学和造福社会的大学使命并将之拓展至全球	创建繁荣、健康、公平和安全的世界一流学习场所	卓越的教学场所、领先的研究基地、一流的创新创业
伦敦城市大学	进取、合作、服务、多元、包容、自信	创造知识、培育人才、强化专业、辅助商业、服务社会	致力于学术卓越,专注于商业和职业拓展,着眼于以伦敦为中心
诺丁汉大学	服务地方、区域,提升大学全球参与度和师生合作能力,继续发扬创新创业先驱的开拓精神	造就一所无边界大学,拥抱变化、机遇和创新,建设美好未来	招揽最具潜力的不同背景的教师和学生,促进与地方和区域的合作,培育全球视野,构建全球性思维

资料来源：①University of Oxford. University of Oxford Strategic Plan 2018-23. [EB/OL]. (2018-10-30)[2019-05-12]. https://www. ox. ac. uk/sites/files/oxford/field/field_document/Strategic%20Plan%202018-23. pdf；②The university of Warwick. Strategic Direction to 2030：Excellence with Purpose［EB/OL］.（2018-09-12）［2019-05-12］. https://warwick. ac. uk/about/strategy/hp-contents/university_of_warwick_strategy. pdf；③University of Strathclyde. OurStrategy 2020-2025：The Place of Useful Learning. [EB/OL]. (2019-12-30)[2022-12-26]. https://www. strath. ac. uk/media/1newwebsite/documents/Strategic_Plan_2025. pdf；④City, University of London. Working towards our Vision Strategy2026. [EB/OL]. (2016-09-01)[2019-05-12]. https://www. city. ac. uk/_data/assets/pdf_file/0004/548662/City-University-of-London-Vision-and-Strategy-2026. pdf；⑤University of Nottingham. Strategy［EB/OL］.（2018-09-30）［201-05-12］. https://www. nottingham. ac. uk/strategy/documents/university-strategy. pdf.

　　培育人才和创造知识始终是高等教育的立校之本、固校之基,也是高等教育存在和发展的逻辑起点。无论是老牌的学术巨擘牛津大学还是后起之秀沃里克大学和斯特拉斯克莱德大学,都不曾回避纽曼和洪堡时期对大学理想的传承,教学与研究始终是大学不可动摇的核心使命。英国创业型大学围绕教学研究的核心使命呈现出不同的策略与规划。

第一,学生实践、就业、创新和创业综合能力提升的策略。牛津大学和沃里克大学都提出招收全球优质生源,并鼓励生源的多样化背景,同时强调提供卓越的学术环境、实践场所、体验社区和实习机会以提高毕业生的职业规划能力和就业创业的能力。

第二,以研究为导向的教学项目和创业项目的开展。诺丁汉大学等创业型大学明确提出开设以科学研究为基础和导向的教学项目,斯特拉斯克莱德大学则将第三渠道活动的专业教育课程(CPD)引入研究生教学,实现研究引导教学、教学融入创业的策略路径。

第三,应用导向和问题导向的跨学科研究规划。创业型大学服务经济、社会和国家发展的这一定位决定了大学应用导向和问题导向的跨学科研究体系,同时注重研究成果的成效和影响力。为了推动社会、经济、政治、文化的进步和发展,牛津大学、沃里克大学和伦敦城市大学都强调跨学科研究的重要性,加强跨部门和跨地区合作研究与项目研究,例如诺丁汉大学的"卓越灯塔"(Beacons of Excellence)项目,通过与利益相关者之间的合作开展能源、移民问题和食品安全等可持续发展的跨学科研究。

第四,融入大学教学和研究之中的创新精神与创业文化。英国创业型大学的教学、研究和创新创业策略是互相呼应、相辅相成的,牛津大学在强调卓越的教学质量的同时,明确了大学的研究为社会、经济、政治和文化的进步服务的宗旨,这一目标的实现需要拓展大学的创业活动,加大创新投入,建立创新生态系统。斯特拉斯克莱德大学"有用的学习场所"和"研究价值影响力最大化"的目标也离不开师生创业教育的开展、创业精神和进取精神的培育和激励(见表4-3)。因此创业型大学教学研究与创新创业策略路径之间并非排斥和割裂的,而是互补和融合的关系。

表 4-3 英国(部分)创业型大学发展策略与规划①

创业型大学	教学	研究	创新创业
牛津大学	吸纳来自不同背景的杰出学生;为学生提供卓越的学术支持和学术环境	促进高质量的科学研究;加大科学研究人员、设施和资源的投入力度;通过研究推动社会、经济、政治和文化的进步和发展	加大创新活动的投入,拓展创新活动的范围,营造的创业环境;建立世界一流的区域创新生态系统
沃里克大学	将优秀的教学经验覆盖至学生入学前和毕业后的教育期;拓展雇主和校友伙伴关系,提供高质量的学习和实践场所;发展行业领先的可选择性路径	大力发展科学、技术、工程和数学领域的研究优势,维系艺术、社会科学和医学方面的成绩,将研究影响力扩散至全国乃至全世界;开展世界领先的跨学科研究;支持最先进的基础研究和伦理研究,实现研究的可持续性创新发展	努力消除创新创业障碍,培育创新文化;开拓创新创业空间,鼓励师生创业实践
斯特拉斯克莱德大学	加大教学基础设施和信息系统的建设;鼓励学生参与行业等合作伙伴的实习和就业机会	关注已有的合作研究议题;在所有领域加强研究价值并使影响力最大化;培养高质量研究人才;提升研究人员和学生的学术训练;加大与世界学术同行、企业、政府和第三方部门建立合作研究伙伴关系	加大研究生和专业教育(CPD)课程的开设规模;培养师生的创业精神、进取精神、求知欲和道德观;加强学生的职业发展规划

---

① 诺丁汉大学"五大全球研究主题"是旨在推动大学研究发展且代表大学世界一流研究的五个主题项目,分别是:文化与交流、数字未来、健康与福祉、可持续社会及转换技术。

资料来源:University of Oxford. University of Oxford Strategic Plan 2018-23. [EB/OL]. (2018-10-30) [2019-05-12]. https://www. ox. ac. uk/sites/files/oxford/field/field _ document/Strategic% 20Plan% 202018-23. pdf;The University of Warwick. Strategic Direction to 2030:Excellence with Purpose. [EB/OL]. (2018-09-12)[2019-05-12]. https://warwick. ac. uk/about/strategy/hp-contents/university _ of _ warwick _ strategy. pdf; University of Strathclyde. Our Strategy 2020-2025:The Place of Useful Learning. [EB/OL]. (2019-12-30)[2022-12-26]. https://www. strath. ac. uk/media/1newwebsite/documents/Strategic_ Plan _ 2025. pdf; University of London. Strategic Plan 2012—2016. [EB/OL]. (2012-08-05)[2019-05-12]. https://issuu. com/cityuniversitylondon/docs/strategic-plan2012—2016; University of Nottingham. Strategy 2020:Review and Refresh. Report for Council[EB/OL]. (2017-07-13)[2019-05-14]. https://exchange. nottingham. ac. uk/blog/global-strategy-2020-review-and-refresh/; University of Nottingham. Discover Our World of Research [EB/OL]. (2018-09-30)[201-05-12]. https://www. timeshighereducation. com/sites/default/files/institution _ downloads/26593-research-strategy-brochure-version-3-web. pdf.

创业型大学	教学	研究	创新创业
伦敦城市大学	确保毕业生在就业市场上的竞争力;提倡建动态的具有包容性的学生体验社区;加强学生的教学体验与实践	促进跨学科研究,增加研究成果的被引率和影响力;加大研究经费的投入;扩大博士研究生招生规模,确保培养质量	培育和招聘具有研究热情、潜质和创业精神的学术人员;通过提升咨询服务、CPD课程和知识产权商业化质量促进创业活动的创收和盈利;鼓励创业教育的开展
诺丁汉大学	学生是学校的中心,确保教学的核心地位和高质量的教学输出;构建个性化的学习体验课程或项目;开设以研究为基础和导向的教学项目	加强国际合作,扩大研究成果在全球范围的影响力;明确研究成果对社会进步、经济发展和服务国家的贡献;采用"系统路径"对与五大全球研究主题(GRTs)相关的研究项目实施管理;加大对诺丁汉研究影响力加速器项目的投入	鼓励学生参与社区活动;发展学生的就业技能和相关的知识体验,培养学生具有企业家精神的进取心、好奇心和创造力

第二节　组织要素

英国创业型大学的组织设置和架构在体现大学使命和遵循发展战略的导向下呈现出跨学科创新中心、创业中心和大学科技园三大典型的机构特征,跨学科研究中心是创业型大学应对挑战、解决复杂问题的创新引擎,创业中心是组织和推动创业人才培养和创业教育研究的主要基地,科技园是大学实施知识交流和成果转化的直接场所,三者共同构成英国创业型大学组织要素的核心概念。

一、以研究中心为主导的组织机构

英国研究协会将"跨学科"的概念解释为跨学科(cross-disciplinary)、多学科（multi-disciplinary）、交叉学科（interdisciplinary）和超学科

（transdisciplinary）的研究活动①，跨学科研究中心（interdisciplinary research，IDR）是涵盖上述跨学科、多学科、交叉学科和超学科研究模式的整合，跨学科研究被广泛视为应对复杂的全球挑战和社会问题的解决路径。

英国科学院在关于跨学科研究重要性的呼吁中指出："当今社会面临的许多重大挑战都需要通过跨学科研究和跨学科的合作来解决。加强对这项工作的支持并克服障碍将有助于在学科交叉领域上的重大学科突破，实现技术创新，并最终为经济发展和解决社会挑战制定新的解决方案。"②跨学科研究在英国高等教育基础研究和应用研究领域发展中的作用愈发重要，根据英国研究卓越框架（REF）数据统计，在 2014 年提交的 100347 篇学术论文、学术评述和会议论文中，跨学科研究共计 94379 篇，占比为总量的 94％，其中医学与健康学科领域的有 26797 篇，占比为 28.4％，成为学术贡献最大的领域；其次是生物科学学科，占比为 19.9％。③

如果说创业中心和创业学院等是创业型大学实现创业实践的组织路径的话，那么跨学科研究中心则是创业型大学知识创造和技术革新的创新源泉和应对重大问题挑战的核心基地。鉴于跨学科研究在高等教育研究中的重要性，全球挑战研究基金（Global Challenges Research Fund）、英国高等教育拨款委员、研究委员会、慈善部门及产业部门都给予跨学科研究机构大量的资金资助。跨学科研究中心利用多方的财政资源、多学科的智力资源和研究资源解决地区性和全球性的复杂问题，共享知识和创造价值。跨学科研究中心的优势使其成为英国创业型大学普遍而重要的创业组织形式，并获得所在大学在研究设施、研究服务、经费支持和人力资源上的支持和鼓励。

---

① RE. Interdisciplinary Research［EB/OL］. （2017-07-12）［2019-04-17］. https://re. ukri. org/research/interdisciplinary-research/.

② GLEED A，MARCHANT D. Interdisciplinarity：Survey Report for the Global Research Council 2016 Annual Meeting［EB/OL］. （2016-05-01）［2019-06-05］. https://www. globalresearchcouncil. org/fileadmin/documents/GRC_Publications/Interdisciplinarity_Report_for_GRC_DJS_Research. pdf.

③ HEFCE. Interdisciplinary Research in REF 2014 Submitted Publications：Report to the UK funding bodies and MRC by Elsevier［EB/OL］. （2015-07-30）［2019-06-30］. http://www. hefce. ac. uk/pubs/rereports/Year/2015/interdisc/.

（一）跨学科研究中心组织模式

跨学科研究中心的组织模式主要分为两大类型：以主题为导向的跨学科研究模式和以研究机构为导向的跨学院研究模式，前者以剑桥大学跨学科研究中心、沃里克大学高等研究院、阿斯顿大学社会与文化研究中心、诺桑比亚大学人文研究所、曼彻斯特城市大学研究中心为典型；后者以杜伦大学高等研究院和卡迪夫大学跨学科研究中心为主。

以主题为导向的跨学科组织模式在整个研究中心下设若干主题，以主题为单位整合学科资源，给予相应的研究人员、研究项目和研究经费实施配置。例如阿斯顿大学社会与文化研究中心（CCISC）汇集了语言学、社会学、经济学、政治学、管理学和环境科学等专业资源，开展"话语与文化""语言与文学""健康与保健""宗教与信仰""移民、种族与民族"的主题研究，中心的所有研究资源以研究主题为单位进行分配。

以研究机构为导向的跨学院研究模式是在跨学科研究中心下设多个研究所或者研究部门，形成相对独立的研究单位和研究团体。例如卡迪夫大学跨学科研究中心就由多所跨学院、跨机构的研究所和研究中心组成，包括卡迪夫大学脑研究成像中心（CUBRIC），威尔士社会与经济和数据与方法研究所（WISERD）、卡迪夫催化研究所、犯罪与安全研究所、数据创新研究所、能源系统研究所、欧洲癌症干细胞研究所、神经科学与心理健康研究所、可持续发展研究中心、系统免疫研究所和水资源研究所。[①]

除了以上以主题和机构为导向的两种研究中心，根据大学自身的实际情况还设置有网络模式、战略小组和研究咨询模式的跨学科中心。从学科构成上来看，中心的研究开展有全学科参与，也有以强调人文社会科学或自然科学为主的构成形式（见表 4-4）。

---

① CU. Research Explore. Research Institutes［EB/OL］.（2022-02-10）［2022-11-18］. https://www. cardiff. ac. uk/research/explore/research-institutes.

表 4-4　英国创业型大学跨学科研究中心组织形式

研究机构	组织模式	学科构成
剑桥大学跨学科研究中心	跨学科主题研究模式	所有学科
沃里克大学高等研究院	跨学科主题研究模式	所有学科
阿斯顿大学社会与文化研究中心	跨学科主题研究模式	人文学科、社会学科
诺桑比亚大学人文研究所	跨学科主题研究模式	强调人文学科为主的所有学科
曼彻斯特城市大学研究中心	跨学科主题研究模式	所有学科
杜伦大学高等研究院	跨学院机构研究模式	所有学科
卡迪夫大学跨学科研究中心	跨学院机构研究模式	人文社会、艺术、生物制药、生命科学、自然科学与工程
诺丁汉大学健康与人类研究中心	跨学院网络模式	所有学科
南安普敦大学跨学科研究中心	跨学院战略研究小组模式	所有学科
埃克塞特大学能源与环境研究中心	大学研究与咨询模式	物理、数学、工程、环境学科等

资料来源：笔者根据相关网站资料整理。

（二）跨学院机构研究模式：杜伦大学跨学科研究中心案例

杜伦大学（又译作达勒姆大学）是英国仅次于牛津大学和剑桥大学的英国第三古老的高等院校，是罗素集团成员之一。该校拥有 25 个部门和学院，分属人文艺术、科学、社会科学与健康 3 个学部，另有 9 个研究所，该校 83％的研究成果被列入"世界领先"或"国际领先"的行列。[①]

杜伦大学高等研究所（IAS）创建于 2006 年，是跨学科研究互动和发展的重要推动力量，研究所的职责在于推动大学内部跨学科和多学科的合作研究，同时通过参与 N8 研究伙伴网络项目（N8 Research Partnership）[②]开拓和建立与外部研究委员会、企业、衍生公司和公共部门机构的联系。研究所位于大学校

---

① 　DU. Annual Report and Financial Statements[EB/OL]. (2018-07-31)[2019-06-30]. https://issuu. com/communicationsoffice/docs/4914_du_annual_report_and_financial? e=2156517/66510405.

② 　N8 研究伙伴项目是由英格兰 8 所研究型大学组成的合作联盟。——笔者注

园内,拥有专用的办公空间和网络空间,研究所的经费开支由大学负担,实行董事会的管理模式。董事会由大学 3 个学部选派人员组成,担任执行董事和联系董事等职务。董事会下设行政部门和咨询委员会,负责协调和管理研究所的事务,对研究所提出的新的研究主题和研究日程进行审议,并提供咨询。①

高等教育研究所采取多项举措推动大学跨学科研究:第一,研究主题孵化。举办年度科研主题论坛,每年一度的研究主题是研究孵化的核心,确定通过的研究主题将接受为期 3 年的研究孵化。第二,研究生参与。扩大与大学研究生群体的接触,邀请著名专家举办公开小组研讨会或讲座,鼓励研究生与知名学者对话和交流思想,鼓励研究生从事研究所工作,招募研究生作为研究团队成员,鼓励研究生编辑跨学科杂志,促进研究生的跨学科活动和国际交流活动。第三,研究资助。实施研究基金计划,为跨学科研究提供种子资金。由杜伦大学和欧盟第七个框架方案提供的杜伦研究与企业计划国际研究基金(International Fellowships for Research and Enterprise Scheme)和种子研究基金(Seedcorn Research Fund),旨在鼓励大学研究中心研究项目的启动和与外部伙伴的合作。② 维康信托(Wellcome Trust)、莱弗休姆信托(Leverhume Trust)和慈善机构的捐赠基金也是高等教育研究所跨学科研究经费的重要来源。

杜伦大学跨学科研究中心的成功有以下几个方面原因:首先,杜伦大学小型的大学结构更容易促进学科间的交流与互动,开放的学科文化也是吸引志同道合的研究人员齐聚探讨的原因;其次,大学学院的建制确保研究人员和研究生都能与高等研究所保持密切的联系,有助于建立跨学科研究人员社区网络;最后,研究所采取以研究人员为主导的自上而下的引导理念,激励了研究人员的积极性和创造性,年度研究主题论坛和研究孵化概念的支持措施也极大地确

---

① DAVÉA, BLESSING V, NIELSEN K, SIMMONDS P. Case Study Review of Interdiscipolinary Research in Higher Education Institutions in England: A Report for HEFCE by Technopolis[R]. Brighton: Technopolis Group, 2016:50.

② DU. Durham International Fellowships for Research and Enterprise(COFUND)[EB/OL]. (2017-05-26)[2019-06-30]. https://cordis.europa.eu/project/id/267209.

保了杜伦大学跨学科研究成果的质量和数量。

(三)跨学科主题研究模式:诺桑比亚大学跨学科研究案例

诺桑比亚大学的办学历史可追溯到 1880 年成立的卢瑟福理工学院,其于 1992 年获得大学地位。该校由 20 个学术部门组成,横跨纽卡斯尔市中心和伦敦三个校区。

诺桑比亚大学将对跨学科研究的投资视为解决急迫社会问题及进一步提高大学的学术地位和学术声誉的路径。大学跨学科研究设立了九个研究主题:生物经济(bioeconomy)、数字生活(digital living)、极限环境(extreme environments)、未来工程(future engineering)、人文学科(humanities)、综合保健和社会保健(integrated health and social care)、环境与全球公平(environmental and global justice)、批判性设计与创新(critically aware design innovation)及全球创业人才管理(global entrepreneurial talent management)①。研究主题以嵌入基层学院的形式开展交叉研究,其中诺桑比亚人文研究所负责在人文学科和学术文化的背景下开展大部分的主题研究,由诺桑比亚大学和英格兰高等教育基金委员会质量研究基金(QR)资助研究经费。

诺桑比亚人文研究所建立了跨学科研究的合作网络:学术部门网络、行政部门网络、区域网络和外部伙伴网络。学术部门网络将与人文研究相关的如英语、历史、美国研究、写作和语言学学科资源整合并开展研究;行政部门网络负责确定各部门内部的实践标准,协调和促进研究小组之间的联系和合作;区域网络是搭建医学人文研究人员与外部专业机构的联系枢纽,例如北方医学人文网络(NNMHR)是一个汇集英格兰北部和苏格兰八所大学的跨学科区域网络,通过区域网络开展区域范围内的问题探讨;此外,诺桑比亚大学通过引进外部人力资源与外部机构建立伙伴关系,例如诺桑比亚大学"开发北方"(Further

---

① NU. Research at Northumbria[EB/OL]. (2018-04-28)[2019-07-05]. https://www.northumbria. ac.uk/research/.

North)倡议活动以外部网络运作的形式将英格兰北部和苏格兰研究人员聚集起来,实现跨学科伙伴关系的建立,拓展跨学科研究的外部联系。[①]

诺桑比亚大学跨学科研究的成功之处在于:第一,学校层面自上而下的跨学科研究激励机制和在人文学科的管理领域与学院开展的自下而上的主题研究相结合,激励机制为跨学科研究提供了战略规划和制度保障,学院管理给予研究人员充分的思考空间。自上而下和自下而上模式的结合和平衡为人文学科领域的研究避免了强制性跨学科整合的压力和束缚,创造了适宜的研究环境,加强了学术人员和管理人员的伙伴关系。第二,跨学科合作网络的构建为研究人员提供了探讨和交流的机会,提升合作研究和解决问题的效率,促进跨学院和跨部门之间的交流与合作。

二、以创业中心为特征的组织类型

创业中心(创新中心/创业学院/创业研究所)是英国创业型大学开展师生创业学习和研究、促进创业文化发展、开展知识交流和互动的重要平台。芬克尔(Finkle)等认为,大学创业中心已经成为高校提供一系列促进创业和经济发展项目及服务的重要载体,大学创业教育的研究和开展很大程度上与大学创业中心的存在和运作有关联[②]。创业中心除了进行大学创业教育的启动、培育、运营、支持、营销和融资,还在整个大学和更广泛的社区参与和组织各种与创业有关的活动,可以说,创业中心在推进创新创业活动的过程中起到直接(提供中心自身的项目和活动)和间接(承担合作项目或活动)的作用。创业中心的设置成为创业型大学加强组织领导、整合创业资源、促进大学创业文化、体现创业型大学内蕴力和自觉力,从而促进外显力的普遍形式。在创业中心的组织下,英国创业型大学创业氛围和学生的创业意愿得到大幅提升,创业进取心和行为也得

---

① UN. Institute of Humanities[EB/OL]. (2022-01-25)[2022-12-26]. https://www.northumbria.ac. uk/about-us/academic-departments/humanities/institute-of-humanities/? q=Institute%20of-humanities.

② FINKLE T A, MENZIES T V, KURATKO D F et al. An Examination of the Financial Challenges of Entrepreneurship Centers Throughout the World[J]. Journal of Small Business & Entrepreneurship,2013,26(1):67-85.

到明显的增强。[①]

创业中心在各个高校中的设置不尽相同，有的中心设于商学院内，而有的则独立于学院单独成立，还有的中心隶属于职业咨询服务部门。吉迪恩·马斯（Gideon Maas）指出，创业中心设置的不同反映出创业模式的不同，其机构设置与大学发展战略紧密相关[②]，有的中心提供全方位的创业服务，从生产知识到创业孵化到开展创业活动，而有的中心则专注于知识成果转化，将孵化和创业发展的活动留给学校其他部门或科技园区来进行。英国创业型大学的创业中心根据其中心构成、机构职能、战略规划和创业活动特点的差异大体可以分为三种类型：依托商学院建立的传统型创业中心、全校整合型创业中心和校际合作型创业中心。

（一）传统商学院型创业中心

依托商学院建立的创业中心是英国创业型大学开展创业学习和构建创业文化的传统组织形式，也是较为普遍的组织形式，是大学开展创业学习、提高学生创业创新能力和支持学生创业实践的重要平台，这类大学的创业中心有牛津大学赛德商学院的牛津创业中心、剑桥大学贾吉商学院的剑桥创业中心、斯特拉斯克莱德大学商学院的亨特创业中心、诺丁汉大学商学院海顿格林创新创业研究所及兰卡斯特创业战略与创新中心（见表4-5）。这些依托商学院创业中心的组织设置和运作主要有以下特点。

---

① SARIDAKIS G, ISKANDAROVA M, BLACKBURN R. Student Entrepreneurships in Great Britain Intentions and activities: The British Report of the 2016 Guess Project[R]. Small Business Research Centre, Kingston University London, 2016:19.

② MAAS G, JONES P, LIOYD R. Centres for Entrepreneurship at a Cross Road_Quo Vadis[C]. 38th Institute for Small Business and Entrepreneurship Conference, Technology and Innovation Centre, Glasgow, UK 11-12th November, 2015:1-15.

表 4-5　传统商学院型创业中心主要活动

中心名称	创建者	主要活动及特色	创建年份
牛津大学创业中心（Entrepreneurship Centre）	主体：牛津大学赛德商学院	"塑造品牌"系列讲座（Building a Business） 高盛1万家小企业计划（Goldman Sachs 10000 Small Businesses UK Programme） 牛津赛德创业论坛（OSEF） 意念实验室（Ideation Lab） 创意2影响：创业技能学习（Ideas 2 Impact：Enterprise skills）	2002
剑桥大学创业中心（The Entrepreneurship Centre）	主体：剑桥大学贾吉商学院	创业星期二（Enterprise Tuesday） 点火项目（Ignite） 加速剑桥（Accelerate Cambridge） 创业科技（EnterpriseTECH） 创业周末（Venture Creation Weekends） 创业女性（Enterprise WOMEN） 中小企业成长挑战计划（The SME Growth Challenge） 剑桥贾吉发射台（Cambridge Judge Launchpad）	1999
兰卡斯特大学创业战略与创新中心（Department for Entrepreneurship Strategy and Innovation）	主体：兰卡斯特大学管理学院 部分资助：经济与社会研究委员会（ESRC）基金、区域发展基金（RGF）	EiR项目（EiRprogramme） 达里伯斯项目（Daresbury project） 第二轮发展中心计划（W2GH Programme） 领导与发展管理计划（LEAD） 伦敦创意与数字融合项目（London Creative and Digital Fusion Project）	2002,前身为创业发展研究所（IEED）
亨特创业中心（Hunter Centre for Entrepreneurship）	主体：斯特拉斯克莱德大学商学院 资助：亨特基金	商业创业项目（Business Enterprise Programme） 创新创业与技术硕士课程 创业管理领导硕士课程 成长优势项目（Growth Advantage Programme） 青年企业公司项目（The Young Enterprise Company Programme）	1996,前身为斯特拉斯克莱德创业计划

续表

中心名称	创建者	主要活动及特色	创建年份
海顿格林创新创业研究所（Haydn Green Institute for Innovation and Entrepreneurship）	主体：诺丁汉大学商学院资助：海顿格林基金	创新实验室（Ingenuity lab）创新18（Ingenuity 18）大学21全球创新挑战竞赛（U21 GIC）青年创业家计划（Young Entrepreneurs Scheme）威蒂创业奖学金项目（The Andrew Witty Entrepreneurial Scholarship Programme）	2013

资料来源：笔者根据相关资料整理。

第一，体现大学办学愿景和使命。牛津大学创业中心的目标彰显其"引领和创新领导能力"的大学使命①，剑桥大学创业中心以"创建全球创业知识中心"为使命，全方位开展和支持"剑桥大学创业人才的发展和技术创新的商业化进程，加强剑桥创业生态系统的管理和领导能力，满足企业家、创业导师和创业投资者的需求"②；斯特拉斯克莱德大学的亨特创业中心和诺丁汉大学的海顿格林创新创业研究所是由社会投资捐赠、依托商学院设立运作的，前者由斯特拉斯克莱德大学校友、企业家和慈善家汤姆·亨特爵士（Sir Tom Hunter）捐助，主要目的在于促进苏格兰境内的创业学习和研究，并致力于创建更广泛的创业生态系统③；后者由海顿格林基金资助成立，秉持"致力于成为卓越的创业、创新和研究成果商业化中心"④；兰卡斯特创业战略和研究中心（DESI）的创办宗旨是促进创业型大学创业学术研究的发展，强调将一流的研究水平与有效的商业合作和参与有效整合⑤。创业中心的目标不仅仅是组织和开展创业教育与创业

① SBS. Entrepreneurship Centre[EB/OL].[2022-10-30]. https://www.sbs.ox.ac.uk/research/centres-and-initiatives/entrepreneurship-centre.
② JBS. The Entrepreneurship Centre[EB/OL].[2022-10-30]. https://www.jbs.cam.ac.uk/entrepreneurship/.
③ Hunter Centre for Entrepreneurship[EB/OL].[2022-10-30]. https://www.strath.ac.uk/business/huntercentreforentrepreneurship/aboutthehuntercentreforentrepreneurship/.
④ HGI. Haydn Green Institute for Innovation and Entrepreneurship[EB/OL].[2022-11-05]. https://www.nottingham.ac.uk/business/who-we-are/centres-and-institutes/HGI/.
⑤ SCHULTA F, FOGG H, HAMILTON E et al. Entrepreneurship Centres: Global Perspectives on Their Contributions to Higher Education Institutions[M]. London: Palgrave Macmillan, 2017:41.

实践,中心的创建理念也彰显了大学的使命和愿景。

第二,突出创业课程和实践项目为主的人才培养体系。创业中心主要以创业理论学习和体验式学习结合的方式来提升学生对创业理念的理解、创业技能的提升和创业实践的参与。牛津大学创业中心通过创业项目提供创业课程的理论学习,结合"意念实验室"(Ideation Lab)和"创意 2 影响"(Ideas 2 Impact,I2I)等项目培养学生自我感知、观察、设计和思维的实践能力。创业中心认为这些能力不仅对创业者有利,对在复杂环境中发挥创新精神的人同样重要①。此外,牛津创业政策圆桌会议、牛津创业论坛及与高盛基金会联合运营的"高盛 1 万家小企业计划"②为创业学习者提供了交流和实践的平台;剑桥创业中心著名的创业星期二、加速剑桥、点火项目、创业科技、创业女性、中小企业成长挑战计划等构建了创新人才培养与实践的创业学习机制。

第三,开拓外部创业空间。兰卡斯特大学在依托创业教学研究对商业进行支持的同时大力拓展其外部创业空间,其创业中心通过欧盟、区域发展基金和高等教育创新基金的资助在近 10 年为 2500 家中小企业(SMEs)提供了全面的支持,促进了这些企业的业务改善和增长。同时创业中心通过经济与社会研究委员会基金(ESRC)和区域发展基金(RGF)的项目资助与地方委员会、地方企业合作署(LEPs)及大学商业联合会(UCC)联合启动了第二轮发展中心计划(Wave 2 Growth Hub)。截至 2015 年,该计划创造了 3201 个新的就业岗位,超过 6.7 万家中小企业参与发展中心计划,至 2017 年 3 月,创造就业岗位总数达到 4160 个③。兰卡斯特大学与中小企业的长期合作为企业和新创企业构建了良好的创业生态,为大学开拓了广阔的外部空间。

---

① SBS. Ideation Lab[EB/OL]. [2019-11-10]. https://www.sbs.ox.ac.uk/research/entrepreneurship-centre/ideation-lab.

② "高盛 1 万家小企业计划"(Goldman Sachs 10000 Small Business UK Programme)是由高盛基金会资助,与英国卓越大学联合开展的一项旨在通过提供更多的教育、资金和商业支持帮助创业者创造就业机会的投资,该计划解决了英国中小企业的资金缺口,为中小企业在创造就业和经济增长方面发挥了重要作用。——笔者注

③ SCHULTA F, FOGG H, HAMILTON E et al. Entrepreneurship Centres: Global Perspectives on Their Contributions to Higher Education Institutions[M]. London: Palgrave Macmillan, 2017:53.

第四,提供创业经费支持。创业中心除了提供教学、课程、师资和项目活动等创业教育,还对创业项目和活动提供直接的经费支持或通过奖学金的形式对创业学习提供资助。比如牛津大学创业中心设立的牛津种子基金(The Oxford Seed Fund)主要负责向牛津大学初创的衍生公司提供最高可达5万英镑的启动资金和网络支持。根据牛津创业中心统计,每年该基金对多达200笔潜在项目进行评估和资助①。

(二)全校整合型创业中心

全校整合型创业中心与依托商学院创建的创业中心的区别是它是整合全校性资源组建和转型而来的创业中心,其使命和宗旨是直接为创业型大学的战略发展服务。这一类创业中心往往由副校长直接领导,并在学校层面进行全校性的资源整合。全校整合型创业中心不仅负责开展全校创业课程和创业活动,还负责创业师资的评聘、晋升和培训,创新创业领域的研究,知识成果的商业化等活动,较为典型的全校整合型创业中心有考文垂大学的国际创业中心、利物浦约翰摩尔斯大学的创业中心、布里斯托大学创新创业中心及伦敦大学国王学院的创业学院(见表4-6)。霍尔顿·索普(Holden Thorp)和巴克·戈德斯坦(Buck Goldstein)给予这类整合型多学科跨部门的创业中心充分的肯定,认为跨越传统学科之上或者克服传统学科障碍建立的跨学科中心,其影响力比在单一学院和学科下设置创业中心的做法更为深远,因为中心会以大学内部创业生态系统的守护者一职来完成使命,其驾驭能力也能得到加强②。

首先,具备多学科跨部门资源整合的优势。整合型创业中心的运作建立在全校跨学科和跨部门资源统筹的平台上,具备多学科跨部门的资源优势。例如考文垂国际创业中心整合了应用创业研究所(IAE)、考文垂企业公司(CUB)和商学院等不同部门的资源来构建一个大学层面的创业中心,负责全校性创业战

① SBS. The Oxford Seed Fun[EB/OL]. [2019-11-10]. https://www.sbs.ox.ac.uk/research/entrepreneurship-centre/oxford-seed-fund.
② THORP H, GOLDSTEIN B. Engines of Innovation: The Entrepreneurial University in Twenty-First Century[M]. Chapel Hill: The University of North Carolina,2013:31.

略制定、创业课程开设、创业实践项目和新建企业的孵化,中心的业务还包括提供会场租赁、物业出售、商业咨询等第三渠道活动;利兹企业与创业研究中心是利兹大学创业教育和创业研究的核心部门,除了支持英国创业教育家组织(Enterprise Educators UK,EEUK)、小企业和企业家研究所(Institute for Small Business,ISBE)、全国大学和学院企业家协会(National Association of College and University Entrepreneurs,NACUE)的创业教育和企业教育,还整合了利兹创新学院(Academy of Innovation)、利兹企业集团(Enterprise at Leeds)和利兹创业教育网络(Leeds Enterprise Educators Network)共同开展大学的创业教育、创业孵化、学生创业、教师创业、成果转化、企业咨询服务、大学衍生公司创办等活动,甚至承担了利兹大学与地方共建"知识转移伙伴"项目的联络和具体业务。

其次,具备搭建全校性创业文化的平台。整合型创业中心依托全校性资源,构建集学术文化、服务文化、科学文化于一体的创业文化,实现校内多样性文化和跨学科文化的和谐共生和校外各种资源要素的吸收利用,充分体现全校创业文化的价值和效用。例如,布里斯托大学创新创业中心(Bristol University Centre for Innovation and Entrepreneurship)的资源整合体现在多学科的创业课程开设和跨部门资源的创业支持,中心利用全校性资源整合的平台,将创业教育课程融入医疗与临床医学、气候变化、地震重建、火山监测、食品安全、互联网和高性能计算等许多社会急需的新兴学科的专业课程之中,并在此基础上推出系列大型课程,加强研究、教学和创新的整体互动,培养学生成为未来创新的变革者[①]。此外,中心与就业服务处合作以每周创业工作坊、原型实验室和一对一的形式提供创意孵化支持服务,以团队合作、项目实施和创意分享的方式为有兴趣发展创业技能和实施创业实践的学生提供成果和创业空间支持服务,通过桑坦德银行的创新奖学金的形式为本科生的创业学位课程和研究生的创新

---

① UOB. Review of the Year 2014—2015[EB/OL].(2014-09-29)[2019-01-14]. http://www.bristol. ac. uk/media-library/sites/university/documents/publications/BU_review％20of％20the％20year _2015-web. pdf.

创业学位课程提供每项 3000 英镑的奖学金创业经费支持①。布里斯托大学通过整合的创业文化资源"将创业的思维和创业的理念嵌入所有教职员和学生的教学与课堂中,与不同机构建立富有成效的伙伴关系来提升研究的规模、质量和影响力"②。布里斯托大学的创业举措促进了学术文化和创业文化的融合,工程文化与人文文化的互补,激励文化与服务文化的共生,将创业精神深入人心、创业文化深入校园。

最后,促进内部创业生态要素的高效运行。纷繁多样的要素构成是创建大学创业生态系统的基础③,全校整合型创业中心集人才培养、科研创新、成果商业化和服务创业等内部支撑于一体,将人力资本、创业课程、创业项目和技术转化等要素以高效的形式进行整合和调配,形成大学创业要素流动和相互作用的内部网络。在这个动态的网络结构中,研究创新是核心,成果技术转化是特色,创业教育是推动要素,而所有要素的组织、调配和运行则有赖于创业中心的战略指向和组织管理,通过内部创业机制与外部利益相关者的联系与合作来推动大学内部的创业生态系统的有效运作(见表 4-6)。

表 4-6　全校整合型创业中心及主要活动

中心名称	创建者	主要活动及特色	创建年份
利兹大学企业与创业研究中心（Centre for Enterprise and Entrepreneurship Studies）	主体:利兹大学	利兹创业教育网络(The Leeds Enterprise Education Networks,LEEN) 创新创业主题模块（Enterprise and Innovation Discovery Theme) 企业利兹(Enterprise at Leeds) 创办企业项目(Spark Start-up Services)	2005

---

① UOB. Scholarships and Submitting Pitches[EB/OL]. [2019-01-14]. http://www.bristol.ac.uk/innovation/study/scholarships/.

② Our Vision,Our Strategy:A Roadmap for the New Phase of our University's Development[EB/OL]. (2016-06-19)[2019-01-14]. Bristol:University of Bristol. https://www.bristol.ac.uk/media-library/sites/university/documents/governce/university-strategy.

③ 王旭燕,叶桂方. 大学创业生态系统构建机制研究——以加州大学洛杉矶分校为例[J]. 中国高教研究,2018(2):36-41.

中心名称	创建者	主要活动及特色	创建时间
利物浦约翰摩尔斯大学创业中心（Centre for Entrepreneurship）	主体：利物浦约翰摩尔斯大学	巴斯盖特创业启动基金（Bathgate Start-Up Fund） 创业网络社区（Start-Up Network）	2003
考文垂国际创业中心（International Center for Transformational Entrepreneurship）	主体：考文垂大学	再建优势项目（ADD＋Vantage） 泛大学战略（Pan-University Strategy） 就业能力学习计划（ELP） "速度加"项目（SPEED Plus） "创办企业"计划（VCP）	2008，前身为应用创业研究所（IAE）
伦敦大学国王学院创业学院（Entrepreneurship Institute）	主体：伦敦大学国王学院 部分资助：桑坦德中小企业实习计划	创业支持基金（Entrepreneurship Support Fund） 国王20加速器（King's 20 Accelerator） 风险爬行（The Venture Crawl） 创意工厂竞赛（Idea Factory） KCL企业（KCL Enterprises）	—
布里斯托大学创新创业中心（The Centre for Innovation and Entrepreneurship）	主体：布里斯托大学 资助：桑坦德基金	工作室学习环境（a studio-based learning environment） 原型实验室（Prototype laboratory） 创新创业硕士学位课程（Msc Innovation and Entrepreneurship） 桑坦德创新奖学金（Santander Innovation Scholarships）	2016

资料来源：笔者根据相关资料整理。

（三）校际合作型创业中心

校际合作型创业中心的特点在于创业中心的组织已不再局限于某一所大学内部，而是由几所大学的创业中心或创业研究部门联合成立，共同探索或致力于解决英国某一地方或区域层面的社会经济问题，通过创业的途径解决地方的发展问题从而促进经济和社会的发展。校际合作型创业中心的特点决定了这类创业中心创建主体的多元性，例如沃里克—阿斯顿创业研究中心是由沃里克大学、阿斯顿大学、帝国理工大学、伯明翰大学和斯特拉斯克莱德大学这5所创业型大学联合成立，苏格兰创业中心是由多所苏格兰大学创业中心组成的苏格兰创业研究学院联合体，其主要成员有格拉斯哥喀里多尼亚大学的创业研究中心(1994)、阿伯丁大学创业中心(1995)、罗伯特戈登大学创业中心(1995)、爱丁堡纳皮尔大学创业中心(1995)、斯特灵大学创业中心(1995)、佩斯利大学创业中心(1995)、斯特拉斯克莱德大学亨特创业中心(1996)及爱丁堡大学创业中心(2002),共同形成一个以开展创业教育和知识成果转化为主的创业生态系统(见表4-7)。校际合作型创业中心具备单一型创业中心不可比拟的合作研发和服务社会的优势。

表 4-7　校际合作型创业中心及主要活动

中心名称	创建者	主要活动及特色
沃里克—阿斯顿创业研究中心(Enterprise Research Centre)	主体:沃里克大学、阿斯顿大学、帝国理工大学、伯明翰大学和斯特拉斯克莱德大学 资助:经济及社会研究委员会、商业能源及工业战略部、英国创新署、英国银行家协会、知识产权局	出口、创新、金融和治理研究 英国团队规模与创业意向研究 公共资助研发活动的溢出效应研究 中小微企业商业发展与英国生产力效用研究
苏格兰创业中心(Scotland's Centres-for-Entrepreneurship)	主体:格拉斯哥喀里多尼亚大学创业研究中心、阿伯丁大学创业中心、罗伯特戈登大学创业中心、爱丁堡纳皮尔大学创业中心、斯特灵大学创业中心、佩斯利大学创业中心、爱丁堡大学创业中心、斯特拉斯克莱德大学亨特创业中心	苏格兰警务研究所(Scottish Institute for Policing Research) 研究联盟模型(the Research Alliance Model)

资料来源:笔者根据相关资料整理。

　　第一,合作研发,多方联动创业。沃里克—阿斯顿创业研究中心于2013年成立,其核心领导和研究团队位于沃里克大学和阿斯顿大学商学院。中心创办的宗旨在于加强英国对影响中小企业投资、成效和增长因素的研究工作,为英国中小企业提供更为科学和专业的战略评估和政策依据。研究中心自成立以来,开展了围绕企业商业统计、商业发展多样化支持、融资与治理、创新与出口、领导与管理 5 大主题的研究①，成为英国引导中小企业成长、发展、创新和促进生产力提升的创业发展智库。

第二，服务社会，推动区域发展。苏格兰创业中心是在苏格兰政府颁布的《苏格兰大学创业计划》（The Scottish University Entrepreneurship Programme）推动下成立的，旨在通过创业中心、创业家、风险资本共同构建苏格兰地方创业生态系统，并成为培育新一代苏格兰创业者和企业家的摇篮。苏格兰创业中心还承担与当地部门合作，共同解决社会问题的职责，例如中心协同当地警务研究机构开展苏格兰治安研究，不仅解决了当地治安问题，改善了治安环境，还为大学带来了收入。此外，由 8 所创业中心组成的研究小组的协作模型也成为苏格兰创业中心的重要模式。史密斯认为包括以苏格兰创业中心为核心的创业生态系统的构建符合创业型苏格兰的发展理念②，是国家创新生态系统模型的一种新商业模式③，是苏格兰政府力争"成为世界领先的创新创业之地"所期望实现的企业创建、经济增长和社会繁荣的重要路径。

三、以科技园为典型的组织架构

科技园有多重表述：科学与技术园区（science and technology park）、技术园（technology park）、研究园（research park）、创新园（innovation park）、科技城（technopole）、创新城（innopole）等④。英国科技园协会（The United Kingdom Science Parks Association，UKSPA）认为"科技园是支持商业和技术转移的一项倡议，其主要功能在于鼓励和支持创新驱动、高增长和知识型企业的孵化和

①　ERC. Research Themes 2013—2016. The Enterprise Research Centre［EB/OL］.（2013-02-20）［2019-02-16］. https：//www. enterpriseresearch. ac. uk/.

②　SMITH R. Scotland's Centres for Entrepreneurship（UK）［M］//Entrepreneurship Centres：Global Perspectives on Their Contributions to Higher Education Institutions. London：Palgrave Macmillan，2017：61-77.

③　ZOTT C，AMIT R，MASSA L. The Business Model：Recent Developments and Future Research［J］. Journal of Management，2011，37（4）：1019-1042.

④　ROWE D N E. Setting up, Managing and Evaluating EU Science and Technology Parks——An Advice and Guidance Report on Good Practice［EB/OL］.（2014-10-30）［2019-03-19］. https：//ec. europa. eu/regional_policy/sources/docgener/studies/pdf/stp_report_en. pdf.

创建;为大型的国际化企业提供与知识创造中心密切互动和互利的环境;与大学、高等教育机构和研究机构保持正式的业务联系"①。大学研究园区协会 (The Association of Universities Research Parks,AURP)将科技园定义为"一项以物业为基础的企业",在这个定义下,科技园内容包括为研究及其商业化而设计的总体物业规划;建立与大学和研究机构的伙伴关系;鼓励新公司成长;开展技术转移以及推动以技术为导向的经济发展"②。国际科技园与创新协会 (International Association of Science Parks and Areas of Innovation)将科技园定义为"由专业人士管理,旨在推广创新文化、提升知识型商业机构竞争力和增加社区财富而建立的组织机构,具体活动包括:促进和管理大学、研发机构、企业和市场之间知识和技术的流动,通过孵化和衍生渠道促进创新型公司的创建和发展,提供高质量的创业设施、创新空间及增值服务"③。

国际科技园与创新协会对科技园的定义被认为是较为全面地涵盖了科技园的所有现实和虚拟的措施。尽管对科技园理解各异,但是学者们普遍认同科技园具备以下共同的特征:第一,与大学等高等教育机构研究中心之间保持正式的业务联系;第二,鼓励知识型企业的入驻和发展;第三,具有向园区企业输出技术转移和业务技能的管理职能④。在欧盟"负责任的研究创新" (Responsible Research & Innovation,RRI)⑤计划倡导下,第三代的科技园还应该具备以下的趋势特征:制定促进所在区域创新活动并获得利益相关方认可的战略计划;具备评估园区成效的业绩衡量标准和包括价值评估、战略评估、财政评估、有效性评估和竞争力评估在内的评估体系;拥有专业的管理组织和全

---

① About UKSPA. The United Kingdom Science Park Association [EB/OL]. (2019-02-18)[2019-09-23]. http://www.ukspa.org.uk/our-association/about-us.

② Association of University Research Parks. What is a Research Park[EB/OL]. (2012-10-30) [2019-09-23]. https://www.aurp.net/what-is-a-research-park.

③ IASP. Definition. [EB/OL]. (2014-02-25)[2019-09-23]. https://www.iasp.ws/our-industry/definitions.

④ ALBAHARI A, PEREZ-CANO S, LANDONI P. Science and Technology Parksimpacts on Tenant Organizations: A Review of Literature[R]. Munich: MPRA:5.

⑤ "负责任的研究创新"计划是欧洲联盟框架方案"地平线 2020"战略的内容之一,用来评估环境和社会对科学研究和技术发展过程的潜在影响的具体描述。——笔者注

职的管理团队；以创新活动为园区核心要素的发展理念①。

（一）科技园发展的演变及特点

科技园的迅猛发展始于 20 世纪 50 年代的美国，60 年代末以法国为首的欧洲科技园开始发生显著的变化。科技园区在全球经历了三次变革：

第一代科技园是 20 世纪 50—80 年代建立的创业园组织。这一时期的科技园普遍位于大学附近，大学是科技园的创办主体，科技园与大学之间紧密联系，科技园侧重于将大学的专业知识和技术直接商业利益化，将技术创新以最快的方式推入市场，为新创企业创造商业机会，符合线性创新模式的运作特征，但是这一时期的创业活动仅限于园区内的企业之间。

第二代科技园出现于 20 世纪 90 年代，科技园开始逐步将自身定位为所在地区创新生态系统的重要载体，开始承担创建更强大和更复杂网络的角色，为园区的企业提供更多的创业资源，例如为初创和早期技术公司提供技术孵化器、指导服务、创业培训、种子基金、天使基金、创业方案等支持业务，面向大学、研究机构和技术供应组织提供满足客户需求和创新发展的网络支持等。第二代科技园被视为"大学的延伸"，其运营的关键驱动着眼于对创新型企业的创建和成长给予支持，在创造具有经济价值的技术的同时也充当了大学生企业家的摇篮。

第三代科技园出现于 21 世纪初期，这一时期的园区既是学术、经济和政府共同参与合作的混合组织，也是区域和全球创新活动的组织场所。园区的建立从大学主导向大学参与、共同合作转变，其宗旨也从实现经济利益和培养企业家向提高社区福利、促进地方创业文化转变（见表 4-8）。

---

① DAVIES J. From Third Generation Science Parks to Areas of Innovation[C]. Paper for the 30th IASP World Conference on Science and Technology Parks，2013：8.

表 4-8 三代科技园运行模式特征

	第一代	第二代	第三代
创办目的	扩大大学商业机会	支持创新型企业创办和发展	改善地方社区福利
运行机制	利用大学研究成果	发展适合商业化的技术创新，鼓励大学生企业家的培养和成长	支持大学—产业—政府的联系和互动，提供创新服务，鼓励地方创业文化的建设
园区位置	大学附近	城市郊区	市中心
园区主体	以大学为主	以商业机构为主	大学、企业、地方政府共同合作
管理形式	由大学负责管理	由企业负责管理	大学、企业与政府共同组建的专业团队负责管理
创新形式	技术推动	市场推动	双向互动
创新主体	大学	大学	大学、企业和政府
创新动力	满足大学需求	满足大学需求	满足大学及合作方需求，采取内部激励，树立正面形象
大学参与模式	创业型大学或接近创业范式的创业活动模式	创业型大学模式	参与型大学/创业型大学模式

资料来源：GYURKOVICS J, LUKOVICS M. Generations of Science Parks in the Light of Responsible Innovation[M]// Buzás N Lukovics M（eds）. Responsible Innovation. Szeged：SZTE GTK，2014：193-208.

总的来说，前两代的科技园主要将大学作为科研基地来实施创业活动，尚未实现"大学组织结构的拓展和延伸"。在前两代的园区建设中，园区是大学研究成果转化的汇集地，是大学实现第三使命的场所和要素。第三代科技园则体现了园区在组织、管理和领导中的迭代作用，强调了交互式的创新，强调园区各主体间双向的互动和交流。第三代的科技园以创业型大学的参与模式实现大学服务的第三使命，在这一语境下，科技园的创新主体已不再是单一的大学组织，企业、政府等创新主体也参与到科技园的发展和运作之中，形成协同互动的创新模式。①

（二）英国大学科技园类型

科技园的建立被认为是创业型大学标志性的组织机构,依托科技园区的创新和新技术带来的高附加值就业机会的增加是全球各国加大对科技园区投入的关键驱动力。大学创立科技园能够为大学和知识型、国际型企业搭建密切接触的平台,为大学衍生公司和新创公司提供研究基地和创业基地,为大学回馈经济收益,助力大学使命的履行②,作为区域发展助推器的科技园更是肩负创新创业的使命和推动经济发展的职能。

由于科技园的运行能够提高所在地区经济活动水平,提升企业生产力,进而促进所在地区经济增长,科技园在英国的数量从 1982 年的 2 个增加到 2014年的 100 多个,支持 4000 家租户公司,提供 42000 个就业岗位③,其中伦敦及英格兰东南部地区建立园区 31 个,是英国大学科技园分布最多的地区(见表 4-9)。

表 4-9 英国大学科技园分布情况

分布地区	科技园数量/个
东米德兰地区	9
英格兰东部地区	14
伦敦及英格兰东南部地区	31
英格兰东北部地区	5
英格兰西南部地区	16
爱尔兰北部地区	2

① GYURKOVICS J, LUKOVICS M. Generations of Science Parks in the Light of Responsible Innovation[M]// Buzás N Lukovics M (eds). Responsible Innovation. Szegcd: SZTE GTK, 2014:193-208.

② ROWE D N E. Universities and Science Park based Technology Incubators[EB/OL]. (2005-08-05)[2019-03-19]. https://www. warwicksciencepark. co. uk/wp-content/uploads/2011/03/Universitiesand ScienceParkbasedTechnologyIncubators. pdf.

③ Speech by David Willetts to the UK Science Park Association[EB/OL]. (2014-07-10)[2019-03-19]. https://www. gov. uk/government/speeches/speech-by-david-willetts-to-the-uk-science-park-association.

续表

分布地区	科技园数量/个
西米德兰地区	9
约克郡和亨伯赛德郡	6
苏格兰	11
威尔士	5
海外	5
总计	113

根据科技园区大学参与形式和大学管理职能的实施情况,英国大学的科技园可以分为大学主导型科技园、合资企业型科技园和合作参与型科技园。

第一,大学主导型科技园。大学在自己的土地上建立科技园并负责园区开发,修建道路建筑,开展技术转移,为新创公司筹集资金,提供风险投资、专利代理和商业资源等创业服务,全权负责园区管理的职能。此外,科技园与本地私营和公立机构共同创建网络服务,将商业支持纳入园区职能范畴。剑桥科技园、圣约翰创新中心科技园、萨里大学科技园和布鲁内尔科技园都属于大学主导型科技园类型。圣约翰创新中心为园区内企业提供商业链接项目资源的创业服务,萨里科技园孵化器与英格兰东南部地方发展局企业中心共同构成创业网络,服务于园区内企业的发展。

第二,合资企业型科技园。大学与第三方机构合资建立独立的法人实体推进科技园的创立与发展,科技园的创办方也从单一的大学主导变成多方参与,大学在其中实施领导和监管的作用,但不负责提供所有园区所需的创业资源。牛津大学科技园、沃里克大学科技园、阿斯顿大学科技园、伯明翰大学科技园和曼彻斯特大学科技园属于这一类型的科技园区。牛津大学科技园就是典型的多方合作型的园区,牛津大学科技园由牛津科技园(Oxford Science Park)和贝格布鲁克科技园(Begbroke Science Park)组成,牛津科技园则是由牛津大学莫得林学院(Magdalen College)与保德信保险公司(Prudential Assurance)联合成立的合资企业。牛津大学科技园区是以牛津大学为基地,由牛津科技园负责开发、莫得林学院负责经营管理的合资企业型科技园。

第三,合作参与型科技园。由大学、地方当局或其他开发机构共同参与合作创办的科技园区,这是英国科技园区中较为普遍的一种形式。首先由地方当局、开发部门或第三方机构以项目的形式启动园区设施的建设,合作双方提名一位经理负责项目推广、管理与监督。合作企业除了对园区进行投资,还需要承担科技园日常的管理,提供物业服务,协助入园企业开展业务,而大学负责将新创公司或衍生公司引入园区并提供技术支持。爱丁堡科技园、谢菲尔德科技园、阿伯里斯特维斯科技园都属于合作参与型科技园。爱丁堡大学通过其产业联络处或办事处帮助建立大学与园区入驻企业之间的业务联系,并吸纳合作方参与爱丁堡科技园区建设。

第三节　文化要素

伯顿·克拉克将大学内部变革后的新文化称作"简单的制度上的理念",创业型大学将这些理念整合为一些信念,这些信念在英国心脏地带传播成为大学的创业文化①。强有力的文化植根于个人价值和社会价值的实现与共鸣,这种文化价值是人才培养、科学研究和创业活动的融合与反映,也是创业型大学创业文化的核心体现。同时,创业文化并非抽象的概念,而是与实践和应用紧密相连的可认知的一种文化精神和主流价值观②。本章将从理念、课程、活动、评价等具体维度审视创业型大学的文化要素特征。

---

① 伯顿·克拉克. 建立创业型大学:组织上转型的路径[M]. 王承绪,译. 北京:人民教育出版社,2003:6-7.

② 吴伟,吕旭峰,陈艾华. 创业型大学创业文化的文化内涵、效用表达及其意蕴——基于四所世界一流大学的案例分析[J]. 河南大学学报(社会科学版),2013,53(4):137-144.

一、理念引导创业文化发展的方向

理念对创业文化有重要的影响,起着潜移默化的文化导向和价值认同的作用[①]。英国创业教育自 20 世纪 80 年代开展以来经历了从"关于创业的教学"向"为了创业的教学"的教育理念的变革,从传统的课本教授企业知识的方式向培养创业者心态和探索创业感受为主的教学形式转变,创业教师从讲台的传授者向实践活动中引导者的角色转变,学生的学习从概念记忆和符号化处理的技能向创造性解决问题的能力转变。大学创业教学的目的在于最大限度地激发学习者的创业特质和创业洞察力,更好地为创业行动做好准备,因此创业教学关注创业实践、创业技能和进取心的学习成效[②],显著的创业学习成效建立在教学重点、学习过程、关键要素从传统方式向创新模式的转变。不同于传统教学的是,创新的创业教学理念强调的是促进学习者思考、组织、沟通和行动方面态度的转变,课程的开设是以学习者参与并最大限度地完成课程任务作为评估和考核。传统的批判分析、知识理解、完全隔离、符号处理、书面交流等教学重点被关注创造力、洞察力和积极理解能力的培养所取代,情感代入、事件处理和个体交流能力越发受到重视,单纯的概念和理论也延伸为对概念化问题和机会的厘清、识别和认知。创业学习重点的转变反映出对学习者应达到的学习水平的要求发生了根本性的变化(见表 4-10)。

表 4-10　创业教学重点的转变

传统教学	创新的创业教学
批判分析(critical analysis)	创造力(creativity)
知识(knowledge)	洞察力(insight)

① 严毛新,徐蕾,何扬飞,等. 高校创业文化的内涵、价值及培育路径[J]. 中国高教研究,2019(3):61-65.

② GIBB A, PRICE A. A Compendium of Pedagogies for Teaching Entrepreneurship[R]. (2014-02-17)[2017-05-08]. http://ncee. org. uk/wp-content/uploads/2013/12/Compendium-of-Pedagogies. pdf.

传统教学	创新的创业教学
被动理解(passive understanding)	积极理解(active understanding)
完全隔离(absolute detachment)	情感代入(emotional involvement)
符号处理(manipulation of symbols)	事件处理(manipulation of events)
中立性书面交流(written communication and neutrality)	涉入性个体交流(personal communication and influence)
概念/理论(concept/theory)	概念化的问题/机会（conceptualising a problem or opportunity)

资料来源：GIBB A，PRICE A. A Compendium of Pedagogies for Teaching Entrepreneurship[R]. Coventry：NCEE，2014:18.

学习过程中对信息和数据在处理、理解、分析、验证、决策上的转变,在对待学习过程中答案与方案的选择、课堂学习与评估方式的判断及学习渠道与学习效果的界定等方面的转变则反映了学习者的学习目标从低层次的理解和记忆知识向高层次的复杂型情感控制能力的转变(见表4-11)。

表4-11　创业学习过程的转变

传统教学	创新的创业教学
基于最大化的信息进行批判性分析和判断	利用有限信息进行决策
理解和记忆信息	理解信息来源者的价值观或情感
对数据进行客观性验证和决策	对交流方判断和信任的基础上进行决策
理解形而上学意义上的社会基本原则	选择适应和调整社会基本原则
寻求正确答案	在压力下开发最佳解决方案
课堂学习	做中学
专家/权威渠道的信息获取	亲自收集和评估来自各种渠道的信息
书面评估	直接向当事者反馈评估结果
以知识型考试为主衡量学习效果	在解决问题和失败中学习

资料来源：GIBB A，PRICE A. A Compendium of Pedagogies for Teaching Entrepreneurship[R]. Coventry：NCEE，2014:18-19.

教学重点与教学过程的转变决定了学习者、教师、教学方法等关键要素的转变(见表4-12)。学习者立足于理论联系实际,通过体验式、行动式、协商式和讨论式的学习,通过自主的、反复的、灵活的和容错容败的教学方式和机制,成为知识的创造者;而教学者则秉承个体发展、能力发展的教学目标,关注概念化分析与决策的能力培养,强调解决问题的技能训练,成为创业教学中引导式教学和合作式教学的组织者和推动者。

表4-12　创业教学关键要素的转变

学习者角色	教学方法	教学重点	教师角色
创造知识 理论联系实践 协商式/讨论式学习	体验式/行动式学习 自主学习 反复练习 设置灵活 容错机制	个体发展 概念化问题 能力发展 解决问题	引导式教学 合作学习模式教学

资料来源:GIBB A, PRICE A. A Compendium of Pedagogies for Teaching Entrepreneurship[R]. Coventry: NCEE, 2014:19.

创业教学理念的变革推动了创业文化概念认知上的转变。英国国家创业教育委员会指出,创业应关注创业行为、创业技能、创业情商等特质的学习,对创业家生活方式的适应能力,对创业的价值观、创业行为、组织方式、认知方式、开展学习和交流事务等方式的理解,提升不同环境下创业行为管理、把握和实现创业机会、管理人际关系及对企业实施整体战略管理的能力。校园创业文化也呈现出主要以创业课程为核心的体验式文化育人路径和以创业项目为抓手的浸润式实践文化育人路径:一方面,通过理论讲授、自主学习、反思学习,建立创业意识、培养创业技能和提高创业洞察力,培养对创业的理解和热爱;另一方面,通过开展创业活动、体验活动、实践活动及孵化器空间、加速器支持等迭代方式实现体验式和浸润式学习,培养在校生的创业精神和创业文化(见图4-2)。

课程文化体验式路径

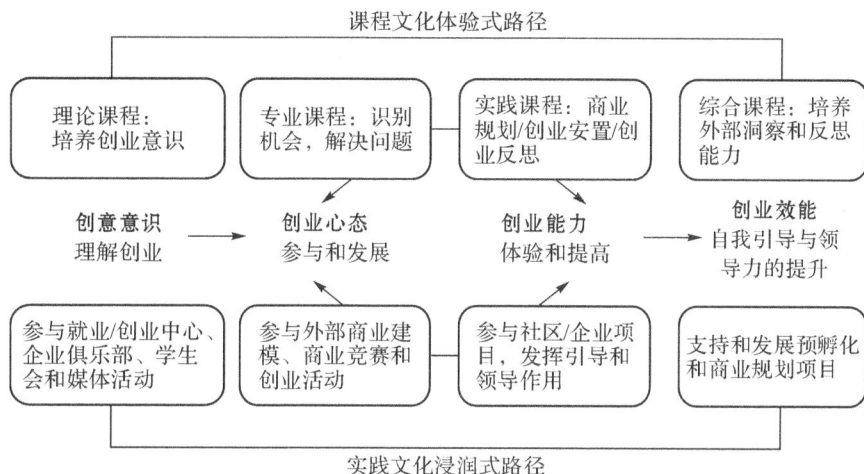

图 4-2　英国创业教育实施指导框架

资料来源：QAA. Enterprise and Entrepreneurship Education：Guidance for UK Higher Education Providers［R］. Gloucester：The Quality Assurance Agency for Higher education，2018：22。

二、课程培育创业文化植根的土壤

创业文化强调学习者在创业过程中的思考、组织、沟通和行动方面的能力，创业课程的开设是文化建设的具体体现：在教授营销投入、融资操作、控制管理等传统商业主题的同时，更多地强调商业计划的撰写、评估和实施，以此来推动和达到对创业概念的理解和领悟。总体上来说，英国创业型大学创业课程的设置体现了整体性、互补性、创新型、跨学科性和本土性的优势。

第一，强调创业课程覆盖面的整体性。创业课程在大学的设置覆盖全校所有专业各学历层次的学生，例如考文垂大学的创业课程体系，既有面向本科生选修的再建优势项目课程，也有集理论和实践于一体的创业学士课程，以及针对创业教育教师、服务和管理人员开设的创新创业教育硕士课程，形成从本科课程到硕士和博士课程，从学生到教师到管理人员的创业课程体系，体现创业课程设置的整体性特点。

第二，注重创业课程类型间的互补性。英国大学创业课程总体上可以概括为创业知识类课程、创业技能类课程和创业实践类课程。创业知识类课程注重帮助学习者理解和吸收现有创业理论、知识和资源以增强学习者对创业主题的认识，这类课程多采用传统的教学方法，如课本讲授和案例研究等；创业技能类课程强调对学习者创造力、创新力和反思能力的培养，通过在相关环境中具体创业目标的完成来提高学习者的创业洞察力和解决问题的能力，多采用体验式的学习方法；创业实践类课程注重培养学习者经验反思、理论借鉴和组织领导等高水平能力，教学主要通过风险创业、孵化器、加速器等互动形式开展。创业知识类课程和技能类课程是理论基础与实践检验的关系，理论指导实践，实践以理论为基础。创业实践类课程是这两类课程的拓展与延伸，往往成为课程学习与外部社会和企业互动交流的门户与纽带。三种类型的课程各具特点又互为补充，凸显创业学习各阶段的目标和特点，构成系统而有效的创业课程体系。

第三，突出 STEM 学科创业课程的创新性。"将创业学习和创业文化融入 STEM 学科教育"是英国创业型大学课程开设的特点之一[①]，依托大学科学、技术、工程和数学创业网络项目学校开设技术创业和成果商业化等创新课程，确保 STEM 学生接受高质量的创业教育，鼓励 STEM 学生的技术创新和成果商业化的能力，在创新技术从大学流向企业的过程中有效提升知识产权的利用率，从而加速英国高等教育的创新发展。例如，布鲁纳尔大学开设的知识交流与商业化研讨课程（Knowledge and Commercialisation Seminar）从知识成果商业化的角度，让大学研究人员客观地了解其研究的现实意义和社会影响。布鲁纳尔知识产权法/技术转移法政策解读课程主要讲授合同、资助和材料转让协议中的知识产权保护措施，实现研究人员知识财产利益最大化；萨里大学的技术创业模块课程（Technical Entrepreneurship Module）是由工程与物理科学学院计算机系开发的模块课程，该课程强调给予学生实践机会的互动练习、概念的应用练习和真实情景中的商业练习。

---

① NCEE. University Enterprise Network：Inspiring Enterprise in STEM[EB/OL]. (2013-08-01) [2017-05-08]. https://ncee.org.uk/up-ocntent/uploads/2018/01/210sq_brochure_FINAL_Email.pdf.

第四,创业课程嵌入专业课程的跨学科性。创业是集专业技能、就业能力、创新能力、知识转移和商业化能力于一体的跨学科专业,创业教育嵌入学科专业课程是培养创业心智和促进创业效能的路径之一。[①] 布里斯托大学开设了一系列跨学科和跨文化的课程,旨在培养学生创业和创业所需要的高水平技能,比如,为四年制本科生开设的人类学与创新课程、计算机科学与创新课程、电子电器工程与创新课程、历史与创新课程、音乐与创新课程及戏剧与创新课程等跨学科课程,旨在教授学生利用现有特定学科的知识应对未知挑战,通过跨学科单元课程的学习,专注于创新领导型的创业技能、创业设计和系统思考的训练,具备应用知识和技能解决现实问题和识别机会的能力。

第五,创业课程的本土化特征。英国创业课程的设置植根于英国传统和本土文化,注重课程开设和调整的延续性和整体性,强调教师的引导作用和辅导意义,对课程实施成效建立常态化的评估和问责机制,体现英国课程设计的真实性、可靠性、进取性、赋权性、统一性、参与性、辅助性和可控性的设计原则[②],也体现了英国创业课程和教学适应性与包容性的特点。英国大学的校园文化也呈现出课程的适应性、包容性与本土性,构成英国大学创业文化整体性、跨学科性、创新性、互补性和本土性的特征。

三、活动助推创业文化的辐射范围

英国的课外创业实践活动在遵循创业理论和自我效能理论的基础上开展和实施,在创业项目应用中促进了理论的反思、自我效能的发展和创业能力的提升。由于活动具有跨学科、跨校区、跨部门和跨区域的广泛性,因而是创业文化在横向上和广度上的拓展和延伸。

首先,创业活动实践过程中的结构化反思帮助学习者从经验中领悟学习的

---

① QAA. Enterprise and Entrepreneurship Education: Guidance for UK Higher Education Providers[R]. Gloucester: The Quality Assurance Agency for Higher education, 2012:6.

② DONALDSON G. Successful Futures: Independent Review of Curriculum and Assessment Arrangements in Wales[EB/OL]. (2015-02-01)[2017-06-03]. https://dera.ioe.ac.uk/22165/2/150225-successful-futures-en_Redacted.pdf.

价值，拓宽对个体资源的认识，培养学习者的自信，反思创业行为并形成个人的创业理论。个人的实践创业又反过来促进个性化创业理论的构建。

其次，有效利用体验式学习和社会实践式学习的活动形式能够促进个体价值、创业动机、目标设定和创业成就的实现，从这个层面来讲，创业实践提升了创业自我效能和创业能力，是创业文化价值体现的直接方式。

最后，创业活动有利于建立学习者参与的综合评估和认证机制，将评估作为学习者能力发展的一个学习阶段而非外部强加的要求[①]，促进建立创业学习评估与认证的进程。因此，课外创业实践项目是课堂学习内容的拓展和延伸，通过课外实践，学习者走出校园，参与创业孵化、商业活动、创业竞赛、社区项目和企业项目等多种外部创业实践，在课堂理论的指导下开展体验式学习，在实践中丰富创业的内涵，提升创业效能，从而促进课堂学习和课外活动的整合与互动。

以金斯顿大学和利兹大学为例，前者通过课外活动为教师和学生提供了体验创业活动、感受创业文化的平台，通过创新产业先进数码媒体技术项目、STEM＋其他学科的创业项目、创新云计算项目、企业家世界、智能医疗项目、APP与游戏开发创业项目等体验式学习，加深学习者对知识交流和成果转化活动的认识，提高了学习者的交际能力、沟通能力、谈判能力和实践能力，提升了创业实践的乐观与自信；后者除了为本科生和研究生提供创业模块课程、慕课形式的自主学习课程，还提供以创业网络、创业资金、创业导师和孵化空间为支撑体系的创业服务项目，支持将创业想法付诸实践。利兹大学的创业项目主要有大学就业中心开设的星火（Spark）项目、利兹大学创业研究中心（CEES）为博士生开设的创业学习场所项目及利兹商业计划大赛（Business Plan Competition）为学生提供的展示平台。创业项目为利兹大学的创业学习者和实践者在企业孵化和新建企业等创业活动中提供信息、经费和指导方面的支持，

---

① RAE D，CARSWELL M. Using a Life-story Approach in Researching EntrepReneurial Learning：The Development of a Conceptual Model and Its Implications in the Design of Learning Experiences[J]. Education＋Training，2000，42(4/5)：220-228.

实现从最初的创业想法到创业项目的成长和不断地超越自我。以星火项目为例,项目参与人数从 2014 年的 625 人增加至 2018 年的 1400 人,新创企业数从 2014 年的 33 个增至 2018 年的 73 个,截至 2018 年,共创建 65 个创业孵化器来提供商业孵化服务[1],拓展了创业文化从课程纵向的深度到活动横向的广度的范围。

第四节　机制要素

随着英国创新体系的建设和产业经济转型增速的迫切需求,大学知识创造、知识产出和知识应用被纳入创新体系的研究框架,大学的创业和社会服务成效也被纳入绩效的评估考核,这加速了英国创业型大学构建合理创业机制和良性创业生态的步伐。休斯和马丁(2012)从创新系统的角度指出,"对大学的研究成果投资产生的影响很大程度上取决于创新系统中其他参与者获取和利用研究知识成果的能力以及双方互为补充的投资力度"[2],大学知识和技术推动的创新驱动成为政府和学术界关注的焦点。他们认为,大学在知识经济中的主要功能之一是创新,以实现对自然现象和新技术的理解和发现。而企业的主要功能之一是将知识转化为经济上可行的创新。这需要对大学和外部合作伙伴之间的互动、交流和实施做出引导、规划、鼓励和评估,使大学的创业产出具有经济价值和社会价值,使大学的知识应用具有可操作性和现实性。因此,"政策

---

① University of Leeds. Student Enterprise Impact Report 2017/2018［EB/OL］. (2018-11-29)［2020-01-20］. http://cees. leeds. ac. uk/wp-contentuploads/2019/01/UOL1489_EnterpriseImpactReport_WEB-spreads. pdf.

② HUGHES A, MARTIN B. Enhancing Impact：The Value of Public Sector R&D［EB/OL］. (2012-08-30)［2018-12-20］. https://www. cbr. cam. ac. uk/fileadmin/user_upload/centre-for-business-research/downloads/special-reports/specialreport-enhancingimpact. pdf.

关注的焦点是如何明确和管理知识成果转化的利益方职能的发挥和利益的分配"[1],以增强大学知识获取、知识交流和知识利用创造经济价值的能力。本章通过对创业型大学知识交流转化机制、产学研合作机制、创新人才培养机制和区域项目实施机制的分析考察英国创业型大学机制要素的主要内容和特征。

一、知识交流转化机制

知识交流(knowledge exchange,KE)是将英国知识库中的知识、技术和技能进行转化以帮助提高企业竞争力和生产率的活动,通过将学术研究方向与企业核心目标相联系,利用知识产权为企业引入最新的技能和学术理念,依托知识伙伴关系项目的启动助力企业的创新和成长。通过知识交流途径开辟成果转化通道、拓展创收渠道、实现创新引擎、引领社会发展和推动国家战略的创业机制成为英国创业型大学发展模式的关键要素和重要特征。英国大学知识交流转化机制在其演变过程中形成的特征、类型和实施路径,对大学和区域的发展产生了至关重要的影响。

(一)知识交流的形成与演变

英国大学知识交流活动的起源可以追溯到第三渠道活动的开展和实施。英国自 20 世纪 80 年代中期开始,由于高等教育机构经费预算大幅削减,政府将鼓励大学开展外部创业活动作为减轻财政负担和实现大学自主创收的重要渠道。到 20 世纪 90 年代中期,英国政府实施"第三使命措施"(Third Mission Measure),呼吁大学加大创业活动的开展力度,扩大与工业界的联系和合作,提高大学知识交流和成果转化的能力,推动大学对经济社会的贡献,这些活动被广泛称为"第三渠道"活动[2]。自 1999 年起,英格兰高等教育基金委员会和教育

---

① HUGHES A, MARTIN B. Enhancing Impact: The Value of Public Sector R&D[EB/OL]. (2012-08-30) [2018-12-20]. https://www.cbr.cam.ac.uk/fileadmin/user_upload/centre-for-business-research/downloads/special-reports/specialreport-enhancingimpact.pdf.

② MEYER M, TANG P. Exploring the "Value" of Academic Patents: IP Management Practices in UK Universities and Their Implications for Third-Stream indicators[J]. Scientometrics, 2007,70(2): 415-440.

统计署采取多项种子基金和创业计划向大学给予第三渠道活动经费资助,这些项目包括高等教育创新基金、高等教育面向企业和社区计划(the Higher Education Reach-out to Business and the Community)、大学挑战计划与科学创业挑战计划(the University Challenge and Science Enterprise Challenge Schemes)。

2003 年,《兰伯特评论》重申了政府对大学创业的重视,提出由英格兰高等教育基金委员会和英国科学技术办公室对第三渠道活动提供以下五个方面的永久性资助:支持各类研究成果的转化;支持人力和技能资本的发展;促进大学学术机构与外部机构的互动联系;协助大学开发有形资产;支持大学与社区和社会的联系与互动[1]。第三渠道经费的拨款成为大学继教学和研究之外的第三个经费来源渠道,通过第三渠道活动激励大学的创业精神,培育创业种子发芽的文化土壤,同时"通过大学创业文化的培育促进高等教育创业和商业活动的开展,并确保这些大学创业活动有利于高等教育的利益和国家经济的发展"[2]成为对第三渠道活动资助的另一个重要原因,也成为助推知识交流活动蓬勃发展的关键因素。

2009 年,英国公共与企业经济顾问委员会(Public & Corporate Economic Consultants,PACEC)对第三渠道活动的内容和范畴做出概括和界定(见表 4-13),第三渠道活动的发展对大学来说代表着一种平行发展的新型创业范式,这种范式将促使大学更注重直接的价值创造和价值使用。同年,英国公共与企业经济顾问委员会再次发布《知识交流体系基础设施演变》(The Evolution of the Infrastructure of the Knowledge Exchange System)报告,试图加强英国高等教育、社会和产业经济之间的广泛合作,构建集研究成果转化、人力资本开发、创

---

① LEBEAU Y, BENNION A. Forms of Embeddedness and Discourses of Engagement: A Case Study of Universities in Their Local Environment [J]. Studies in Higher Education, 2014, 39(2): 278-293.

② CLOUGH S, BAGLEY C. UK Higher Education Institutions and the Third Stream Agenda[J]. Policy Futures in Education, 2012, 10(2): 178-190.

新网络构建及其公民与社区服务于一体的知识交流体系和框架[1]，该文件成为第三渠道活动纳入知识交流体系和知识交流框架的重要标志。

表4-13 英国大学第三渠道活动

活动类型	活动内容
课程实践类活动	有针对性地安排本科生和研究生的校外实习
	课程内学生实习项目或与外部机构合作的知识转移伙伴项目（KTP）
	与外部机构联合开发的课程
	个人短期或长期借调至外部机构任职
	接待来自外部机构的个人长期或短期访学
	任职外部机构咨询委员会成员
	提供继续教育职业发展课程（CPD）（包括通过课程招生或短期人员交流的培训形式）
研究创新类活动	由双方共同协议承担的合作研究项目
	由大学独自完成的合同研究项目
	咨询协议项目
	申请专利
	研究成果授权许可
	创办衍生公司
	创办咨询公司
	参与外部机构项目
	利用外部机构资助兴建基础设施（如实验室或校园建筑）
	外部机构原型设计和测试

---

[1] PACEC. Evaluation of the Effectiveness and Role of HEFCE/OSIThird Stream Funding [R]. Cambridge：PACEC，2009.

活动类型	活动内容
合作交流类活动	与外部机构合作出版
	参加大学与外部机构聚集会议
	举办大学与外部机构合作的会议
	参与标准化论坛
	参与有外部机构的网络组织
	为非高校的外部机构举办讲座或研讨
	提供非商业性质的非正式咨询建议
社区拓展类活动	为社区举办公开讲座
	为社区提供艺术展示活动
	为社区提供体育活动
	提供公共展览活动
	参与中小学活动

资料来源：PACEC. Evaluation of the Effectiveness and Role of HEFCE/OSI Third Stream Funding ［R］. Cambridge：PACEC，2009：36.

　　2017 年,英国公共与企业经济顾问委员会(PACEC)受英国高等教育基金委员会(HEFCE)委托颁布《英国大学知识交流现状调查报告》(The State of the English University Knowledge Exchange Landscape：Overview Report to HEFCE by RSM PACEC),对大学的知识交流战略和实施情况进行了评估,并对知识交流活动开展的支撑体系进行了分类(见图 4-3)。该报告指出,大学知识交流与成果转化是一个要素互通、多方联动的支撑体系,有赖于大学领导能力、策略制定、组织架构和创业文化等创业生态系统的构建,其中成果转化专业队伍和大学学术研究人员两个群体的能力建设是支撑体系的重要组成部分。一方面,大学需要通过实施课程培训、网络实践加强在专业教育课程、终身学习和合作课程方面管理人员队伍的建设,提高管理人员对成果转化项目的认识和运作的业务能力,同时要加大对大学科技园、创业孵化器和相关创业设施的投入力度;另一方面,以课程培训(工作坊/研讨会)、网络辅导和创业教育的形式加强对校内学术人员的能力建设,促进大学学术研究与知识成果转化相结合的创业活动,通过将大学内部产生的知识成果进行交换和转化,创造经济和社会价值。构建支持高等教育知识交流与成果转化的机制,强调研究、教学和社会服务活动的相互促进、大学创业生态各要素的高效配合、转化专业团队与学术研究团队的能力建设及实现大学与社会知识需求的有效交流。

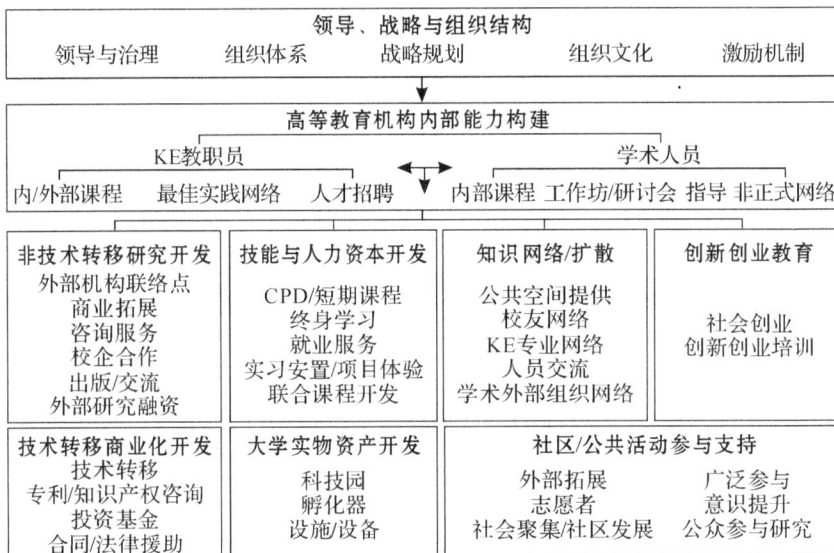

图 4-3　英国大学知识交流与成果转化支撑体系

资料来源:HEFCE. The State of the English University Knowledge Exchange Landscape:Overview Report to HEFCE by RAM PACEC [R]. London:RSM PACEC,2017:45.

2019 年,在构建英国知识交流支撑体系的基础上,英国研究委员会(Research England)开发和设计了知识交流框架(knowledge exchange framework,KEF),对大学知识交流和成果转化实施绩效评估。

(二)知识交流的类型与特征

剑桥大学乌尔里克森教授将大学知识交流的创业活动类型分为社区创业活动、商业化创业活动、解决问题的创业活动和公共空间(基于人的)创业活动[1]:在社区创业活动中,公开讲座和学校开展的创业活动是大学学术研究人员参与频度最高的创业活动,其次是举办展演和文艺演出。创办咨询公司、申请和授权专利及授权许可研究是大学学术人员参与商业化创业活动最常见的三种途径。相对来说,衍生公司的创办是学术研究人员参与度最低的创业活动;解决问题类型的创业活动形式较为广泛,包含了非正式顾问服务、合作出版、合同研究、企业合作等,这一类型的知识交流是学术研究人员主要参与的活动类型;公共空间创业活动主要是围绕"人"来开展的创业活动,主要形式有:参加学术会议、对外学术讲座、学术咨询顾问、专业教育课程、大学与地方的知识转移项目、举办会议、学生论坛等。

英国大学知识交流和成果转化的活动具有"围绕个人活动开展"的个体性特征、"商业性质"的市场化特征、"外部参与"的互动性特征和"覆盖广泛"的多样性特征,并且与大学教学和成果商业化过程中创业战略、知识交流机制、成果转化设施及大学声誉紧密联系,其中创办企业、专利授权许可、合同与合作研究等都被认为是促进经济增长和社会发展的直接手段。从这个意义上来说,知识交流活动与第三渠道活动产生高度的重叠和交集。以第三渠道活动为代表的创业活动在推进大学知识交流与成果转化的过程中,一方面丰富了学生学习体验,另一方面也有助于加强大学与产业、社会、私营部门和公共部门等外部机构的联系和互动,具备广泛的经济价值和社会价值。"第三渠道"推动知识创业的必要性和重要性已促使全球许多大学将第三渠道活动视为大学的"第三使命"(third mission)、"第三阶段活动"(third leg)、"延伸活动"(reach out)、"拓展活动"(outreach)、"创业活动"(enterprise)和"咨询活动"(consultancy)[2],从战略的意义上来说,大学知识交流活动已承担了第三渠道活动的职能和功能,成为英国创业型大学研究成果商业化和造福国民经济最直接的途径。

---

[1]　ULRICHSEN T C. Knowledge Exchange Performance and the Impact of HEIF in the English Higher Education Sector[R]. Bristol: HEFCE, 2014:20.

[2]　SMITH H L, WATERS R. Regional Synergies in Triple Helix Regions: The Case of Local Economic Development Policies in Oxfordshire, UK[J]. Industry and Higher Education, 2015,29(1):25-35.

（三）知识交流的实施路径

英国大学传统文化与创业文化的价值冲突和"使命困惑"（mission confusion)会导致第三渠道活动的开展成为"无舵之船"，这是知识交流创业机制中的一个现实问题①。为提升知识交流和成果转化能力，英国创业型大学采取了以下措施:

第一，提升认识、制定战略。大学的高层管理人员采取积极主动的姿态制定切实可行的发展策略，提高学术人员和教职人员对第三渠道活动必要性与重要性的认识、理解和认同，加强学术领域与第三渠道活动密切联系的有效途径是构建第三渠道活动反哺和助推教学活动的实践通道，通过实践通道提供最新的学习资源、提高学生的学习兴趣、创新创业和就业能力。出台相关的激励制度，建立对第三渠道活动的支持机制，避免成为学术的空谈场所。

第二，实施整合、有效管理。英国创业型大学第三渠道活动开展还存在经费不足和工作量分配与第三渠道活动之间冲突②的问题，具体而言，罗素集团的创业型大学学术人员存在学术研究和获取研究经费的压力，92后创业型大学的教职人员相对前者来说学术研究压力较小，但迫于大学缩减办学预算的困境，教学活动人员的工作量增加了。在缺乏足够研究经费和在国际卓越期刊发表论文压力的情况下，学术研究与第三渠道活动存在一定的冲突，在办学预算缩减的情况下教学活动与第三渠道也存在工作量分配的矛盾。在创业型大学内部整合教学、研究和创业三个渠道的资源，采用现实主义的分配制度来提升第三渠道的管理服务，实施有效的监管和评估，对资源分配实行合理的调整，控制人力资本的开销等来实现丰富第一渠道学生学习实践的机会、对第二渠道的研究方向起应用导向作用及扩大和增长第三渠道收入来源的目的。

第三，建立第三渠道职业路径。创业型大学在尝试建立正规的第三渠道职

---

① REINO A, JAAKSON K. Value Conflicts Embedded in Service-oriented Academic Professions [J]. Industry and Higher Education, 2014,27(1):15-25.

② WATSON D, HALL L, TAZZYMAN S. Trick or Treat: Academic Buy-in to Third Stream Activities[J]. Industry & Higher Education, 2016,30(2):155-167.

业发展路径,在大学内部打通从事第三渠道活动的学术人员和工作人员职业晋升、职称评聘、奖励制度和外部参与的职业通道,完善第三渠道人员职业体系。英国创业型大学通过上至副校长、下至团队领导的第三渠道活动发展策略路线,明确制定透明和高效的发展策略,考量第三渠道活动开展的优先顺序以实现第三渠道活动与教学和研究策略的有效衔接,制定切实可行的工作任务量化模型,创造积极主动的第三渠道活动机会,打通第三渠道职业发展路径,出台第三渠道职业发展规划,提升学术人员参与的积极性和自信心,有效促进创业型大学第三渠道活动的运行和发展(见图 4-4)[1]。

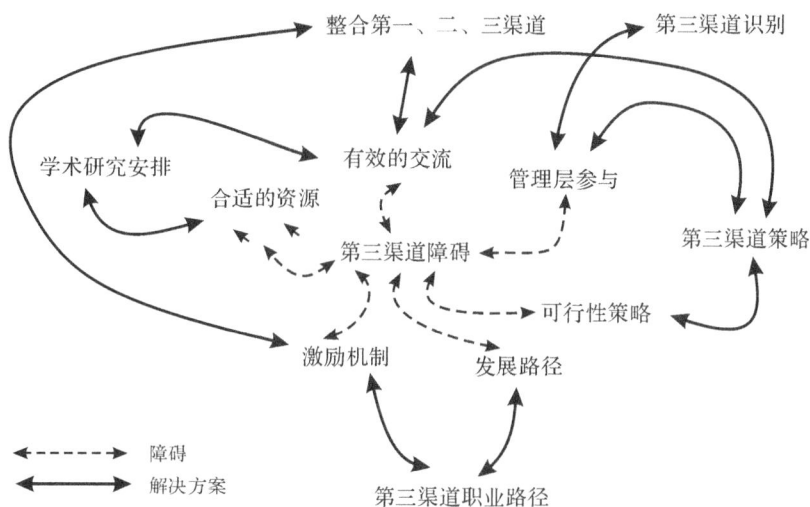

图 4-4 第三渠道活动发展策略路线

(四)知识交流的实施成效

1. 评价指标

英国高等教育基金委员会和英国研究与创新署是促进大学知识交流和成果转化的主体部门。创业型大学的知识交流和成果转化是建立在人才培养知识体系和科学研究知识体系基础之上的第三大知识体系。以学术导向、市场导

---

① WATSON D, HALL L, TAZZMAN S. Trick or Treat: Academic Buy-in to Third Stream Activities[J]. Industry & Higher Education, 2016,30(2):155-167.

向和问题导向为主的大学基础研究、应用研究和定制研究都服务于知识交流和成果转化的目的,通过直接创业溢出(大学衍生公司)、间接创业溢出(毕业生就业及创办公司)、非创业溢出(知识产权授权与许可)和非创业间接溢出(教学培训活动)等方式作用于地方的社会、经济、文化和福利等方面的发展[①],创造经济和社会价值,实现对经济和社会的影响和推动。

英国大学依据罗素集团提出的 SMART 原则对促进知识交流的第三渠道活动进行衡量,以评估大学知识创业活动实施的成效。SMART 原则总体来说是简易性(simple)、可衡量性(measurable)、可执行性(actionable)、相关性(relevant)、可靠性(reliable)与可重现性(reproducible)、适时性(timely)的整合,在 SMART 指标原则下设计的分析框架(见图 4-5),从能力开发与利用和活动两个方面衡量第三渠道活动实施的成效。能力(capabilities)是应用知识的能力和使用设施的能力的统一,具体表现为技术商业化、创业活动开展、咨询服务提供和设施租赁市场化等创业能力;活动(activities)涉及研究、教学和交流的活动,具体表现为合同和合作研究、学术人员流动,学生就业实习、学习活动、课程体系、社会网络和非学术知识扩散等与第三渠道活动相关的行为。

2.实施效果

英国高等教育商业和社区互动调查(HE-BCIS)报告数据显示,英国大学2010 年第三渠道的知识交流和成果转化收入共计 25.28 亿英镑,其中合同研究占总收入的 33%,其次是合作研究收益,占总收入的 22%,专业教育课程(CPD)和提供咨询服务的收益占比分别为 19% 和 12%,占比最少的第三渠道创业活动是知识产权收益,仅为 3%[②]。英国大学 2003—2004 年度至 2015—2016 年度 10 年的数据报告的动态收益趋势显示:合作研究、合同研究、专业教

---

① ULRICHSEN T. C, HUGHES A, MOORE B. Measuring University-Business Links in the United States[R]. Bristol: HEFCE, 2014:40.

② PACEC. Strengthening the Contribution of English Higher Education Institutions to the Innovation System: Knowledge Exchange and HEIF Funding[R]. Cambridge: PACEC, 2012:19. https://ec. europa. eu/futurium/en/system/files/ged/48-pacec-publiccoroporateeconomicconsultants _-_ km_exchange_and_heif_funding-_11-15-fullreport. pdf.

相关第三渠道活动

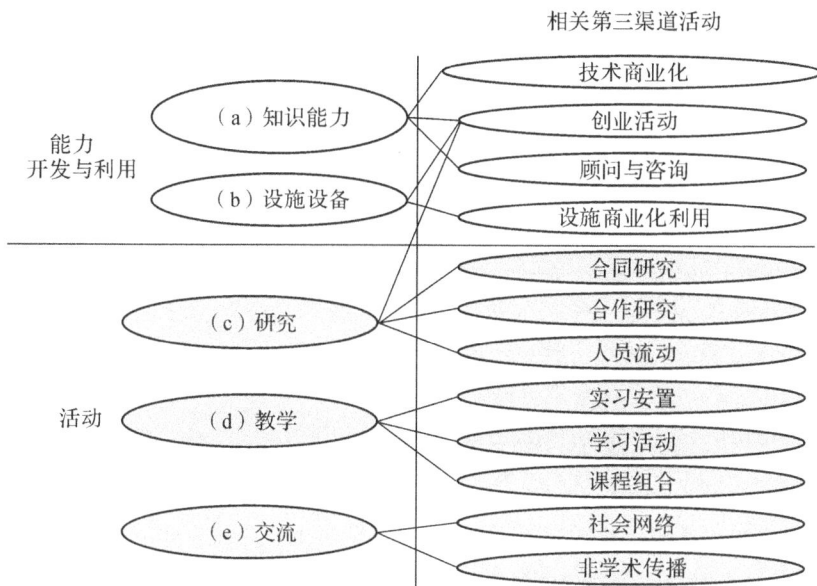

图 4-5　第三渠道活动指标分析概念

资料来源：GALLART J M，SALTER A，SCOTT P P A，DURAN X. Measuring Third Stream Activities，Final Report to the Russell Group of Universities［R］. SPRU，University of Sussex，Brighton，2002：21.

育课程活动的收益是第三渠道活动总收入的最大来源，知识产权和设备设施服务收益尽管占比较小，但呈现出逐年递增的态势（见图 4-6）。

　　从活动收益的来源部门看，第三渠道知识交流与成果转化收入主要来自大型企业、中小企业和第三方公共部门，其中最大的收入来源是大学与第三方公共部门机构的合作研究。来自大型企业和中小企业的收益也有持续增长，例如英国大学与大型企业非软件授权许可（non-software licensing）收入在 2015—2016 年间增长了 48%，金额达到近 1 亿英镑（见图 4-7），来自中小型企业的合同研究和咨询收益的增幅也分别达到 14% 和 13%[①]，这反映了英国的经济环境和高等教育对促进商业互动的重视。

---

　　① 　HEFCE. Higher Education-Business and Community Interaction Survey［EB/OL］. (2017-10-12) ［2018-12-16］. https：//webarchive. nationalarchives. gov. uk/20180319114650/http/www. hefce. ac. uk/pubs/year2017/201723/.

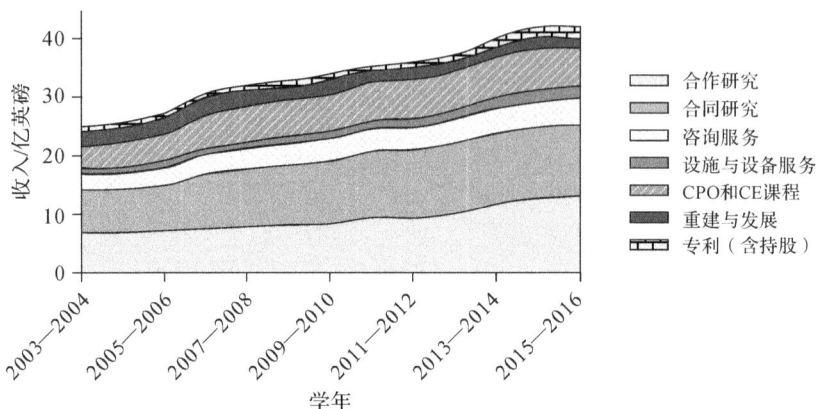

图 4-6 英国大学第三渠道/知识成果交流与转化收益趋势

资料来源:HEFCE. Higher Education-Business and Community Interaction Survey[EB/OL]. (2017-10-12) [2018-12-16]. https://webarchive. nationalarchives. gov. uk/20180319114650/http/www. hefce. ac. uk/pubs/year2017/201723/.

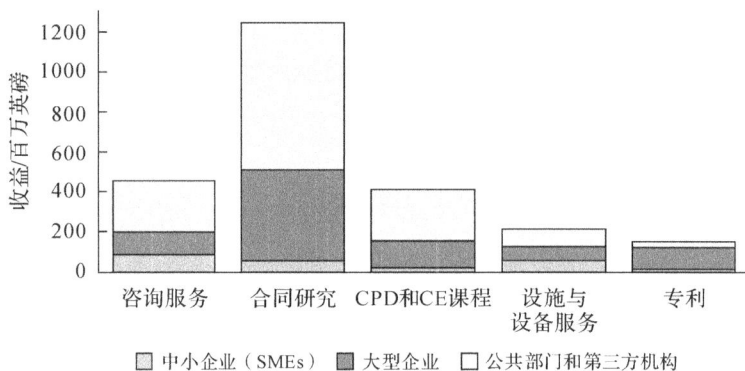

图 4-7 英国大学第三渠道/知识成果交流与转化收益来源情况

资料来源:HEFCE. Higher Education-Business and Community Interaction Survey[EB/OL]. (2017-10-12) [2018-12-16]. https://webarchive. nationalarchives. gov. uk/20180319114650/http/www. hefce. ac. uk/pubs/year2017/201723/.

从活动的类型来看,英国创业型大学第三渠道活动可以分为传统知识交流活动、大学衍生公司和知识产权(专利)收益三大类型,传统知识交流活动具体形式包括合作研究、合同研究、专业教育课程、咨询服务和设施租赁五项。丹尼尔·富勒等认为合同研究、合作研究、咨询活动、专业教育课程及设备/设施租赁等大学知识交流活动是"传统型"大学创业活动的常见形式,也是与创业型大学最为密切的一类创业活动,占大学创业活动一半以上的数量。①

第一,传统型知识交流活动实施成效。

根据高等教育商业和社区互动调查(HE-BCIS)数据,2016—2017 年英国 30 余所创业型大学与 36902 所中小型企业、其他商业机构、非商业机构和第三方公共部门等外部机构保持密切的传统型知识交流活动,累计实现共计 14.4 亿英镑的年度创收,其中开展合作研究活动成效显著的前五所创业型大学分别是剑桥大学、斯特拉斯克莱德大学、利兹大学、伦敦大学国王学院和牛津大学;合同研究开展程度最为活跃的是牛津大学、利兹大学、伦敦大学国王学院、剑桥大学和诺丁汉大学;开展咨询服务活动收益最高的是爱丁堡大学、中央兰开夏大学、安格利亚鲁斯金大学、剑桥大学和斯特拉斯克莱德大学;斯旺西大学、剑桥大学、伦敦大学国王学院、牛津大学和斯特拉斯克莱德大学成为开设专业教育课程数量最多的大学;在利用大学设施和设备进行的知识交流活动中,利兹大学、萨里大学、剑桥大学、拉夫堡大学和沃里克大学成为最为活跃的提供者,而苏格兰的爱丁堡大学和斯特拉斯克莱德大学则没有开展此项活动(见表4-14)。

表 4-14　英国(部分)创业型大学知识交流活动收益情况(2016—2017 年)

大学名称	合作研究	合同研究		咨询服务		专业教育课程	设备/设施服务		所在区域
	金额/万英镑	外部机构/个	金额/万英镑	外部机构/个	金额/万英镑	金额/万英镑	外部机构/个	金额/万英镑	
安格利亚鲁斯金大学	128.8	57	80.5	183	1573.6	1291.7	41	32.8	英格兰
阿斯顿大学	1087.5	211	309.0	36	60.1	177.7	6	53.6	英格兰
剑桥大学	8203.1	822	3382.5	601	1530.8	1946.0	971	941.9	英格兰
中央兰开夏大学	604.7	227	163.4	64	1574.7	972.9	342	51.7	英格兰
切斯特大学	41.2	28	49.6	193	59.9	383.9	118	215.7	英格兰
伦敦城市大学	353.6	42	154.9	519	328.2	582.8	27	4.7	英格兰

① FULLER D, BEYNON M, PICKERNELL D. Indexing Third Stream Activities in UK Universities: Exploring the Entrepreneurial/Enterprising University[J]. Studies in Higher Education, 2017(6):1-25.

续表

大学名称	合作研究 金额/万英镑	合同研究		咨询服务		专业教育课程	设备/设施服务		所在区域
		外部机构/个	金额/万英镑	外部机构/个	金额/万英镑	金额/万英镑	外部机构/个	金额/万英镑	
考文垂大学	2773.7	65	229.1	5725	401.0	958.4	206	217.3	英格兰
赫特福德大学	50.2	74	715.3	293	288.2	514.2	31	206.6	英格兰
伦敦大学国王学院	3281.0	1223	4696.5	74	324.5	1661.9	41	656.7	英格兰
金斯顿大学	488.7	33	29.1	27	16.4	156.4	42	5.0	英格兰
兰卡斯特大学	2308.3	442	884.0	319	327.6	221.8	1110	119.8	英格兰
利兹大学	3484.7	1185	5140.0	203	256.0	174.7	133	1776.9	英格兰
利物浦约翰摩尔斯大学	331.5	151	219.6	67	68.5	361.2	6	16.4	英格兰
伦敦南岸大学	248.9	49	57.7	25	33.8	429.6	95	127.3	英格兰
拉夫堡大学	2090.7	264	1103.7	244	432.1	250.4	237	891.7	英格兰
牛津大学	3239.7	2714	17574.4	678	702.3	1444.0	776	532.8	英格兰
沃里克大学	3238.0	646	2666.0	73	62.4	662.2	305	825.6	英格兰
林肯大学	397.9	198	257.2	74	57.4	976.6	240	62.6	英格兰
法尔茅斯大学	56.5	4	4.4	65	3.3	4.5	152	1.6	英格兰
索尔福德大学	316.1	123	167.8	1572	380.1	607.8	184	56.3	英格兰
南安普敦索伦特大学	31.2	2	4.2	78	58.9	889.7	19	19.5	英格兰
曼彻斯特城市大学	425.9	127	287.7	215	102.6	720.0	179	32.7	英格兰
哈德斯费尔德大学	412.0	64	128.5	232	179.6	60.2	53	31.5	英格兰
普利茅斯大学	128.1	108	295.6	436	338.5	64.5	284	219.7	英格兰
布鲁纳尔大学	869.0	66	154.7	238	36.7	83.5	21	215.8	英格兰
萨里大学	2087.2	292	849.8	125	209.3	213.7	383	1005.5	英格兰
诺丁汉大学	141.7	1223	3208.1	736	538.2	415.6	491	682.7	英格兰
贝尔法斯特女王大学	2345.3	750	2419.0	988	372.1	269.5	356	450.2	北爱尔兰
爱丁堡大学	1990.7	298	692.8	2491	2502.6	1394.9	0	0	苏格兰
斯特拉斯克莱德大学	4354.8	275	1230.7	416	1203.3	1421.0	0	0	苏格兰
阿伯丁大学	1990.7	488	1144.7	170	36.1	244.8	111	561.0	苏格兰
斯旺西大学	2278.5	166	354.8	206	281.9	1998.9	159	19.5	威尔士
总计	49779.9	12417	48655.0	17366.0	14340.7	21555.0	7119	10035.1	

资料来源：笔者根据英国高等教育统计局数据整理。

第二,大学衍生公司创业活动实施成效。

大学衍生公司和毕业生新建公司也是英国创业型大学知识交流活动实施的另一个重要渠道和表现形式,这类创业活动与大学开展的创业教育密切相关,且获得了大学从知识产权到创业设施等一系列的创业支持[①]。衍生公司有学术人员创办的衍生公司(staff spin-offs)、非大学所有的衍生公司(non-HEI-owned spin-offs)和毕业生新创衍生公司(graduate start-ups)之分,其中学术人员创办衍生公司指基于大学知识产权创建,但大学通过出售股份或知识产权的形式放弃拥有所有权的衍生公司。2010 年,高等教育商业和社区互动调查中144 所大学的样本数据显示:活跃型的学术人员衍生公司创办数量共 286 家,其中存活 3 年及以上的数量为 183 家。此外,非大学所有的衍生公司在 2010 年的创办数量为 1053 家,存活 3 年以上的数量为 140 家。在 2009—2010 年,共成立 2114 家毕业生新创公司,其中 1999 家新创公司存活期达到或超过 3 年,存活 3 年及以上时间的大学衍生公司总量为 2322 家,总营业额达到 13 亿英镑[②],衍生公司的创办、存活和活跃程度在一定程度上反映了大学创业活动的成效(见表4-15)。

表 4-15 英国大学创业公司类型及数量统计

	学术人员创办衍生公司	非大学所有衍生公司	毕业生新创公司
活跃的创业公司数量/家	286	1053	2114
存活 3 年及以上数量/家	183	140	1999
存活数与活跃数比值	0.64∶1	0.13∶1	0.95∶1

资料来源: FULLER D, PICKERNELL D. Identifying Groups of Entrepreneurial Activities at Universities [J]. International Journal of Entrepreneurial Behavior & Research, 2018,24(1):171-190.

---

① FULLER D, BEYNON M, PICKERNELL D. Indexing Third Stream Activities in UK Universities: Exploring the Entrepreneurial/Enterprising University[J]. Studies in Higher Education, 2017(6):1-25.

② HE-BCIS. The Higher Education Business and Community Interaction Survey[EB/OL]. (2010-04-05)[2018-12-30]. https://www.hesa.ac.uk/news/24-05-2011/business-and-community-interaction.

衍生公司类型的创业活动受大学研究经费和研究能力因素影响较大,研究能力强且研究资金充足的创业型大学衍生公司的创办活动明显更为活跃,因此罗素集团创业型大学在衍生公司创业活动的成效显著。除了罗素集团创业型大学,传统的老牌创业型大学依然显示出创办衍生公司的热情和实力,例如斯特莱斯克莱德大学、提赛德大学和兰卡斯特大学,在衍生公司的创办中也显示出巨大的潜力和实力。艺术类院校也逐渐显示出大学开展创业活动的兴趣和自信,成为大学衍生公司创业活动构成的重要力量(见表 4-16)。

表 4-16　英国大学衍生公司创办排名

创业公司类型	大学	排名
学术人员创办衍生公司	提赛德大学	1
	南安普敦大学	2
	剑桥大学	3
	斯旺西大学	4
	西英格兰大学(布里斯托)	5
	东伦敦大学	6
	爱丁堡大学	7
	斯特拉斯克莱德大学	8
	兰卡斯特大学	9
	苏三克斯大学	10
	斯特拉斯克莱德大学	5
	伦敦艺术大学	6
	谢菲尔德大学	7
	卡迪夫大学	8
	布里斯托大学	9
	纽卡斯尔大学	10
毕业生新创公司	中央兰开夏大学	1
	伦敦艺术学院	2
	英国创意艺术大学	3
	皇家艺术学院	4

创业公司类型	大学	排名
毕业生新创公司	贝德福特大学	5
	金斯顿大学	6
	牛津大学	7
	拉夫堡大学	8
	朴次茅斯大学	9
	诺丁汉特伦大学	10

资料来源：FULLER D，PICKERNELL D. Identifying Groups of Entrepreneurial Activities at Universities [J]. International Journal of Entrepreneurial Behavior & Research，2018，24(1)：171-190.

第三，知识产权(专利)创业活动实施成效。

乔希·勒纳等指出，知识产权对创新的影响是技术变革经济学中最为持久的实证性问题之一，产权专利也被普遍认为是衡量大学成果转化成效的一个重要指标[①]。大学知识产权(专利)的知识交流活动在经济发展中的积极作用自20世纪90年代中期以来得到不断认同和加强，英国政府认为专利法的修订可以鼓励企业，特别是中小企业通过更多专利的转化来提高生产力，新的知识产权政策可以增强和保持企业的竞争力，并逐步将专利(patents)、版权(copyrights)、注册(registration)、商标(trademark)纳入知识产权授权许可的范畴，成为促进大学与外部机构合作和产生经济价值与影响力的政策工具。

然而，专利类成果转化的知识交流活动极大地依赖大学科研质量和研究商业化的能力，就此类知识交流活动的开展情况而言，除了9所罗素集团的创业型大学及斯特拉斯克莱德大学、萨里大学和沃里克大学等老牌创业型大学年度收益超过百万英镑，多数创业型大学专利成果转化收益甚微，其中安格利亚鲁斯金大学、金斯顿大学、曼彻斯特城市大学、南安普敦索伦特大学、林肯大学和

① MEYER M，TANG P. Exploring the "Value" of Academic Patents：IP Management Practices in UK Universities and Their Implications for Third-Stream Indicators[J]. Scientometrics，2007，70(2)：415-440.

法尔茅斯大学等尚未开展专利类的成果转化活动（见表 4-17）。因此，在英国创业型大学三大类型的知识交流活动中呈现出以下特征：罗素集团的创业型大学及老牌的创业型大学在专利授权、成果转化和衍生公司领域的知识交流活动参与度较高，收益和经济回报也较大，创业成效最为显著；而非罗素集团的创业型大学的知识交流活动主要集中在咨询服务、设施租赁、专业教育课程开设和毕业生创业等传统领域，对大学衍生公司和知识产权创业活动领域参与度和成效收益的提高尚有待大学研究实力和商业化能力的积累和提升。

表 4-17　英国（部分）创业型大学成果转化（知识产权）收益情况（2016—2017 年）

大学名称	知识产权授权许可/项			知识产权收入/万英镑			
	非软件	软件	总计	软件授权收入	非软件授权收入	其他知识产权收入	总收入
剑桥大学	552	1987	2539	120.1	990	430.7	1540.8
贝尔法斯特女王大学	78	4	82	765.4	0	0	765.4
牛津大学	2044	152	2196	52.1	684.2	0.1	736.4
谢菲尔德大学	84	215	299	23.1	451.6	1.3	476.0
爱丁堡大学	210	104	314	19.5	248.6	26.1	294.2
卡迪夫大学	623	87	710	0.7	162.7	20.3	183.7
伦敦大学国王学院	135	8	143	0.1	171.3	6.5	177.9
东安格利亚大学	852	714	1566	37.4	123	0.1	160.5
拉夫堡大学	1014	4314	5328	105.5	27.2	11.6	144.3
利兹大学	85	41	126	26.1	27.2	33.8	87.1
诺丁汉大学	131	17	148	3.4	58.6	22.1	84.1
阿伯丁大学	10	1	11	0	83		83.0
萨里大学	21	22	43	3.9	47.8	12.5	64.2
斯特拉斯克莱德大学	27	7	34	2.6	38.6	1.2	42.4
伦敦城市大学	32	28	60	5.5	31.1	0	36.6
沃里克大学	87	24	111	1.4	12.5	1	14.9
中央兰开夏大学	7	23	30	3.7	6.3	0.7	10.7
普利茅斯大学	12	7	19	0	10.7		10.7

续表

大学名称	知识产权授权许可/项			知识产权收入/万英镑			
	非软件	软件	总计	软件授权收入	非软件授权收入	其他知识产权收入	总收入
兰卡斯特大学	30	11	41	2.7	7.8	0	10.5
索尔福德大学	11	29	40	2.8	0.5	4.7	8.0
赫特福德大学	0	31	31	2.3	5.1	0	7.4
阿斯顿大学	13	0	13	0.1	6.4	0	6.5
布鲁纳尔大学	1	0	1	0	2	3.5	5.5
斯旺西大学	31	0	31	0	4.8	0	4.8
考文垂大学	19	8	27	0	3.2	0.5	3.7
哈德斯费尔德大学	0	0	0	0	1.4	0	1.4
伦敦南岸大学	0	0	0	0	1	0	1.0
切斯特大学	0	0	0	0	0.1	0	0.1
利物浦约翰摩尔斯大学	0	0	0	0	0.1	0	0.1
安格利亚鲁斯金大学	0	0	0	0	0	0	0.0
金斯顿大学	1	0	1	0	0	0	0.0
曼彻斯特城市大学	1	0	1	0	0	0	0.0
南安普敦索伦特大学	0	0	0	0	0	0	0.0
林肯大学	4	0	4	0	0	0	0.0
法尔茅斯大学	0	0	0	0	0	0	0.0

资料来源：HESA. The Higher Education-Business and Community Interaction（HE-BCI）Survey［EB/OL］.（2018-06-08）［2020-01-30］. https://www. hesa. ac. uk/data-and-analysis/providers/business-community.

（五）知识交流的潜在影响

高等教育对区域经济的贡献可能被视为大学与区域多元互动中最受欢迎的领域,也是最具影响力和规范性话语(normative discourses)的主题①。大学参与区域的知识学习与创新发展构成三螺旋模型中经济增长的核心竞争力,成为全球知识创新网络的关键要素②。首先,创业型大学对区域的影响力取决于创业活动对大学财政与发展的影响和贡献;其次,大学通过研究型知识转移的溢出方式、高技能人力资源的溢出方式和促进经济增长的创业资本溢出方式对区域经济产生一定程度的影响。

1.知识交流活动对大学创业的影响

菲尔波特等将创业型大学的创业活动划分为接近创业模式的创业活动和接近传统模式的创业活动,并根据活动所具备的创业特征的程度由高自低分为创建科技园区、衍生公司、专利与授权、合同研究、产业培训课程、咨询服务、筹融资、出版学术成果和人才培养。③ 知识交流创业活动的实施与大学的财政收益和可持续发展有着密切的联系:科技园区通过园区设施和场地吸引高科技人才和创业公司,促进大学与产业的互动,形成集群优势,提升反哺大学研究的能力;衍生公司将技术创新直接从实验室转移至市场,在为社会提供就业的同时也为大学带来直接的财政贡献;专利与授权是建立衍生公司的基础;培训课程和咨询服务促进大学社会服务职能的履行,推动大学与产业和社会的联系;筹融资和学术出版为大学准备了可持续发展的经济资源和学术资源;毕业生创业为大学建立校友网络资源(见表4-18)。

---

① LEBEAU Y, BENNION A. Forms of Embeddedness and Discourses of Engagement: A Case Study of Universities in Their Local Environment [J]. Studies in Higher Education, 2014,39(2):278-293.

② WILLIAMS L, TURNER N, JONES A. Embedding Universities in Knowledge Cities: Ideopolis and Knowledge Economy Programme Paper[EB/OL]. (2008-12-01) [2019-01-25]. http://citeseerx. ist. psu. edu/viewdoc/download? doi=10. 1. 1. 546. 2195&rep=rep1&type=pdf.

③ PHILPOTT K, DOOLEY L, REILLY C O et al. The Entrepreneurial University: Examining the Underlying Academic Tensions[J]. Technovation, 2011(31):161-170.

表 4-18　大学创业活动影响力及贡献度

创业活动形式	对经济发展的影响	对财政收入的贡献
创建科技园区	通过园区基础设施吸引高技能人才和技术资源促进大学研究能力的提升 为新建企业提供支持 助力区域集群发展和区域就业	直接贡献:大学收取场地设施租金 间接贡献:通过促进大学与产业的联系,为教学和研究提供实践机会,增强大学专利许可和技术转让的潜力
衍生公司	将技术从实验室转移至市场 利用知识产权为区域创造就业机会	直接贡献:公司交易收入、最终出售收入或首次公开募股收入 间接贡献:大学持有部分股权
专利与授权	记录和保护大学对创造知识的贡献 允许有控制地将专利转让给合适的工业伙伴 利用专利的创新性获得竞争优势和财富	直接贡献:通过许可证交易和特许使用权产生收入 间接贡献:为创立衍生公司提供基础;展示大学科研成果,聚焦产业界关注
合同研究	通过解决实际问题提高企业绩效,促进产业发展 加强大学与产业更深层次的互动	直接贡献:联合研究产生的资助收入 间接贡献:与合同相关的间接资助(设备、人力资源、知识产权、工业材料等);提高大学研究能力
培训课程	提高国家和地区劳动力掌握新技术和技能的水平 确保区域产业通过增加内部技能保持竞争力	直接贡献:产业或政府为培训提供收入来源 间接贡献:扩大未来与产业界的创业活动机会

资料来源:PHILPOTT K, DOOLEY L, REILLY C O et al. The Entrepreneurial University:Examining the Underlying Academic Tensions[J]. Technovation,2011(31):161-170.

大学的知识交流活动带来大学财政收益的变化,促进大学的内部变革,推动大学的创新进程,拓展大学的职能和使命。

首先,知识交流活动推动大学担当创新引擎的步伐。大学的重大创业活动有利于经济的增长,反之,经济增长也可以推动大学创业活动的开展,因此创业活动被视为大学参与竞争程度、多样化发展及对经济增长影响力高低的衡量指标。作为人力资本、知识资本和创业资本提供者和参与者的大学,在开展创业活动中展示和传递的创业精神也成为促进竞争和多样性的一种渠道,这些创业精神在区域范围内对人口流动、经济文化、基础设施、社会教育等若干方面产生了不同程度的影响,并随之在区域生产力、竞争力、区域网络、区域特征和区域创新方面得以反馈,在循环往复中形成的创业文化和生态环境推动大学在三螺旋的互动中成为经济增长的创新引擎。

其次,知识交流活动促进大学的组织文化变革。创业活动能够为大学带来多样化的公共收入,增强大学的经济自主权。[①] 但是与此同时,为了适应创业活动的拓展,大学不断采取提高知识交流专业化程度的举措,将成果转化资源进行整合以实现组织文化的变革,来适应与外部社会互动时所需要的灵活应变的反应机制。组织文化变革的目的在于最大限度和最高效率地解读政府政策,利用资源配置激励内部文化、设置学科构成及发挥学术人员的学术能力和创业能力,这些要素和机制的运行直接关系到知识交流和成果转化的互动性、整体性和有效性。因此,尽管知识交流和成果转化活动在英国高校和学科间存在形式上的多样化和发展程度上的不平衡等问题,但是当知识交流活动的价值在大学机构层面得以内化和认同时,第三渠道活动就会被纳入大学的核心议程,在以外部的需求为成功关键指标的推动下成为创业型大学组织文化变革的驱动因素[②]。

最后,知识交流活动是大学教学与研究职能的拓展和补充。创业活动不仅是大学与产业界紧密联系和实施外部拓展的媒介与载体,更是大学教学活动和研究职能的补充和延伸,对大学的教学和研究起到填补空白的应用型导向作

---

① LEBEAU Y, BENNION A. Forms of Embeddedness and Discourses of Engagement:A Case Study of Universities in Their Local Environment[J]. Studies in Higher Education,2014,39(2):278-293.

② HATAKENAKA S. Development of Third Stream Activity:Lessons from International Experience[R]. Oxford:Higher Education Policy Institute,2006:17.

用①。大学的教学研究和创业的三大使命在某种程度上是相互依存、互为补充的。具体而言,研究成果的开发(第三渠道活动要素)取决于创新研究的质量(第二渠道活动要素),研究活动的表现受益于教学活动的质量(第一渠道活动要素),高质量的创新研究又会对教学质量产生积极的影响。因此创业活动对大学人才培养和学科建制的发展提出现实的拷问和要求,倒逼大学思索和回应教学与研究、知识创造与知识应用过程中的现实需求和实际挑战。

2. 知识交流活动对区域发展的影响

当知识密集型行业成为就业市场的重要组成部分时,基于知识的创新和服务便成为就业增长的主要来源,这是创业型大学对区域经济发展产生影响的根源之一。创业型大学通过教学活动产出的人力资本、研究活动产出的知识资本和创业活动产出的创业资本对区域经济产生重要影响(见图4-8)。

第一,人力资本影响。卢卡斯认为,人力资本是一种生产要素,是通过受教育和培训获得知识、能力和技能的存量②。教学活动是大学的基础和重要功能,大学教育和培养的毕业生构成劳动力市场求职者和创业者的人力资本。创业型大学通过培养、吸引和储存人才实现对人力资本的产出,人力资本的输出及其对劳动力市场的作用是创业型大学对区域经济产生影响的途径之一。

第二,知识资本影响。研究活动是大学教学活动之外的又一项核心使命,在创新环境和创业经济的背景下,大学的研究被赋予新知识生产、新知识商业化和知识成果转化的职能。在知识和技术成为促进经济增长因素的背景下,创业型大学吸引和储存科研人才,并通过科研成果进行商业化等投资方式是创业型大学影响区域发展的途径之二。

第三,创业资本影响。与传统大学不同的是,创业型大学的作用不仅仅是产生和传递知识,创业型大学还是促成创业思维、创业行动和创业机构等创业

---

① HATAKENAKA S. Development of Third Stream Activity: Lessons from International Experience[R]. Oxford: Higher Education Policy Institute, 2006:10.

② LUCAS R E. On the Mechanics of Economic Development[J]. Journal of Monetary Economics, 1988(22):3-42.

资本产生、组织和领导的发源地。① 知识交流活动在创业型大学的组织下作为创业资本溢出成为创业型经济是创业型大学影响区域经济的途径之三。

在产业需求和全球竞争的推动下,更多的大学响应工业和经济发展的需求,与外部产业开启了直接互动的联系与合作,变得更具有创业精神和创新潜力。大学更多地倡导新的管理文化、拓展获取新资源的能力和构建更有活力的大学氛围,经历和见证大学文化在价值观念、行动规范和风俗行为上对大学行为方式的转变②,并通过人力资本、知识资本和创业资本的溢出,发挥更重要的区域影响力(见图 4-8)。不同类型和层次的创业型大学往往会以不同的形式对区域经济产生不同程度的影响。例如罗素集团创业型大学高研究值的新创企业和衍生公司是创业资本对区域影响最直接的表现形式,这类创业活动集体体现了区域集群的伙伴关系和区域发展的具体需求。而非罗素集团创业型大学对区域影响最大的创业资本则是咨询服务、CPD 课程、设施租赁等低研究值知识交流活动,对区域影响呈现出间接的表现形式。

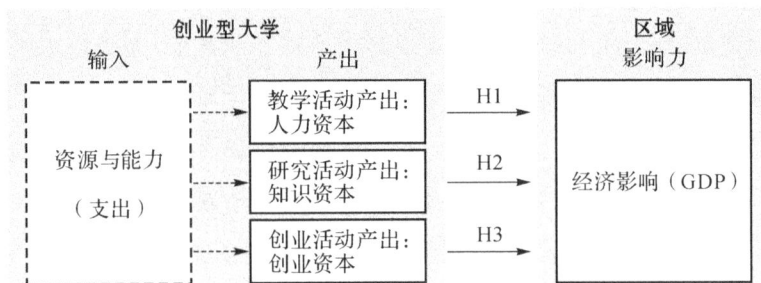

图 4-8 英国创业型大学对区域经济的影响

资料来源:GUERRERO M, CUNNINGHAM J A, URBANO D. Economic Impact of Entrepreneurial Universities' Activities: An Exploratory Study of the United Kingdom[J]. Research Policy, 2015(44):748-764.

总体来说,英国创业型大学的知识交流转化机制是建立在人才培养知识体

---

① AUDRETSCH D B. From the Entrepreneurial University to the University for the Entrepreneurial Society[J]. Journal of Technology Transfer, 2012,39(3): 313-321.

② CLOUGH S, BAGLEY C A. UK Higher Education Institutions and the Third Stream Agenda[J]. Policy Futures in Education, 2012,10(2):178-190.

系和科学研究知识体系基础之上的,大学的基础研究、应用研究和定制研究都服务于知识交流和成果转化的目的。大学通过第三渠道活动的实施与外部机构进行个人层面、社区层面、市场层面和区域层面的包括技术转移形式在内的联合出版、会议、课程、咨询、合作研究、合同研究、授权研究、专利申请、衍生公司、艺术展出、公共讲座等多种形式的知识交流和成果转化,开展多学科和跨学科交叉研究及在创新研究基础之上的知识交流活动,推动与外部机构旨在互动合作、解决问题、服务社区等以知识产权为代表的成果转化活动。大学通过直接创业溢出(大学衍生公司)、间接创业溢出(毕业生就业及创办公司)、非创业溢出(知识产权授权与许可)和非创业间接溢出(教学培训等传统型知识交流)等途径作用于地方的社会、经济、文化和福利等方面的发展[1],创造经济和社会价值,实现对经济和社会的创新。英国创业型大学在通过第三渠道活动的开展实现持续而互利的知识交流和成果转化的同时,与其他行业领域保持密切的联系[2],在整个经济创新过程中发挥越来越重要的作用。大学在与外部互动的过程中也推动了政府—大学—产业"三螺旋"的运作,促进了创业型大学财政独立、组织文化变革、反哺教学研究等可持续发展的创业生态体系的构建。

二、产学研合作机制

世界经济论坛全球竞争力报告显示,英国产学研合作能力和创新能力排名分别为全球第四位和第十位[3],这在一定程度上反映了英国企业在研究合作和创新能力上的显著优势,也为英国创业型大学的产学研创新交流奠定了良好的基础。

首先,产业为学术发展提供人力资本、物质资本和组织资本等要素支持。

① ULRICHSEN T C, HUGHES A, MOORE B. Measuring University-Business Links in the United States[R]. Bristol: HEFCE, 2014:40.

② FULLER D, PICKERNELL D. Identifying Groups of Entrepreneurial Activities at Universities [J]. International Journal of Entrepreneurial Behavior & Research, 2018, 24(1): 171-190.

③ SCHWAB K. The Global Competitiveness Report[R]. (2015-05-25)[2020-03-29]. http://www3.weforum.org/docs/WEF_GlobalCompetitivenessReport_2014-15.pdf.

人力资本是指由产业、大学和政府的企业家、科学家、教师、研究生和本科生聚集的人才网络;物质资本是指获取资金和工作空间的能力;组织资本是具有整合和利用人力资源、物质资源的研究中心和孵化器设施。[1] 产业界的人力、物质和组织为创业型大学合作研究、成果转化、人才培养、职业培训提供实验场所、实践基地和技术支持;反之,大学凭借世界领先的学术研究优势为产业提供宝贵的专业知识、创造源泉和前沿性的研究储备等资源,形成企业和大学互动合作的基础条件和主要内容。2017 年,英国大学与产业中心(The National Centre for Universities and Business,NCUB)统计数据显示,英国产业为大学研究生以上学历的毕业生提供了 74% 的就业和学习岗位,为大学知识交流活动带来 9.54 亿英镑收入,为大学授权许可的成果转化活动贡献 1.017 亿英镑(见表4-19)[2]。

表 4-19 英国产业支持大学创新创业的开展情况(2014—2017 年平均值)

创新创业项目	英格兰	北爱尔兰	苏格兰	威尔士
大学从产业界获得的知识交流活动(非授权许可)的收入占比/%	38.20	28.60	51	27.80
大学从产业界获得成果转化(授权许可)的收入/万英镑	8330	860	750	160
大学与大型企业合作项目数/项	19426	574	4044	1115
大学与大型企业合作收入/(英镑/项)	27010	13115	20570	10674
大学与中小企业合作项目数/项	62705	1419	12698	1277
大学与中小企业合作收入/(英镑/项)	2561	3221	1951	4498
大学与企业组建衍生公司数量/项	698	53	178	94
产业创新部门提供毕业生岗位就业率/%	38.10	42.50	38.10	33.40

其次,知识型产业具备的市场因素和组织因素是推动合作创新的充分条

---

① 亨利·埃兹科维茨. 国家创新模式:大学、产业、政府"三螺旋"创新战略[M]. 周彦春,译. 北京:东方出版社,2014:87.

② COWAN S. State of the Relationship Report 2019[EB/OL]. (2019-09-30)[2020-11-25]. http://www.ncub.co.uk/images/reports/State-of-the-Relationship-Report-2019.pdf.

件,大型和高科技产业不仅具有获取市场资源、政府资助项目、实验空间、孵化场所和创业设施等市场优势,也具备创建研究中心、创业孵化组织和产业集群等组织优势。高科技创新公司和国际大型企业在与大学的合作研究中成为大学研究职能的拓展部门,将大学的研究延伸到具体产业、现实领域和交叉行业中,引导大学以问题为导向和以应用为导向研究的实质性突破,同时为研究成果提供创业孵化、转化和应用的商业化和市场化空间。知识型产业的支持无疑是创业型大学战略伙伴关系的落地和促使三螺旋创新主体互动成为现实的又一个关键的机制要素。

再次,跨国企业的加盟极大地促进了创业型大学高端和大型应用研究成果的转化。例如,葛兰素史克、劳斯莱斯、辉瑞制药、阿里斯康制药、空中客车制造公司、英国宇航系统公司、诺华制药公司、联合利华、微软公司、西门子、泰雷兹集团、拜耳公司、罗氏制药、IBM等国际大企业与英国大学开展了成效显著的合作研究(见图 4-10),这些总部位于英国之外的国际大型企业不仅为合作研究提供实践场地和行业设施,同时还带来了可观的海外投资和国际化研究的优势:其中葛兰素史克与英国 30 所大学开展了 150 多项研究实验,合作领域主要集中在生物制药、国防军工、信息产业和制造业;IBM 公司也通过与爱丁堡大学开展 HIV 病毒疫苗研制、利用先进的计算网格技术与牛津大学合作乳腺癌早期筛查、为南安普敦大学"智能分散式能源感知系统"项目提供研究的场所和实践基地及为阿伯丁大学原子力显微镜(AFM 技术的海洋化合物分子结构)研究项目提供合作支持[①],实现了跨国企业与大学的多样化合作,推进世界前沿创新研究。此外,波音公司、空中客车制造公司、英国宇航系统公司和劳斯莱斯等企业协助和推动了谢菲尔德大学成立先进制造研究中心(AMRC),将"曾经后工业的荒废之地转变为全球创新和研究中心"[②],变为航空航天和汽车关键环节研究

---

① IBM UK's University Relations Programme—A Partnership to Remember[EB/OL]. [2020-11-25]. https://www.ibm.com/ibm/history/ibm100/uk/en/stories/university_relations.html.

② COWAN S. State of the Relationship Report 2018[R]. London: The National Centre for Universities and Business, 2018:47.

与开发的全球基地①,成为英国制造业复兴的一个典范。产业对学术的推动和贡献为学术研究人员提供了高质量的案例研究材料,增强了学术界对行业的理解,对学术界应用型导向的研究开展产生重要的影响。

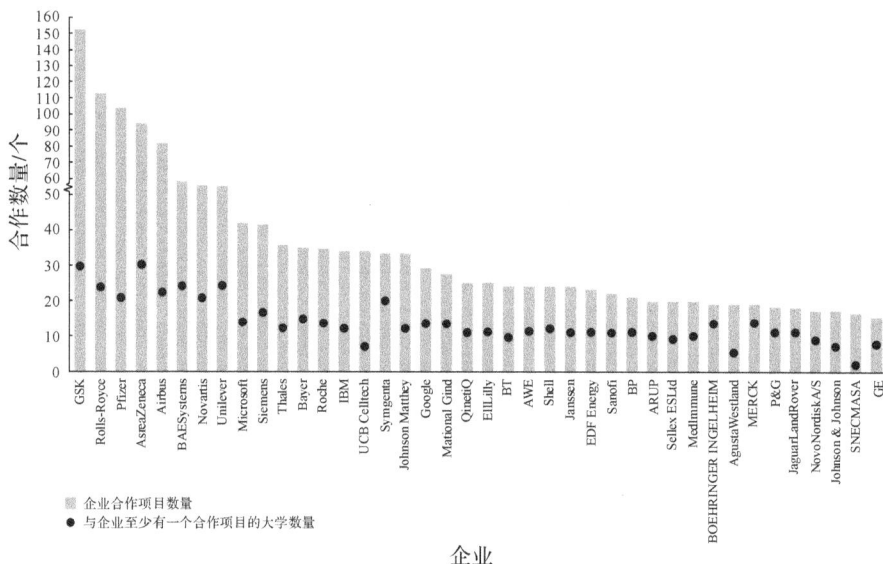

图 4-9　英国校企合作研究产业支持情况

资料来源:The Dowling Review of Business-University Research Collaborations,2015:21.

三、创新人才培养机制

大学是创造人力资本的发源地,产业是人力资本溢出的流向地。产业、地方和大学之间开展的创新合作和创业实践为大学的人才培养搭建了创新的平台和实践的场所,构建了具有英国创业型大学特色的人才培养机制。一方面,产业助力学术界的合作研究和高层次人才的联合培养,推动大学创新研发和成果转化;另一方面,产业依托政府平台与大学共建的成果转化项目,为大学在校生、研究生和毕业生提供科研交流、实习安置、工作就业和职业培训等活动,推动大学的创业发展。

---

① Advanced Manufacturing Research Centre [EB/OL]. [2020-11-25]. https://www. amrc. co. uk/pages/about.

（一）校企联合促进创新人才培养

产业的行业优势和技术优势为大学高层次创新人才培养提供了合作的空间，为拥有较强理论和实践技能、高水平创新能力、创造力和解决复杂问题能力的优秀人才提供了学习机会。

首先，产业联合项目资助大学研究。劳斯莱斯、联合利华和西门子公司在科学与工程学科领域推动诺丁汉大学"创新网络"项目的建设，该项目资助大学范围内创新团队的研究课题，同时培养掌握实际商业经验的博士研究生，"创新网络"为企业"打开通往大学和为大学服务的大门"①。

其次，校企联合培养创新人才。从 2012 年起，葛兰素史克就与斯特拉斯克莱德大学通过联合培养项目，每年为化学学科的研究生提供奖学金，并帮助学生在葛兰素史克完成学术型博士学位。2019 年葛兰素史克与斯特拉斯克莱德大学继续增设合成有机化学专业的联合培养名额，该项目招收具备化学学科硕士学历背景的申请者，学生在 3～5 年的学习期间内在斯特拉斯克莱德大学进行 3～6 个月的课程学习，其余时间在葛兰素史克斯蒂夫尼奇研究所接受化学领域学者和行业资深科学家的共同指导和监督。② 葛兰素史克与斯特拉斯克莱德大学的硕士生和博士生联合培养项目和未来领导人培训项目为学习者提供学术和行业前沿知识和实践经验，这是一种学术和产业联合培育创新研究人才的双赢模式（见表 4-20）。

---

① COWAN S. State of the Relationship Report 2018［R］. London：The National Centre for Universities and Business，2018：37.

② GSK. The GSK-University of Strathclyde Collaborative PhD Programme-Studentship in Synthetic Organic Chemistry［EB/OL］. ［2020-11-21］. https://uk. gsk. com/en-gb/careers/graduates/the-gsk-university-of-strathclyde-collaborative-phd-programme/.

表 4-20　葛兰素史克支持大学人才培养项目

项目名称	项目内容	参加对象
工业实习项目 (industrial placement)	为本科生提供为期一年的实习安置	在校本科生
暑期实习项目 (summer placements)	为本科生提供 10～12 周的实习安置	毕业生
Esprit 商业/财务/研发项目 (esprit commercial, finance and R&D programmes)	面向具有商业、金融、数据分析和医疗研究背景的优秀研究生的培训项目,培养全球性医疗保健商业管理领域的专业人才和未来领导者	研究生
研发博士后全球培训项目 (R&D postdoctoral global training programme)	从事行业前沿研究,培养高水平创新和创造能力	在校研究生
L7 生物信息科学家硕士生联合培养项目 (L7 bioinformatics scientist masters training programme)	为学徒制计划毕业生提供硕士学位课程学习及先进医疗保健企业的实践经验	毕业生
葛兰素史克—斯特拉斯克莱德博士生联合培养项目 (GSK-strachclyde collaborative PhD programme)	为化学学科研究生提供奖学金并支持其同时在斯蒂夫尼奇(Stevenage)药物研究中心和斯特拉斯克莱德大学完成学术型博士学位	毕业生
都柏林三一学院博士生联合培养项目 (trinity college dublin collaborative PhD programme)	依托葛兰素史克免疫学网络的专业技术和实验室设施,联合学术界免疫学家开设免疫学领域的学术型博士培训计划	毕业生

资料来源:笔者根据葛兰素史克门户网站资料整理，https://uk.gsk.com/en-gb/。

再次,产业学会合作提供奖学金计划。来自大学和非营利研究机构的学术研究人员或博士后依托英国皇家学会(Royal Society)的行业奖学金计划,在生物科学、医学、化学、工程、数学、物理等自然科学领域的相关行业中开展的借调挂职[①]也是产业界和学术界利用资源共享和互动培养创新人才的重要途径。例

---

① Royal Society Short Industry Fellowships[EB/OL]. (2021-03-02)[2021-04-15]. https://royalsociety. org/-/media/grants/schemes/Short-Industry-Fellowships-scheme-notes. pdf.

如,阿斯利康制药集团在格拉斯哥大学感染、免疫和哺乳动物研究所内建立了"格拉斯哥探索营"项目,用于资助教师和博士研究生在大学与企业间开展双向的借调活动,为学术—产业伙伴关系建立开放型专业知识的共享机制[①]。葛兰素史克也通过医学科学研究院为借调到该企业研发中心从事合作研发的临床研究人员或临床医生提供指导[②]。英国石油公司(BP)资助 2200 万英镑用于在剑桥大学成立英国石油多相流研究所(BP Institute for Multiphase Flow),支持研究所的学术人员开展研究活动,并鼓励研究人员将 20% 的工作时间用于石油公司的办公场所[③],以推动新技术的开发利用及学术人员和企业人员的密切交流。

最后,校企人才流动提供交流平台。产业与大学通过短期或长期的人员借调项目,推动了产业人士和学术研究人员在人力资源上的双向流动,加强了基础研究与工业应用的密切联系,在满足大学基础研究兴趣的同时,也影响了基础研究导向的确立和研究成果在现实世界的应用,正如剑桥大学伍兹教授所言:"如果我们幸运的话,还能有不可预见的奇迹产生。"

(二)职业培训促进创业人才培育

创业能力框架认为,创业技能的掌握不仅是学习和吸收某一类工作或研究领域相关事实、原理、理论和实践等知识的结果,也是学习者在外部伙伴的参与和设计中对学习与现实世界相关性的理解、提出想法、明确创意并转化为行动的一种经验和技能,更是运用这些知识和技能完成任务和解决问题的能力,是一种逻辑的、直觉的和创造性思维应用的认知能力和实践操作能力[④]。创业实践技能是创业人才必须具备的能力要素之一,也是个体竞争力和国家竞争力的

---

① GLAZgo Discovery Centre[EB/OL].（2021-12-01）[2021-12-30]. http://www. glazgodiscoverycentre. co. uk/aboutus/thecentre/.

② Academy of Medical Sciences Mentoring Scheme[EB/OL].（2021-03-02）[2021-04-15]. https://acmedsci. ac. uk/grants-and-schemes/mentoring-and-other-schemes/mentoring-programme.

③ About the BP Institute[EB/OL].（2021-03-02）[2021-04-15]. http://www. bpi. cam. ac. uk/.

④ EUROPEAN COMMISSION. EntreComp:The Entrepreneurship Competence Framework[R]. Luxembourg:POEU,2016.

体现。大学依托产业的支持为本科生和研究生提供行业技能培训的平台,为学生的职业生涯提供实习安置的机会,加强毕业生的产业实践体验和对职业规划的深入了解,成为英国产业对创业型大学人才培养机制的又一重要支持方式。

产业提供的职业培训主要是为大学在校生或毕业生提供职业培训项目和实习安置项目,为行业从业人员提供职业课程和资格培训。葛兰素史克就为英国大学本科生提供为期一年的工业实习项目[①],为毕业生提供暑期实习安置项目[②],为具有商业、金融、数据分析和医疗研究背景的优秀研究生提供商业/财务/研发项目的培训项目[③];通过高级学徒制培训项目和预注册药剂师培训项目,为中学后毕业生开设财务、健康与安全、人力资源数字、业务系统分析、工程与制造业专业等学徒课程和资格证书培训课程,为大学毕业生开设药品委员会监管下的药剂师注册评估就业培训。[④] 此外,伦敦南岸大学在联合利华、利德尔[⑤]、伦敦运输集团(TfL)和当地萨瑟克社区的经费资助和合作支持下成立帕斯摩尔中心,为英国高等学徒制课程、职业技术课程和专业教育课程提供教学和培训的服务与支持。[⑥]

四、区域项目实施机制

依托地方项目拓展大学创业渠道是创业型大学区域项目实施机制的传统做法。知识转移伙伴项目和催化项目都是英国创业型大学实施校地共建和区域合作的重要途径。

首先是英国研究与创新协会的资助催化项目每年为英国经济发展创造约

---

① GSK. Industrial Placements[EB/OL]. [2020-12-21]. https://uk. gsk. com/en-gb/careers/under graduates/industrial-placements/.

② GSK. Undergraduates[EB/OL]. [2020-12-21]. https://uk. gsk. com/en-gb/careers/undergrad uates/.

③ GSK. Development Programmes for Postgraduates Who Want to Make a Valuable Difference [EB/OL]. [2020-12-21]. https://uk. gsk. com/en-gb/careers/postgraduates/.

④ GSK. Careers[EB/OL]. [2020-12-21]. https://uk. gsk. com/en-gb/careers/.

⑤ 利德尔是德国施瓦茨集团旗下的零售企业。——笔者注

⑥ COWAN S. State of the Relationship Report 2019 [R]. London: The National Centre for Universities and Business,2019:88.

500 亿英镑的产值①,对创业型大学的建设和英国工业产能提升起到重要的推动作用。例如惠普等三家科技企业通过催化项目与爱丁堡大学、布里斯托大学和莱斯特大学启动 Arm 高性能计算装置的计划,推动区域经济的数字化进程,为地方产业战略和生产力增长驱动提供保障,增强了学术界在产业环境中探索复杂问题和实现产能增值的信心②。

　　另一个校地合作的区域项目是由英国创新署资助的知识转移伙伴项目。知识转移伙伴项目前身是 1975 年由科学与教育研究委员会和工业贸易部共同建立的教学公司计划(Teaching Company Scheme,TCS),2003 年被知识转移伙伴项目所取代,旨在促进企业与学术机构的合作和推动地方创新,是英国创新生态系统中运行时间最长的项目之一,被广泛认为是一种有价值的成果转化机制。项目运行双方的大学负责为项目和企业提供毕业生资源,并在项目期间每年委派学者履行 25 个工作日的项目支持和监督职责。项目运行的部分成本、教师酬劳、毕业生和员工工资均由企业承担。据统计,每个知识转移伙伴项目的运行成本费用平均约为每年 6 万英镑,英国大型企业每年资助额为 5.5 万英镑,约占项目成本的一半以上,中小企业每年约贡献 3.5 万英镑,约占项目成本的 1/3③。截至 2014 年,英国 81％的中小企业都参与了知识转移伙伴项目的建设④。

　　区域合作项目历时长、范围广、成效显著。从地方层面看,区域项目合作促进了地方经济效益的提升。英国创新署对项目实施的评估报告显示:知识转移伙伴项目营业额从 2001—2002 年度的 42 亿英镑增加至 2011—2012 年度的 46

---

　　① EPSRC Announces Further £14 Million to Keep UK Catalysis Hub Sparking[EB/OL]. (2018-10-08)[2020-12-22]. https://epsrc. ukri. org/newsevents/news/ukcatalysishub/.

　　② Academia and Industry Collaborate to Drive UK Supercomputer Adoption[EB/OL]. (2018-04-16)[2020-12-25]. https://www. hpe. com/us/en/newsroom/press-release/2018/04/academia-and-industry-collaborate-to-drive-uk-supercomputer-adoption. html.

　　③ Innovate UK:Knowledge Transfer Partnerships[EB/OL]. (2022-02-01)[2022-10-25]. http://ktp. innovateuk. org EPSRC announces further £14 million to keep UK Catalysis Hub sparking.

　　④ Knowledge Transfer Partnerships:What They are and How to Apply[EB/OL]. (2022-02-01)[2022-10-25]. https://www. gov. uk/guidance/knowledge-transfer-partnerships-what-they-are-and-how-to-apply.

亿英镑,总附加值从 16 亿英镑增长到 18 亿英镑,为区域提供就业岗位从 5530 个扩增到 6090 个[①];从产业层面来看,位于英国生命科学产业金三角中心赫特福德郡的 330 家医药和生命科学中小企业通过参与赫特福德科学伙伴项目(Hertfordshire Science Partnership, HSP)和赫特福德知识交流伙伴项目(Hertfordshire Knowledge Exchange Partnership, HKEP)大幅推进了研究人员在项目设计和药物筛选过程中的步伐,缩短了项目吸引商业伙伴的过程,极大地推动了创新研制药物投入生产和市场开发的进程;从大学层面来看,区域合作项目使大学的学科建设在项目共建和知识交流的过程中不断向有利于惠及地方和产业发展的方向做出调整,真正实现服务社会的使命和职责。

第五节　本章小结

在经济全球化的今天,创业型大学"驾驭核心、学术心脏、多元渠道、发展外围和创业文化"的内涵已逐步拓展为"知识创新的孵化器"[②]、"竞争力、经济增长和财富创造的关键所在"[③]。大学为了应对"不确定性的挑战"和"服务社会、引领社会"的大学使命,需要在其行动、方向、结构、教学、研究和服务方面赋予企业家的精神,需要构建自身内部战略要素、组织要素、文化要素和机制要素的协同运作,构成英国创业型大学发展模式的基准和框架。

战略要素是大学发展的目标和动力,也是大学使命、愿景和价值观的体现。与传统大学不同的是,创业型大学高举创新创业和服务社会的旗帜,在使命和

① RCL. Knowledge Transfer Partnerships Strategic Review: A Report by Rgeneris Consulting [EB/OL]. (2013-01-02)[2020-12-25]. https://webarchive. nationalarchives. gov. uk/20130102180151/ http://www. innovateuk. org/_assets/pdf/corporate-publications/ktp%20strategic%20review%20feb% 202010. pdf.

② ETZKOWITZ H. Research Groups as "quasi-firms": The Invention of the Entrepreneurial University[J]. Research Policy, 2003(32): 109-121.

③ PUGH R, LAMINE W, JACK S et al. The Entrepreneurial University and the Region: What Role for Entrepreneurship Departments? [J]. European Planning Studies, 2018,26(9):1835-1855.

愿景中强调"以社会为中心"。在战略制定中,以责任和绩效为标杆;在策略规划中,突出知识信息的重要性,强化大学外部边界的融合性和渗透性,增强大学向外拓展的外向性,力争居于国家和社会创新生态系统的"中枢"地位的进步性,将立足于区域经济社会发展的"创新引擎"作为大学的发展目标和最终归宿。

组织要素是大学整合资源实施战略目标的中坚力量。创业型大学与传统大学在组织结构和运作上有着功能和职能上的差异,为了实现创业型大学教学、研究和创业并行的使命,履行其创新引擎的社会责任,创业型大学除了设置传统的学术机构和行政机构,还通过跨学科中心打造知识创新的源泉,用以解决社会重大复杂问题;设立创业中心实施创新创业教育,培育大学创业文化;创建科技园等边界组织加强学校与地方和产业的合作,拓展大学的外围空间,促进大学的知识创新和转化。

文化要素是创业型大学创业思维、创业能力和创业精神体现的关键要素,也是一所大学创业灵魂之所在。大学创业文化的建设关键在于唤醒大学师生员工在创业观念上的群体自觉性,引导创业者在行为上的方向性。因此大学的创业文化培育更多的是通过显性的创业课程学习、创业实践活动形成创业文化的价值观,通过隐性的对创业理念的共鸣和对创业制度的认同形成创业文化的使命感。大学师生的创业课程、创业实践和创业项目是提升师生创业能力、增强创业自信的直接途径,创业者的创业观念、创业情怀和创业精神是创业文化孕育成效的显现,是深化创业认识和根植创业文化的核心要素。大学师生在创业理念、创业价值、创业使命和创业战略等内化认知的外显反映对创业型大学的发展起着推动、夯实和激励的作用。

机制要素是系统中要素间相互作用的行为,更是一个系统的工程。因此基于创业型大学知识资本化的内生逻辑推动大学多价知识的生产、实践和应用显得尤为重要。英国创业型大学将知识交流、产学研发、人才培养和区域合作纳入创业生态系统的关键机制要素,作为创业型大学完成"第三使命"的润滑剂和加速器,推动知识创造服务于区域社会的发展的步伐,加强产学研合作与人才培养的频率和质量,激励前沿知识的合作产出和实际应用,完成创业型大学多价知识在学术创新链和市场产业链之间的耦合①,实现从学术场域的知识创造到市场语境下的资本转化。可以说,机制要素的高效运作是创业型大学与传统大学最根本的区别之一。

总之,在面对知识经济带来的高等教育创新变革时,英国创业型大学在战略要素、组织要素、文化要素和机制要素上的共性与个性规律的结合形成了创业型大学的发展模式,其要素间的运作形式体现了创新时代下现代高等教育对大学职能、大学使命和大学理念的解读和重构,反映了彰显企业家精神的发展路径,形成一种大学独特而稳定的创业逻辑。

---

① 吴伟,翁默斯,王雪洁. 国际化带动产学研合作的创业型大学案例分析[J]. 高校教育管理,2015(9),4:18-23.

第五章　英国创业型大学发展模式的分析及比较

　　熊彼特"创造性破坏"的论断是社会和环境不断创新和变革所带来的复杂性和不确定性的反应,创业精神、创业动机和创业行为是这种动态的高水平环境变化和需求下的必然结果,创业在高等教育制度演变和组织变革中的作用也日渐凸显。在全球化和高等教育大众化的冲击下,大学面临来自提升毕业生就业能力、转变就业理念、获取知识渠道多元化等的挑战和压力,大学亟须转变传统的组织模式,将知识的应用和创新作为提升大学竞争力的核心要素。这需要转变大学知识创造和生产的方式:从传统的以个人兴趣为导向的基础研究范式向以社会需求为导向的具有公共价值意义的应用研究范式转变;从各自独立的知识创造向跨学科、国际化、网络化的合作型知识创造的转变;从计划体制下研究经费预算驱动的发展向市场机制下创新创业驱动发展的转变。大学研究范式、知识生产模式和发展驱动方式的转变都是大学从传统理念下的确定性走向知识经济的不确定性的具体表现[1]。大学需要转型和变革来应对上述不确定性的挑战[2],需要拓展与外部机构的互动促进自身变革[3],形成适合实际发展情况的创业模式,这需要在大学使命、战略变革、组织机构、文化培育和知识转化等

---

[1]　GIBB A, HASKINS G, ROBERTSON I. Leading the Entrepreneurial University: Meeting the Entrepreneurial Development Needs of Higher Education Institutions[R]. Coventry: NCEE, 2009:6.

[2]　GIBB A. Towards the Entrepreneurial University: Entrepreneurship Education as A Lever for Change[R]. Birmingham: NCGE, 2005:24.

[3]　GIBB A, HASKINS G, ROBERTSON I. Leading the Entrepreneurial University: Meeting the Entrepreneurial Development Needs of Higher Education Institutions[R]. Coventry: NCEE, 2012:14.

多重战略目标上达成协同效应①,需要在加强以科学技术为基础的创业学科发展的同时关注和平衡人文社会学科技能对经济发展的重要性,消除创业学科的分歧根源②,形成符合大学发展的创业模式。

英国创业型大学发展模式的形成一方面来自外部国家战略对大学服务产业战略的推动,对大学开展创业活动经费的支持及英国产业机构和社会组织对创业型大学转型的呼应;另一方面来自大学内部使命与战略的调整、组织和文化的变革、体制与机制创新等三股合力共同作用于英国创业型大学的转型与发展。本书选取考文垂大学、伦敦大学国王学院和剑桥大学作为英国创业型大学发展模式的分析案例。考文垂大学是由多科技术学院升级之后的 92 后应用型大学,伦敦大学国王学院是罗素集团的研究型大学,剑桥大学是少数几所世界精英型大学之一,这三所创业型大学分别代表英国三个类别和层次的高等教育机构。本书力图在创业型大学理论模型和要素分析的基础上,提炼和构建英国具有代表性和典型性的大学创业发展模式(见图 5-1)。

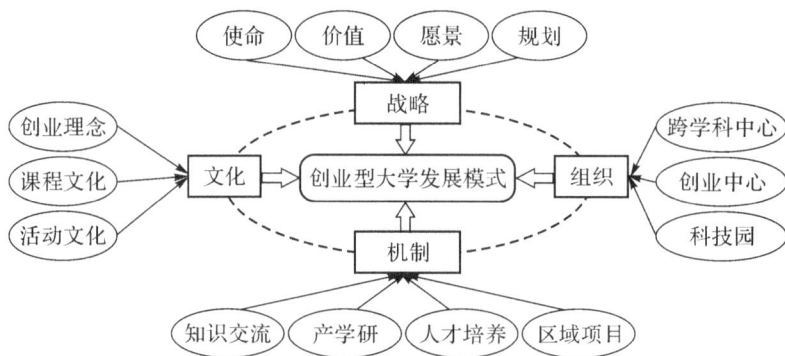

图 5-1 英国创业型大学发展模式要素构成

---

① GIBB A. Exploring the Synergistic Potential in Entrepreneurial University Development: Towards the Building of a Strategic Framework [R]. Coventry: NCEE, 2012:13.

② PHILPOTT K, DOOLEY L, REILLY C O et al. The Entrepreneurial University: Examining the Underlying Academic Tensions[J]. Technovation, 2011(31):161-170.

第一节　要素整合型模式分析：以考文垂大学为例

　　要素整合型发展模式是传统创业型大学的典型范式，通过组织变革加强学校管理核心的驾驭能力，高效地推动创业资源的整合、创业制度的集权和创业文化的构建。组织要素在战略要素的规划下统筹和整合文化要素与机制要素共同服务于创业型大学的使命，体现创业型大学的愿景和价值观。由于这一类的创业型大学多由多科技术学院或 92 后应用型大学转型而来，具有"因需求而生"的办学传统和历史渊源，普遍强调服务于地方社会发展的职业人才培养理念和依托地方产业优势满足地方产业需求的创业导向。这类大学在与社会互动的知识交流中还表现为单一型以拓展创收渠道为主的机制特征，由于研究实力薄弱，大学在机制要素的运行中多以咨询服务、设施租赁和 CPD 课程开设为主开展传统知识交流活动，过于依赖由欧盟组织、地方政府部门和非政府机构提供的合作项目作为成果转化开展的主要平台（见图 5-2）。本章以考文垂大学为案例，梳理和分析要素整合型大学的创业发展模式。

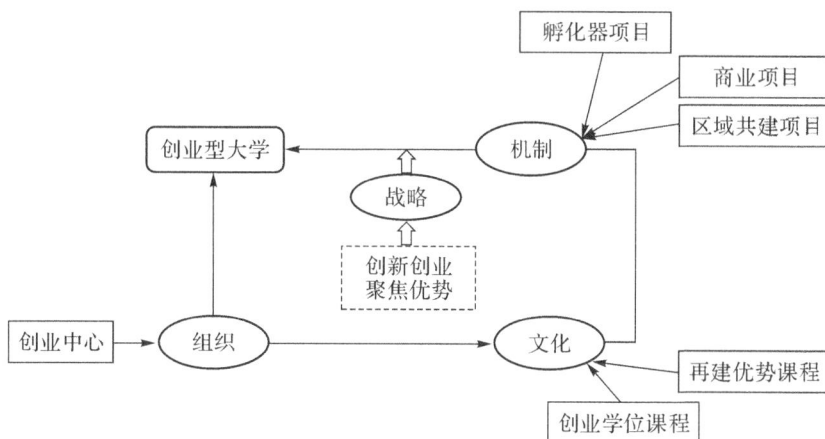

图 5-2　要素整合型创业型大学发展模式互动机制

一、聚焦大学优势的战略导向

英国考文垂大学是全球传统创业型大学的代表,该校分别于 2008 年、2010 年和 2011 年入选英国创业教育中心和泰晤士高等教育联合评选的"创业型大学年度"提名,并获得 2011 年"创业型大学年度奖"。大学的前身可以追溯到 1843 年的考文垂设计学院,1852 年改为考文垂艺术学院,到 1902 年改为市立艺术学院,最终形成了 1954 年的艺术学院。1970 年,艺术学院与兰卡斯特理工学院和橄榄球学院合并,并以当地著名的汽车工业先驱弗雷德里克·兰卡斯特博士的名字命名,成立兰卡斯特理工学院。1987 年,兰卡斯特理工学院更名为考文垂多科技术学院,根据 1992 年法案,考文垂多科技术学院升级为考文垂大学。

考文垂大学秉承传统,将"以创造和创新的形式与科学和艺术的结合"作为治校的根本出发点,在此基础上形成"统一思想、凝聚共识,研判形势,明确方向,确立目标,布局重点,促进发展,实现跨越"[①]的指导思想,依据战略思维谋划全局、重点和长远的行动,实现大学的愿景和使命。

考文垂大学自 2010 年以来致力于持续不断地转型,加强与合作方的伙伴关系和财务运作的处理,旨在促进大学的创业精神、体现高效敏捷的"考文垂式"发展特点:以持续发展为计、以伙伴关系为重、以创业精神为本,致力于成为教育界与商界认可的领导力量[②]。在现任副校长约翰·莱瑟姆(John Latham)明确提出大学"进行开创性研究的唯一的方法是让我们的团队活动更加商业化"及"为英国及其他地区的可持续社会经济发展做出积极贡献"的战略目标[③]

---

① 别敦荣. 大学战略规划的若干基本问题[J]. 河北师范大学学报,2020,22(1):1-11.

② CU. 2021 Corporate Strategy: Creating Better Futures [EB/OL]. (2021-05-20)[2021-08-23]. https://www. coventry. ac. uk/globalassets/media/global/09-about-us/who-we-are/corporate-strategy-2021. pdf.

③ ICTE. International Centre for Transformational Entrepreneurship Annual Review 2016/2017 [EB/OL]. (2017-01-11)[2018-09-12]. https://www. coventry. ac. uk/globalassets/media/global/04-business-section-assets/institutes/itce/icte-annual-report-20172. pdf.

后,创业创新被纳入大学发展战略规划重点统筹布局:首先,明确与企业开展战略合作,开发职业继续教育课程,加大咨询服务、职业学习项目、知识交流和技术转移等活动及通过社会企业项目培育创业精神的战略举措;其次,加强教学研究与就业能力的结合,促进就业能力与社区服务活动的融合,将创新创业融入大学的教育教学,并将这一理念贯穿至大学的整个科学研究、国际化发展和社会服务领域;最后,创新创业的战略规划覆盖考文垂大学、考文垂大学伦敦校区、考文垂斯卡伯勒校区、考文垂在线网络和考文垂高等制造与工程学院,具有全校性统筹的特点(见表 5-1)。

表 5-1　考文垂大学发展战略

战略规划	战略目标	战略举措
教育教学	提供高质量教学体验,体现卓越教育的核心价值	研究促进教学:灵活的学习模式,混合在线学习,体验真实世界; 创新创业融入教学:加强技术创新的研究与就业能力和社区服务活动的融合; 促进多元文化与国际交往:提供参与多元文化和国际化活动的环境; 加强社区贡献与责任
科学研究	通过高质量的研究获得超越学术的经济、社会和文化效益	研究促进教学; 建立研究中心,充实包括研究设施与研究人员在内的大学科研中心的研究力量; 建立研究人员的职业发展和晋升通道; 与世界一流研究机构建立合作,鼓励研究收入来源多样化
创业创新	致力于成为"创新、进取的创业型大学"	与地方和全国范围内企业开展战略合作,向大中小型企业提供支持; 加大有针对性的在线或短期职业继续教育课程的开设力度; 加大咨询服务、职业学习发展项目及其他知识交流和技术转移类创业活动; 支持新创企业和"社会企业"项目的发展,将创业精神和社会企业纳入教育和就业能力提升计划

续表

战略规划	战略目标	战略举措
国际化	保持全球业界参与程度、国际教育质量和国际研究合作的领先地位	扩大国际招生,推出海外学生课程,提升国际学生服务质量; 建立多层级海外办事处开展全球业务,建立海外高质量合作伙伴关系,加大包括合资企业在内的海外创业活动; 制订教职员流动计划,发展教职员国际化的能力; 提升大学国际化研究、排名和学术声誉
社会服务	让社区更多的人受惠于所提供的教育支持、福利支持和创业支持	制定企业社会责任框架; 推行企业社会责任活动计划,让大学师生在参与活动中获得技能和知识; 以社区为中心搭建符合社区需求、目标和价值的活动平台和组织架构; 确保社会责任框架的持久性、广泛性、一致性、适应性和相关性,给予足够的社区重视

资料来源:CU. 2021 Corporate Strategy:Creating Better Futures [EB/OL]. (2021-05-20)[2021-08-23]. https://www. coventry. ac. uk/globalassets/media/global/09-about-us/who-we-are/corporate-strategy-2021. pdf.

二、整合创业资源的组织机构

考文垂大学实行副校长负责下的扁平化管理体制,以创业中心为核心,将全校创业师资、创业设施和创业资源整合为一体,将创业人才培养和知识交流纳入全校性创业组织框架实施统筹治理,将优势资源集中用于大学战略规划的重点领域,有效解决经费掣肘、资源短缺、利益诉求多元、师资流动性强等问题和挑战。由副校长直接管理的创业中心有助于整合全校的教学、师资和研究的力量,加强统筹考文垂集团和考文垂伦敦企业等创业组织的商业化资源和服务资源,协调创业孵化器和知识转移伙伴等校地企区域合作项目。

考文垂大学创业中心是考文垂大学整合资源和统筹运作创业活动的组织机构,是构建考文垂创业机制的驾驭核心。创业中心起源于 2008 年创建的应用创业研究所(Institute of Applied Entrepreneurship,IAE),其最初是考文垂集团下属子公司之一。研究所秉承促进第三渠道创收、拓展地方创业活动及为学生提供创业支持的职能,开展以支持学生创业和参与地方经济活动为主的运行模式,这也是根据考文垂大学缺乏坚实的研究条件和知名专家、从应用型大学定位的实际状况出发而制定的发展战略和目标①所决定的创业路径。2015年8月1日,创业研究所转型成为一个更集中和独立的国际创业中心(International Center for Transformational Entrepreneurship,ICTE),创业中心职能和功能的重新定位导致了战略目标的显著变化:一方面侧重于提供教学和研究活动的目标规划,另一方面是将创业活动和创业培训视为大学发展战略的重要组成部分(见表5-2)。

表5-2　考文垂大学创业中心五年规划

项目	具体规划
01	通过国际的、协作的和多学科的研究来鼓励和支持创业管理,明确研究涉及的企业目标、过程和结果
02	为学生提供就业创业方面的技能
03	加强研究,改进教学
04	促进创业与创新的融合
05	中心的定位应是大学主流学生就业支持的主要部分,包括就业经费的资助
06	鼓励学生创业和参与商业化活动

资料来源:MAAS G,JONES P,REASON L L. Centres for Entrepreneurship at a Cross Road—Quo Vadis[C]. 38th Glasgow:Institute for Small Business and Entrepreneurship Conference,2015:1-15.

依托创业中心实施的创业资源整合和配置在全校各部门之间建立起一种强有力的战略联系,有助于创业机制的运作,也有利于促进大学的知识交流,推动地方社会经济的增长。在创业中心主导下大学创业发展的核心是促进个人创业、组织创业和创业文化的全面发展,而这些需要通过知识、创新和研究给予支撑和巩固,也需要得到经费、网络、策略建议和硬件设施等要素的支持,只有

---

① MAAS G,JONES P,LOCKYER J. Position Paper:International Centre for Transformational Entrepreneurship[EB/OL]. (2016-02-24)[2018-09-12]. https://www. coventry. ac. uk/Global04%20Business%20section%20/assets/Institutes/ITCE/Position/%20paper%20ICTE%202016%20v4. pdf.

最终实现了各要素的互动和协调发展,才能实现可持续的成功进而推动社会经济的增长。图 5-3 展示了考文垂大学在以创业中心(ICTE)为核心整合学术资源、教学资源、人力资源、创业资源,加强驾驭能力实施创业教学、创业活动、创业研究实现个人发展、创业孵化、创办企业甚至促进社会经济可持续发展的整体过程。[①]

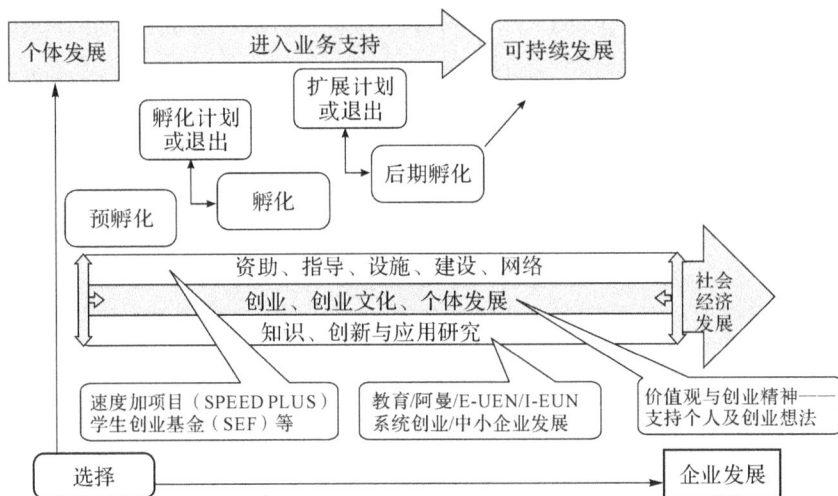

图 5-3 考文垂大学创业中心(ICTE)运行模式

资料来源:MAAS G, JONES P. Entrepreneurship Centres:Global Perspectives on Their Contributions to Higher Education Institutions [M]. London:Palgrave Macmillan,2017:24,有改动。

整合型创业中心这一凌驾于其他组织的机构设置有助于大学自上而下地推动文化要素和机制要素的执行和运作,弥补教学型大学研究实力薄弱、经费资源短缺、创业资源有限等弱势,成为地方应用型大学寻求自身突破的现实考量和最优选择,考文垂集权式的资源整合型创业模式无疑具备整体性、灵活性和能动性等优势,助力大学借助创业的路径实现高等教育竞争的弯道超车。

① MAAS G,JONES P. Entrepreneurship Centres:Global Perspectives on Their Contributions to Higher Education Institutions [M]. London:Palgrave Macmillan,2017:26.

三、覆盖全校范围的学习型文化

创业中心是考文垂大学实施创业文化建设的重要抓手。在创业中心的统筹运作下开展创业教学和研究,形成以课程为抓手培育创业文化的实施路径,呈现出自主与统筹兼顾、师资培育与学生培训齐抓、个体学习与部门参与并举、学位课程与能力课程双轨开设的特点。

(一)创业学位课程

考文垂大学通过创业中心(ICTE)整合资源和统筹运作,采用再建优势项目(ADD+Vantage)、泛大学战略、就业能力学习计划、个人创业发展等课程模块的形式和创业学士课程、创新创业教育硕士课程、全球创业硕士课程等学位课程项目的整体框架构建来实现全校性创业教学的开展,促进学生对创业技能的掌握和创业思维的形成(见表 5-3)。其中创业学士课程、创新创业教育硕士课程和全球创业硕士课程是考文垂大学的创业学位课程。

表 5-3　考文垂大学创业教学课程模块与学位项目

课程/项目名称	项目内容	面向人群	开课部门
再建优势项目 (ADD+Vantage)	提供就业、创新和创业类课程	全校师生	IAE、BEST、SEC、BEW、[①]商学院(2015 年前)ICTE(2015 年以后)
泛大学战略 (Pan-University Strategy)	创业选修课程	在校本科生	IAE、ICTE
就业能力学习计划 (Employability Learning Programme,ELP)	提供网上在线就业能力学习平台,包括生成测试试题	参加 ADD+Vantage 项目的学员	ICTE
个人创业发展 (Personal Entrepreneurial Development,PED)	针对个人创业学习的定制课程,按学生进度提供教学和辅导	参加 BAEE 学习的学生	IAE、商学院、ICTE

① BEST—商业支持团队(the Business Enterprise Support Team);SEC—学生创业中心(the Student Enterprise Centre);BEW—商业运作活动(the Business Enterprise Works)。——笔者注

续表

课程/项目名称	项目内容	面向人群	开课部门
创业学士 （BA in Enterprise and Entrepreneurship，BAEE）	本科阶段创业学位课程	在校本科生	IAE、商学院、ICTE
全球创业硕士 （MA in Global Entrepreneurship，MAGE）	为有志于继续学习该专业的学生和有望在全球视野下探索商业理念的跨专业学生提供升学平台	英国本土非全日制学生（2009—2011）、国际留学生（2012—2013）	IAE、ICTE
创业教育硕士 （MA in Enterprise and Entrepreneurship Education，MAEEE）	NCEE下设的IEEP计划补充项目，为创业继续教育、管理和领导工作提供明确而连贯的战略性学习	开展创业教学的教师、组织创业教育的管理人员等创业教育者	IEEP、ICTE

来源:笔者根据相关资料整理。

以创业学士课程为例,该学位课程的特点在于学生在修读学位的同时也可以投身于创办企业的创业实践中以提升创业技能,教学师资由大学商学院和继续教育学院教师共同承担。针对理论学习与创业实践同步进行的特点,创业学士课程开设了"个人创业发展"模块,该模块根据学生的需求提供定制化教学,突出学生个性化的教育。该课程的学习期限为6个学期,分别由10、20和30个学分模块组成。创业计划和创业学士项目提供了真实可行的创业实体,在这一环境中学习者能真切获得有效的学习,并且促进其创业技能与创业精神的共同提升(见表5-4)。

表5-4 创业学士项目(BAEE)课程设置

	课程	开课时间	学分
一级课程	创造、创意开发与创新（Creativity, Idea Development and Innovation）	第一学期	20
	创业理论导论（An Introduction to Entrepreneurship Theory）	第一学期	20
	企业运营（Running a Business）	第二学期	20

	课程	开课时间	学分
一级课程	新创企业可行性评估(Assessing the Feasibility of a New Venture)	第二学期	20
	个人创业发展(Personal Entrepreneurial Development)	第一和第二学期	30
	选修模块(Elective Module)	第一/第二学期	10
二级课程	小企业管理(Small Business Management)	第一学期	20
	商业财务与法律问题(Financial and Legal Issues for Business)	第一学期	20
	研究方法(Research Methods)	第一学期	20
	企业运营(Running a Business)	第一学期	20
	个人创业发展(Personal Entrepreneurial Development)	第一和第二学期	30
	选修模块(Elective Module)	第一或第二学期	10
三级课程	创业研究项目(Enterprise Research Project)	第一或第二学期	30
	商务关系管理(Business Relationship Management)	第一学期	20
	企业发展与策略议题(Business Growth and Strategy Issues)	第一学期	20
	商业优化(Business Optimisation)	第二学期	20
	个人创业发展(Personal Entrepreneurial Development)	第一和二学期	20
	选修模块(Elective module)	第一或第二学期	10

资料来源:LOCKYER J, ADAMS N. Appendices:BA Enterprise and Entrepreneurship Course Structure[C]//Venture Creation Programmes:Causation or Effectuation?. Belfast:European Conference on Innovation and Entrepreneurship ECIE 2014.

(二)再建优势项目课程

再建优势项目是 2006 年面向考文垂大学所有的教师和学生开设的课程模块,目的是帮助他们提高就业能力和就业竞争力。项目由创业中心(ICTE)负责组织和开展,分为一级模块、二级模块和三级模块的分级教学,既开设了创业概论、社会创业、创业领导力等理论课程,又有创业技能培训、商业社交媒体、高科技创业等与社会发展密切相关的技能型课程,还有学生工作坊、龙穴——推销你的商业理念等实践类课程(见表 5-5)①。再建优势项目模块构成了创业中心与大学广泛合作的重要部分,体现了创业课程文化从传统理念、过程和要素向创新课程文化理念、过程和要素的转变。

表 5- 5　再建优势项目课程(ADD＋Vantage)模块

模块等级	课程编号	课程名称
一级模块	A101IAE	创业概论(An Introduction to Entrepreneurship)
	A102IAE	商业社交媒体(Social Networking for Business)
	A103IAE	商业创意思维(Creative Thinking for Business)
	A104IAE	社会创业(Social Enterprise)
	A106IAE	学生工作坊(Working at the Students Design Agency)
	A107IAE	创业技能培训(Developing your Personal Entrepreneurial Skills)
二级模块	A201IAE	给自己当老板(Be Your Own Boss)
	A202IAE	商界女性(Women in Business)
	A203IAE	网络赚钱(Making Money Online)
	A204IAE	创业领导力(Student Enterprise Leadership)
	A205IAE	学生工作坊(Working at the Students Design Agency)
	A206IAE	龙穴②——推销你的商业理念(Dragons' Den—Pitching a Business Idea)
三级模块	A301IAE	找工作——雇主想从你那得到什么 (Getting a Job—What Employers Want from You)
	A303IAE	创办公司(Business Start-Up)
	A305IAE	高科技创业(Hi-Tech Entrepreneurship)
	A306IAE	学生工作坊(Working at the Students Design Agency)
	A307IAE	优秀毕业生的演讲技巧 (Presentation Skills for Successful Graduates)
	A308IAE	商业发展(Business Growth and Development)

① ICTE. International Centre for Transformational Entrepreneurship Annual Review 2016/2017 [EB/OL]. (2017-01-11)[2018-09-12]. https://www. coventry. ac. uk/globalassets/media/global/04-business-section-assets/institutes/itce/icte-annual-report-20172. pdf.

② 龙穴(Dragons' Den)是由 Evan Davis 主持的英国电视节目,在全球销售和播出。——笔者注

从考文垂大学以创业课程为抓手覆盖全校范围的创业文化建设来看,可以得出以下几点结论:

首先,从创业教育教学对象来看,课程覆盖全校师生,既有为培育创业教育师资设置的再建优势项目课程和创新创业教育硕士项目课程,也有面向学生开设的创业学士课程和泛大学战略等选修课程。项目设置的形式也表现为学习计划、模块课程、选修课、必修课和学位课的多样化形式。

其次,从创业人才培养的参与部门来看,考文垂大学的创业教育组织和实施机构组成是由创业中心主导,商学院、继续教育学院、商业团队和学生团体共同构建的创业教育体系,具有以创业中心主导、各组织部门联合参与、兼顾统筹与自主的机构整合特征。

最后,从创业文化的培育效果来看,考文垂大学的人才培养理念不仅仅局限于创业技能的培训,而是通过系列创业课程、学位项目、学习模块和孵化器的学习与实践,将与学生就业能力和职业发展相关的适应性、决断性和创造性能力的训练融入创业课程,在强调以地方需求和产业需求为导向的创业理念的同时,强调创业心态、思维和能力的培养。考文垂大学创业课程的建设轨迹和成效都根植于考文垂大学的组织文化载体和内涵之中。

四、依托项目共建的创业机制

由于在办学实力、研究能力、学术声誉和资源获取方面的局限性,考文垂大学选择了以服务地方社会需求为主,结合大学创业教学优势,依托优势行业资源办学,形成以项目孵化、商业集团拓展和区域项目合作共建的创业机制。

(一)孵化器项目

拉克库斯认为,孵化器项目是搭建在生产知识的学术殿堂与创造价值的社会过程之间的一座桥梁[①],是学习者将创业知识转化为创业能力的过滤器,也是

---

① LACKEUS M. Developing Entrepreneurial Competences: An Action-Based Approach and Classification in Education[D]. Gothenburg: Chalmers University of Technology, 2013:23.

连接大学和社会边界实现知识输出和交流的重要纽带。"速度加"(SPEED Plus)孵化器和创办企业孵化器(VCP)是考文垂大学两个重要的孵化器平台,是创业课程的有效补充。

首先,依托"速度加"孵化器项目服务地方经济发展。"速度加"是由欧洲区域发展基金会资助、在西米德兰地区五所大学内开设和运行的创业孵化器项目①,该项目通过提供商业咨询、组织商务研讨会、提供信息指导、建立网络连接、实施财务资助和为刚起步的创业者提供起步支持,将参与者的商业理念转变为创业现实,通过给予他们所需的技能、知识和助力来运营他们的公司(见图5-4),为学习者提供创业实践的机会。

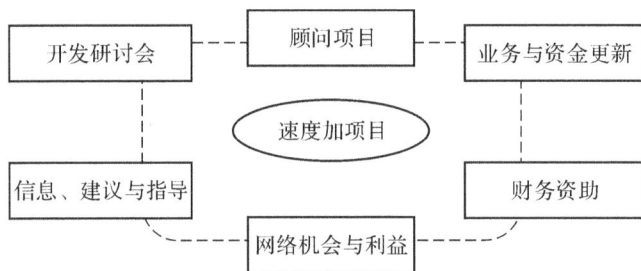

图 5-4 "速度加"项目运行框架

资料来源:HILL S, LOCKYER J. Longitudinal Case Study of the Changing Characteristics of Student Entrepreneurs Participating in SPEED Plus at Coventry University [C]. Research Gate,2014.

其次,依托创业中心的教学优势促进知识交流活动。考文垂大学在本科生中开设一种基于行动的、有效的、体验式的创业孵化,即创办企业项目②③,该项目依托创业中心的创业学士课程开设和实施,学生通过课程中的个体创业发展模块进行个性化的定制学习,还可以通过项目中真实的创业实体获得有效的学

---

① "速度加"项目的五所成员大学分别是考文垂大学、伯明翰城市大学、基尔大学、斯塔福德郡大学和伍尔弗汉普顿大学。——笔者注

② 创办企业项目(VCP)起源于 2012 年瑞典查尔姆斯理工大学(Chalmers University of Technology)举办的创业学习论坛(ELF),论坛倡议在大学本科生中开设创办企业项目。

③ LOCKYER J, ADAMS N. Venture Creation Programs: Causation or Effectuation? [C]. Research Gate,2015.

习体验。

（二）商业化项目

考文垂大学商业集团支持下开展的商业化项目是考文垂大学拓展外部空间的重要路径。

首先，考文垂大学集团借助考文垂会议中心为当地提供高质量、专业化和现代化的会议、培训和面试场地，利用考文垂商业招聘代理机构未来工作室（Future Works）为行业提供优质、灵活和智能的设计方案和招聘方案，依托未来物业代理商（Future Lets）负责考文垂物业的出售和租赁业务。

其次，考文垂大学在汽车业、航空业、数据产业、创意网络及健康安全等具备优势资源的行业推进知识商业化的活动。据统计，大学在 2016 年向相关产业部门提供了 430 份咨询合同，成为全英大学提供咨询服务活动排名前五的创业型大学之一。

最后，考文垂集团在考文垂大学伦敦和斯卡伯勒等校区大力推动的"社会企业"①方案，成为全英第一所设立"社会企业"的大学。2017—2018 年，考文垂大学成立了 15 家"社会企业"，投入经费达 1.5 万英镑，极大地提高了社区的社会福利，拓展了大学的外部发展空间和互动潜能。②

（三）区域共建项目

考文垂大学学生协会和学术人员通过英国创新署资助的知识转移伙伴项目平台联合企业方共同开展校企合作（见图 5-5）。企业方面通过设立"企业奖学金"，鼓励在校的博士研究生开展与企业的合作研究或者合同研究，同时负担项目 1/3 到 1/2 不等的运转费用；大学方面负责提供与企业匹配的研究实体，参与合作研究的人力资源，给学生发放与公司酬薪相匹配的劳务费用及可以使

---

① 社会企业（social enterprise）是旨在解决社会问题和实施交易的公司组织，通过与公共部门建立紧密伙伴关系，出售商品和服务以创造利润，并将利润重新投资到社会服务中以改善社区的生活和环境，其业务覆盖儿童保护、志愿活动、清洁服务和饮食娱乐等领域。——笔者注

② CU. Social Enterprise[EB/OL]. [2018-09-27]. https://www.coventry.ac.uk/cuse/social-enterprise/.

用的大学设施和设备。考文垂大学知识转移伙伴项目促进了大学的知识交流机制的不断完善,在体现创业战略目标的同时也检验了战略实施的成效;这也是知识交流和成果转化活动在英国创新署、考文垂大学和地方企业三方合作的成功案例。考文垂科研资助中心负责人洛娜拉尔·艾娃(Lorna Everall)博士认为:"知识交流集合所有合作参与方将知识进行获取、嵌入和使用,并确保其发挥最大化的影响力。"①考文垂大学知识伙伴转移项目为考文垂校地企三方创造了可观的利润和成效,培训了高质量的创业人才,提供了新的就业岗位,加速了考文垂地区和西米德兰郡创新创业环境的形成,体现了三螺旋互动的创业思维和创新路径。

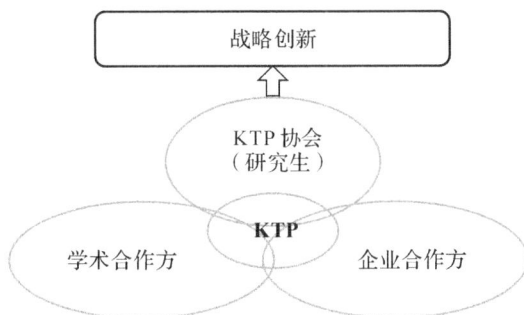

图 5-5　考文垂大学 KTP 组织机构

资料来源:Knowledge Transfer Partnership[EB/OL]. (2016-06-17)[2018-09-27]. https://www. coventry. ac. uk/business/our-services/knowledge-exchange.

考文垂大学的创业活动及其影响力成为当地重要的经济驱动力量。考文垂大学形成了以创业教育为抓手,以孵化器项目为助力,以考文垂集团为核心,以区域共建项目为平台,逐步向外部拓展的创业机制。

首先,依托创业教育实现人力资本和智力资本的输出。考文垂大学为当地的汽车制造等优先发展行业输送了人力资本和智力支持,据统计,该校毕业生在考文垂和沃里克郡地区、西米德兰郡和米德兰郡的就业率分别达到 23%、

---

① EVERAL L. Knowledge Transfer: A True Partnership[EB/OL]. (2016-06-17)[2018-09-27]. http://blogs. coventry. ac. uk/business/2016/06/17/knowledge-transfer-a-true-partnership/.

27％和42％①,成为上述区域人力资源的主要来源,呈现出创业型大学教学知识溢出的显著特征。

其次,以孵化器项目为平台实现创业知识的溢出。考文垂大学依托"速度加"孵化器项目为西米德兰地区创建了87个新业务,向超过800位创业人士提供咨询、建议和指导,为超过175家企业提供研讨会设施租赁服务。② 一份有关考文垂大学速度加项目实证研究的报告显示:该项目的实施不仅提高了参与者的创业技能,在项目参与过程中塑造的创业品质和性格也对他们未来职业产生了一定的影响,同时也在整个西米德兰地区创造了可观的就业机会③。截至2016年,考文垂大学为当地12200名员工提供了就业岗位,为全英创造了7.9亿英镑的总增加值(GVA)。

再次,依托考文垂集团下设的考文垂企业有限公司和考文垂商业智囊团队负责与公私部门和当地小企业提供商业支持和商业化运作,实施满足当地产业需求为导向的创业机制。

最后,依托欧盟、国家和地方政府创业项目的优势开展的知识交流和成果转化活动,拓展了大学创业生态的外部空间,构成了考文垂大学创业机制的又一特征。

第二节　要素合作型模式分析:
以伦敦大学国王学院为例

与要素整合型发展模式不同的是,要素合作型发展模式的创业型大学往往

---

① CU. 2021 Corporate Strategy: Creating Better Futures [EB/OL]. (2021-05-20)[2021-08-23]. https://www. coventry. ac. uk/globalassets/media/global/09-about-us/who-we-are/corporate-strategy-2021. pdf.

② SPEED Plus. Speed Plus Business Start-Up Programme[EB/OL]. (2014-06-23)[2018-09-12]. http://www. beinspiredatstaffs. ac. uk/services/speed-plus-programme/.

③ HILL S, LOCKYER J. Longitudinal Case Study of the Changing Characteristics of Student Entrepreneurs Participating in SPEED Plus at Coventry University [C]. Research Gate,2014.

具备雄厚的研究实力,重视知识的创新和大学的学术声誉影响,且拥有成熟的创业组织机构和完善的知识转化体制机制。创新创业已不再是口号式的振臂高呼,而是演化为以引领区域发展为归宿和使命的一种隐性的精神和文化,融入大学的方方面面。合作型发展模式脱胎于研究型大学转型而来的创业型大学,以及部分早期成功转型的经过持续不断的积累和奋进而来的创业型大学。这类创业型大学具备较为完善的组织体系、制度体系和运行体系,且体系中各要素间各自为政,服务于既定职能,协同合作,互为补充。成熟的制度和充分的资源催生了机构中战略要素之间的协同互补、组织要素之间的和谐推进和机制要素之间的共赢共生。各要素之间有条不紊地互动运作又进一步推进了大学与外部机构的交流与合作。在与政府公共部门、私营部门、产业部门和社会利益攸关方开展的多样化的知识交流中实现产学研创新体系要素主体间的共同发展和共同进步,成为引领区域创新三螺旋互动中核心的一方(见图 5-6)。

一、体现合作共建的战略理念

成立于 1829 年的伦敦大学国王学院是伦敦大学历史最悠久、规模最大的学院之一。国王学院由几家具有辉煌历史的院系和机构合并发展而来,包括盖伊牙科学院和圣托马斯医院组成的联合医院、切尔西学院、女王伊丽莎白学院和精神病学研究所。伦敦大学国王学院是英国主要研究型大学联盟罗素集团成员之一,凭借其"研究推动下的创业实施及影响"获得 2018 年英国"创业型大学年度奖"。[①]

国王学院的发展战略由教育发展战略、研究发展战略、社会服务发展战略、伦敦战略和国际化战略五个部分构成,共同搭建国王学院协同合作和创新发展的战略框架。其中教育发展战略、研究发展战略和社会服务发展战略起战略框架的主导作用,体现国王学院将"教育""研究""社会服务"作为办学理念的核心

---

① NCEE. Outstanding Entrepreneurial University Award; Times Higher Education. Outstanding Entrepreneurial University Award[EB/OL]. (2019-03-12)[2021-06-30]. http://ncee.org.uk/programmes/the-entrepreneurial-university/.

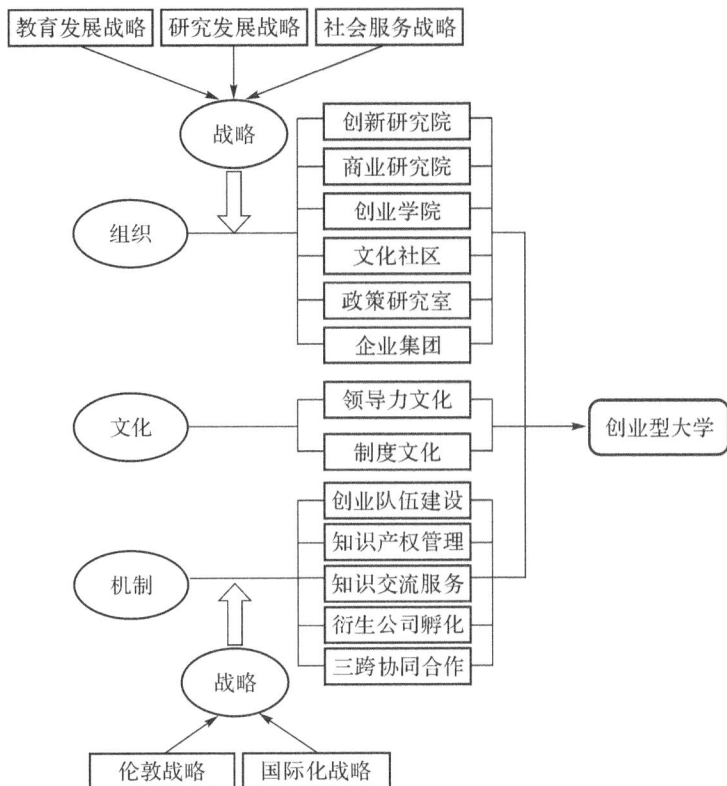

图 5-6　要素合作型创业型大学发展模式互动机制

思想,伦敦战略和国际化战略是贯穿和支持三大核心战略的支撑和基石①(见图 5-7)。国王学院战略框架强调教学融入研究、研究满足服务、服务推进创业、创业激励引领的发展路径。将研究、创新和服务的理念融入课程和教学,构建一个协同、合作、创新、发展的合作网络,为学生创造实践、实习、交流和创业的机会,培养学生在不确定环境中提高知识技能、抗风险能力、就业能力、创新能力、批判思维能力和领导能力,确保毕业生具备较强的社会适应能力和领导能力。

为了实现"促进知识的学习和理解,创建卓越,服务社会"的使命②,国王学

①　KCL. King's Strategic Vision 2029[EB/OL]. (2018-06-18)[2021-03-25]. https://www. kcl. ac. uk/about/kings/strategy/Kings-strategic-vision-2029. pdf.

②　KCL. King's Strategic Vision 2029[EB/OL]. (2018-06-18)[2021-03-25]. https://www. kcl. ac. uk/about/kings/strategy/Kings-strategic-vision-2029. pdf.

图 5-7　伦敦大学国王学院战略框架

资料来源:KCL. King's Strategic Vision 2029[EB/OL]. (2018-06-18)[2021-03-25]. https://www.kcl.ac.uk/about/kings/strategy/Kings-strategic-vision-2029.pdf.

院在战略愿景指导框架下制定了 10 个有利于大学创业和知识创新的战略目标:第一,以优质的学术成就作为服务社会的基石,创建并保持国王学院在英国国内和国际的卓越形象;第二,在机会平等的条件下吸纳和培育高素质学术人员并充分发挥其才智;第三,择优录取优秀生源,培养其胜任岗位的能力、社会公民的意识和个人发展的潜力;第四,在代表全校的学科领域内取得国际卓越水平的成果和肯定;第五,提供满足个人、企业和社会需求导向的教育和培训;第六,提高知识成果转化率,提高面向社会和产业的服务质量,提升社区生活品质,促进财富创造;第七,加大信息化建设,支持高质量研究和教学活动,确保有效的治理和管理;第八,致力于为学校周边区域提供高质量的工作、学习和居住环境;第九,实施稳健的财政管理制度,建立明确的责任制、有效的成本运作机制和投资机制;第十,制定具有凝聚力的政策,建立为学院创造价值的组织架构,确保学院具备持续有效的竞争力。[①]

可以看出,国王学院发展战略立足于教学研究、组织管理、人力资源、创业服务、学术声誉多维度的部署,将各部门和要素间的协同合作视为大学的发展路径,将知识交流活动提升到战略的高度。首先,努力消除创业活动与教学、研究和行政管理三者间的冲突和排斥,寻求多方活动目标与价值的统一和整合;其次,加强学校层面的市场与商业领域的专业知识,实现知识交流和成果商业

---

① ALLEN T J, SHEA R P O. Building Technology Transfer within Research Universities: An Entrepreneurial Approach [M]. Cambridge: Cambridge University Press, 2014:242.

化的专业性与专门化运作;再次,在学校范围内推广投资规划和风险管理的理念,同时推动创业活动在力度、深度和广度上的发展,加强学生、学术人员和教职员的创业意识和创业精神的塑造,强调创业文化氛围的建设;最后,加大技术支持和创业孵化器等支撑渠道的力度,提升衍生公司和新创公司的活跃程度和市场存活率。

二、成立合作互动的组织架构

在协同发展的理念下,国王学院的学术组织、行政机构和创业组织在各自角色的扮演中成为战略实施的重要载体:学术组织实施教学和研究的职能,确保大学核心使命的履行;行政组织保障教学、研究、创业、服务职能的协同发展;创业组织致力于促进教育、研究、创业与服务资源的协同合作,加大大学内部与外部的知识交流和互动,促成批判性知识探究理念和容错容败的创业环境的构建。其中国王学院的创业组织体现了多元部门协同合作、互动创新的特点。

首先,国王创新研究院承担了制定创业策略、促进大学与公共文化部门、提升大学影响力等宏观规划的职责,研究院下设国王商业研究院、国王创业学院、国王文化社区和政策研究室四个机构,各司其职。国王商业研究院关注将突破性学术研究成果转化为专利授权或创办衍生公司的研究与分析。国王创业学院负责组织学生、员工和校友在参与(engage)、实践(skills)和加速(accelerate)三个阶段的创业学习过程中获得创业思维和技能的锻炼,支持创业机会和创业想法的实现。国王文化社区汇聚了从事文化艺术研究和创业的学生、教师和校友。政策研究室致力于将学术的严谨性与智库的灵敏性紧密结合,采用多学科的方法、知识、技能、资源和大学广泛的网络制定创业方案,解决社会面临的问题和挑战,促进大学创业教育和创业活动的研究开展。国王商业研究院和政策研究室是国王创业组织机构的“智囊”,承担分析研究和制定策略的中枢作用,国王创业学院是实施创业教育的核心部门,国王文化社区是创业者交流和活动的创业平台和创业空间,四者共同构成国王学院的创新研究院,促成内部创业要素的流动、合作与协作(见图5-8)。

图 5-8　国王创业组织框架

其次,国王学院企业集团是国王学院知识交流和研究成果转化的具体实施部门,也是创新研究院宏观规划的执行和实践部门。国王学院企业集团负责提供创业专业人士资源的支持、科研支持和商业化业务拓展的支持,包括识别和确认创业机会、建立和推动伙伴战略关系、促进和资助商业化活动、开展市场调研和营销、申请和授予知识产权专利。如图 5-9 所示,国王学院企业集团商业化运作由业务拓展、技术转移、商务支援等几个部分构成。在业务拓展领域,国王学院的业务已不再局限于专利授权许可,而是将战略重心转移至产业合作和衍生公司等创业形式。组建强大的业务团队、拓展和创建与学校研究兴趣和研究方向一致的新业务范围是商业拓展部门的工作重心,部门活动涵盖学校资源的评估、整理和营销,与外部合作方建立长期伙伴关系,促进与相关行业的合作机会,协助教学课程的开发与启动,为学生提供实习机会并实施实习安置管理;技术转移部主要负责国王学院知识产权商业化运营和管理,开展包括与研究人员合作、确定新的商业机会、制定商业化战略、知识产权尽职调查、市场调研与营销、与潜在被授权方谈判以及执行许可授权协议等事宜。除了授权许可的商业化活动,技术转移部还参与衍生公司创办的项目,与英国研究拨款与合同署(Research Grants and Contracts，RG & C)联合为知识产权研究经费提供咨询和建议,共同处理专利申请和授权许可等技术转让相关问题;企业集团的商务支援和商业孵化体现在知识产权的管理和衍生公司的组建上,商务支援的知识产权的管理包括协议的管理、存档、移交和产权收益的分配及产权交易后的跟踪、推广、沟通和调研。商业孵化的衍生公司组建主要提供商业机会、为公司启动后外部服务商和投资者及在衍生企业和大学之间搭建桥梁,为新公司创办提

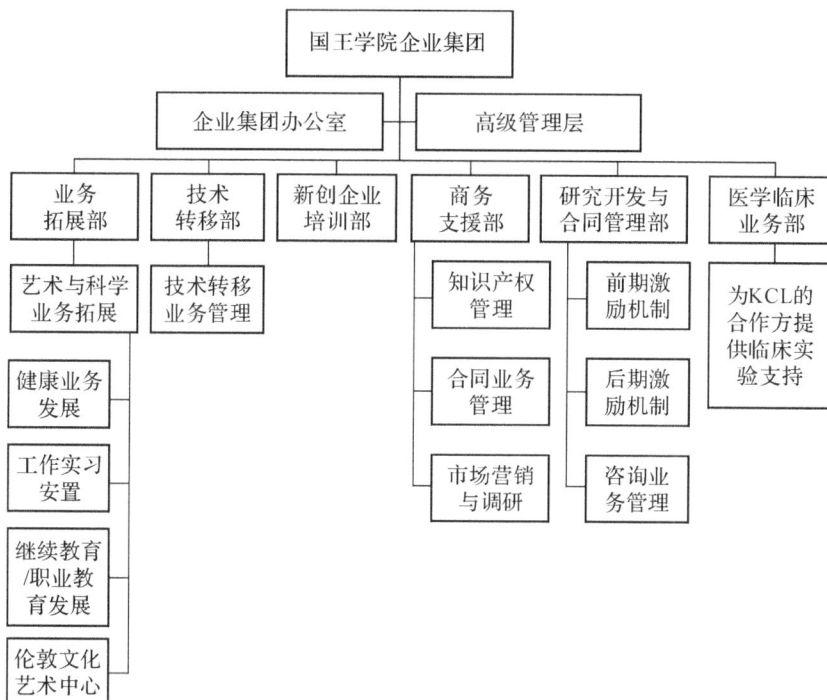

图 5-9 国王学院企业集团组织框架

注:伦敦大学国王学院医学临床业务合作方分别是盖伊和圣托马斯基金会、国王学院医院基金会、伦敦南部莫斯利基金会,四个机构共同开展国王学院健康合作项目。

资料来源:WRIGHT M, FILATOTCHEV I. Stimulating Academic Entrepreneurship and Technology Transfer: A Study of King's College London Commercialization Strategies [M]//Building Technology Transfer within Research Universties: An Entrepreneurship Approach. Cambridge: Cambridge University Press, 2014:245.

供法律援助和支持。国王学院通过企业集团的组织和桥梁作用形成了健全的成果转化机制、专业的成果转化队伍、有效的衍生公司孵化模式和协同创新的外部合作网络。

再次,国王学院创业组织间的协同合作既体现为内部创业生态系统间的互动合作,也表现为大学与外部利益相关者的协同创新。从内部来讲,国王学院创业学院、商业化研究院、文化社区、政策研究室及国王企业集团共同构成国王学院的创业系统,部门之间各司其职同时又互相合作,形成创业研究、政策制定、人才培养和成果转化的有效创业机制。从外部来讲,依托国王学院的研究基地和国王企业集团的成果转化平台,与其他外部机构通力合作,例如以国王学院医院、盖伊和圣托马斯医院及伦敦南部莫斯利基金会为核心的合作网络,其合作范围辐射国家学术健康科学网络部门、国家药物与医疗保健品监管局、国民健康服务基金会,同时携手梅德韦信托基金会、达特福德和格雷夫沙姆信托基金、皇家布朗普顿医院和强生公司等合作伙伴,共同服务于伦敦埃维莉娜社区、伦敦伊芙琳娜社区、朗伯斯社区和南华克社区的公共健康事业,形成跨校区、跨学科和跨部门的合作网络。

最后,从组织要素的视角来看,创新研究院、商业研究院、创业学院、文化社区、政策研究室等创业组织共同构建了国王学院内部的创业生态系统。创业学院提供了创业生态系统的人力支持,商业研究院和政策研究室为创业生态系统提供了创新的智力支持。国王企业集团是处于大学与外部边界的窗口和桥梁,大学通过企业集团积极与外部利益相关者开展创业合作,例如,与皇家兽医学院、女王玛丽学院、伦敦城市大学、海普坦根基金(Heptagon)、知识产权集团(IP Group)等机构的知识交流、市场开发和校企合作等,发挥了与外部创业生态系统衔接互动的纽带作用,构建了国王学院的外部创业生态系统。可以说,国王学院的创业组织体系为创业生态系统提供了组织支持和环境支持,实现了人力资本、学术资本、智力资本和创业资本的全方位溢出。在国王学院由内而外的创业生态系统中,战略要素、组织要素、文化要素和机制要素的互动流动促进了国王学院协同合作模式的形成。

三、根植创业精神的领导力文化

国王学院具备强劲的研究实力,英国 2014 年研究卓越框架(REF)对大学科研水平排名结果显示:国王学院临床医学和工程技术学科研究质量分别排名第三位和第五位,健康医学和数学分列研究产出类排名第二位和第三位,医学相关学科和神经病学科在社会影响力排名中分列第一位和第二位,被《泰晤士高等教育报》称为"最大的赢家"①。依托学术研究的卓越优势,国王学院的创业文化主要建立在学科研究优势的基础上,呈现出研究转化的文化价值特征。国王学院的学生组织在走出校园、走向地方的活动中将研究转化的创业文化特征与创业精神和信念的核心思想结合,形成了国王学院的创业领导力文化。

(一)领导力文化:注重创业者领导能力的培养和发展

国王创业学院致力于培养具有创造性和变革性的优秀领导者。其领导力的培养贯穿教学研究、项目策划、创业指导、创业实践和创业工作坊的每一个环节,并重视与外部机构合作开设领导力课程培训、特定主题研讨会和约谈活动来促进创业团队在人际关系、解决冲突、应变能力、抗压能力和创业心态方面的学习和反思。国王学院的学生创业组织、创业学习三阶段和国王加速器计划是大学培育创业领导力文化的重要平台。

1. 学生创业组织

国王学院的创业理念强调"育人在先创业在后,创业家既可能是雇主也可能是雇员,因此,创业者品质的塑造重于单纯创业行为的实施"②。这一理念决定了国王学院创业文化的特点:培养具有自我效能、应变力和创造力的领导力人才,形成坦诚合作、积极向上和奋力拼搏的创业精神,这也是构成大学学生创业组织自下而上的自发、自主、自建、自管的特点。而国王学院学生创业组织最显著的优势在于依托学校综合性的学科专业,体现其卓越的研究实力,搭建学科交叉融合的平台。例如,生物科学学生联合会、机器人协会、牙科协会和药学会,将专业知识与创业能力交叉融合、互动交流,在培养创业精神的过程中充分实现了跨学科的融合和创新知识的交流扩散,在创业文化的培育中彰显其专业性、多样性、交叉性和实践性的特点(见表5-6)。

---

① KCL. Research Strategy: Through World-leading and Outward-looking Research Focused on Meeting Societal Need King's Will Make the World a Better Place[EB/OL]. (2018-04-20)[2019-03-13]. https://www.kcl.ac.uk/governancezone/assets/research/research-strategy.pdf.

② KCL. START! [EB/OL]. (2016-09-16)[2019-03-13]. https://issuu.com/kingsentrepreneurship/docs/kings-student-entrepreneurship-inst.

表 5-6　国王学院学生创业组织

组织名称	主要内容
国王学院生物 科学学生联合会 (KCL Bioscience Students' Association)	旨在提高生物学科学生创业积极性,提供创业支持的学生协会,该协会与商业俱乐部合作邀请金融、银行和咨询行业嘉宾讲授创业知识
国王商业俱乐部 (KCL Business Club)	旨在开拓学生商业知识,帮助年轻创业者开始职业生涯。该协会全年举办超过 30 场活动,汇集胸怀抱负的创业人士,就新创企业、投融资等话题进行探讨。伦敦金融科技大会是该协会举办的旗舰类活动
国王学院科技协会 (KCL Tech Society)	为有志于科技创业的人士而创建的组织。该协会组织黑客马拉松或邀请谷歌、联合国等嘉宾演讲活动,旨在帮助创业者坚定自己的创业想法
国王智库协会 (King's Think Tank Society)	为增强学生群体力量、促进全球变革、表达学生的观点和看法而设立的智囊团,该协会是欧洲以学生为主导的规模最大的智库组织,下设 7 个政策研究中心,研究主题从欧洲事务到全球健康,确保尽可能多的学生参与其中
国王机器人协会 (King's Robotics Society)	提供工具、设备、空间动手实际操作,组织专家开展热门话题讨论,齐聚机器人领域志同道合者共同创业的协会
国王学院创新论坛 (KCL Innovation Forum)	创新论坛是将医学前沿机构的研究成果与行业和投资联系起来从而加快从实验室到临床诊疗的非营利性网络平台,目前拥有 1 万名生物企业家、研究员、行业人士,该平台在伦敦部分大学,以及剑桥、牛津、爱丁堡、纽约、慕尼黑、巴塞罗那、哥本哈根、洛桑、香港和东京等地设有分支机构
国王学院创行团队 (Enactus at KCL)	支持学生创建旨在发展当地和社区企业的社会企业家协会,该协会拥有包括顶级商业领袖、社会创新者和来自世界各地学生的庞大的创行网络
牙科协会 (The Dental Society)	英国拥有 122 年历史的最古老的牙科协会,主要提供与专业相关的学术活动、课外活动、社会活动和创业活动,该协会创业活动体现在邀请学科前沿和创新领域的专业人士参加协会的三个商品展销会和协会系列讲座,启发学生的创业灵感
国王学院药学会 (KCL Pharmacy Society)	是面向药学专业以外的所有学生开放的协会,提供学生分享创业信息和理念的社交平台

资料来源:KCL. START!〔EB/OL〕. (2016-09-16)〔2019-03-13〕. https://issuu. com/kingsentrepreneurship/docs/kings-student-entrepreneurship-inst.

2."创业三阶段"学习

"创业三阶段"学习专注于学生创造力的培养和创业能力的拓展,为实现个人的领导力、适应力、应变能力和自我效能提供了互动实践和创新发展的平台。截至 2017 年,参与"创业三阶段"学习和国王 20 加速器计划的学生、教职员和校友已累计达到 5000 多名,创业学院还邀请了世界顶级的企业家发表创业系列演讲,为 100 多位国王学院的创业者提供了技术工作坊形式的支持,另有 20 多家创业公司接受了超过 100 万英镑的孵化资助①。

(1)参与阶段:创业技能学习

创业学院参与阶段的学习主要通过工作坊、创意工厂、网络学习和约谈会议等项目让创业学习者掌握创业和创新的技能,在交流的学习中掌握创造性的思维,在创意大赛中加强营销和演讲技能的锤炼,在约谈活动中得到客观和有针对性的反馈和指导,这一系列的项目环节从教学设计上来说是承上启下的,从教学内容上来看是循序渐进的,从教学特点上体现了因材施教的教育目的(见表 5-7)。创业学院还在这个环节设置了"国王创业奖项"的激励制度,用于鼓励和肯定在学习过程中深受启发并获得卓越进步的学员。

表 5-7　国王创业学院学习项目一览

项目名称	主要形式	主要内容	合作方
工作坊 (Workshop)	研讨会	讲授和掌握创造性思维方法、演讲的技巧	杰夫·斯金纳 (Jeff Skinner) 伦敦商学院 约翰尼·普林(Johnny Plein)

---

① BAKSHI A, PATEL H (Eds.). Start! [EB/OL]. (2016-10-25)[2019-03-14]. https://issuu.com/kingsentrepreneurship/docs/start_interactive_single_pages.

续表

项目名称	主要形式	主要内容	合作方
创意工厂 (Idea Factory)	旗舰创意大赛	选手将接受专门的营销技巧指导 决赛选手被邀请参加上议院颁奖典礼和社交晚会 授予赛事奖金	—
网络学习 (Online Learning Resources)	在线学习	国王学习平台 KEATS 创业学习资源模块	企业王国 (Enterprise Nation) 大学研究院组织 (Undergraduate Research Fellow)
约谈会议 (Drop-in Sessions)	非正式谈话会议	提供建议和意见	—

资料来源:KCI. Entrepreneurship Institute Impact Report 2019/20[EB/OL]. (2020-12-16)[2021-01-03]. https://issuu. com/kingsentrepreneurshipinstitute/docs/impact_report_19.

(2)实践阶段:创业体验学习

创业学院实践阶段学习最具影响力的"风险爬行"项目是推动创业活动走出校园,将创业领导力文化加以实践和推广的重要体验式活动。项目鼓励参与活动的 30 名学生乘坐伦敦巴士开展历时 12 小时的创业实践,内容包括在伦敦脸书(Facebook)社交平台、杰奥华纯(Geovation)社区①、埃森哲创新中心(Accenture Innovation hub)和维拉创新中心(Wayra)②等最大型、最创新的场所举办创业演讲、研讨会、讲座和展示活动。创业者在这些活动中真切地思考和体验了启动创业和实施创业面临的具体挑战和问题,创业不再停留于书本的探讨和课堂的观摩,而成为实实在在的行动。参与者认为这项活动让学生在

---

① 杰奥华纯社区是旨在促进区域和产权创新的公共部门,该社区在 2015 年成立的创新空间已成为集 1200 多名企业家、投资者、开发商、学者、学生和创业者为一体的创新组织。——笔者注
② 维拉创新中心是全球联系最紧密、技术最开放、互动最活跃的创新中心,目前在英国、阿根廷、巴西、智利、哥伦比亚、德国、墨西哥、秘鲁、西班牙和委内瑞拉 10 个国家开展业务。该创新中心是西班牙电信公司与全球创业生态系统的窗口,其使命在于将创新者与电话公司联合起来,创造共同的商业机会。——笔者注

"在家门口见识了广阔的创业生态系统"①,坚定了学习者的创业理念、创业信心,有助于创业领导力的塑造。创业学院"风险爬行"项目引领了英国大学"风险爬行"创业项目系列活动,伦敦大学、伦敦南岸大学、布鲁内尔大学、威斯敏斯特大学、拉夫堡大学、伦敦大学伯克贝克学院、东伦敦大学和伦敦服装学院等8所大学也相继加入这一实践活动中。

(3)加速阶段:根植创业领导的理念

国王20加速器计划是创业加速阶段的代表性项目,也是国王学院创业教育高级学习阶段的"高精尖"项目,该项目旨在支持和容纳高潜力创业公司的孵化,为初创团队提供转型经验、技术指导和专家辅导等支持。培养出能够科学决策、展现合作、发挥自我效能并且具备技术能力和领导能力的创业家是加速器项目的主要宗旨。此外,根据项目收益、团队规模和经济增长效益评估创业项目进展及评价项目对社会服务的影响也是加速器项目的重要内容之一。为实现和完成上述宗旨内容,加速器计划会从以下三个方面进行评估和投资:第一,对创意项目进行有效性评估,帮助创业公司从创意验证到创业设计和产品投放整个加速过程中的创业启动和规模拓展;第二,为创业者提供一个包括创业导师、投资者和合作方在内的网络平台,用以支持项目的开展与运作;第三,为创业学生、教职员和校友提供独一无二的创业社区和合作空间,支持创业者和企业的发展,为创业精神开辟蓬勃成长的土壤,根植创业领导的文化理念。

3.国王20加速器计划

国王20加速器计划是国王学院的精品创业项目,该项目每年评估挑选出20个最佳创业项目及其团队并给予专业的创业指导和经费资助,主要体现在以提供创业空间为基础,额外提供价值3万～6万英镑的资助。其资助范围包括:第一,资助合作空间,为团队成员提供免费的办公空间、网络设施、社交活动以及创业合作伙伴。第二,资助专家导师,提供与科技、管理、创意等领域专家一

---

① London Venture Crawl: Encouraging Entrepreneurship in Students[EB/OL]. (2018-03-26) [2021-01-03]. https://www.timeshighereducation.com/student/blogs/london-venture-crawl-encouraging-entrepreneurship-students.

对一交流的机会,提供黑客式增长(growth hacking)①商业模式的培训,开办以销售、客户开发、财务建模、投资预算、网络运作及产品投放营销为主题的研讨交流会。第三,资助领导力培训,通过领导能力和应变能力的培养,塑造良好的创业心态,参与英国国防学院"领导力和抗压能力课程"培训②是提升必要技能的重要途径。第四,提供资助通道,通过参与 10 万英镑拨款项目的角逐,或者参与全年任何一项获奖和资助的赛事以及在展示日(Demo Day)向投资商推销创业和产品理念③的渠道提供创业资金的资助。

国王 20 加速器计划的创业项目不仅能产生创业收入、创造就业机会和岗位,还能在创业过程中培养创业者自信、果断、沟通、规划和分析决策等领导能力。从加速器近 5 年的资助项目来看,创业项目类别涉及医疗/农业技术、金融科技、旅游、教育、物流配送、健康与保健、零售与产品、慈善与公益及餐饮消费等多个行业,创业主题多集中在解决社会、行业和公众日常的实际问题,创业参与者有大学教职员工、学生、校友,涵盖女性创业者等不同国籍类别的参与者和合作者(见表 5-8)。加速器项目 2016—2017 年共投入 46.5 万英镑创业资助经费,创业收益达到 22.7 万英镑,创业公司存活率达 70%,30%的创业企业产生了很好的社会反响,在南华克、朗伯斯和威斯敏斯特地区创造了 30 个就业岗位。④

---

① 黑客式增长是一个专注于跨越市场渠道、产品开发、销售部门和其他业务领域的快速试验的过程,以便确定最为有效的业务增长方法。黑客式增长团队由市场营销人员、产品开发人员、工程师和产品经理组成,致力于构建以用户为基础的商业模式。——笔者注

② "领导力和抗压能力培训"课程是由伦敦大学国王学院与英国国防学院合作在施里文汉姆(Shrivenham)开设的课程项目,国王 20 加速器计划的学员参与该合作课程的学习。英国国防学院(UK Defence Academy)以研究生教育为主,为来自英国国防部、政府部门、工业界和海外学生开设涵盖领导力、执行力、技术应用、商业技能和国际业务五大主题的短期和长期课程。——笔者注

③ KCL. King's 20 Accelerator Demo Day Lookbook 2021[EB/OL]. (2021-06-23)[2021-08-25]. https://issuu. com/kingsentrepreneurshipinstitute/docs/demo_day_2021_lookbook.

④ KCL Entrepreneurship Institute Impact Report 2019/20[EB/OL]. (2020-12-16)[2021-01-03]. https://issuu. com/kingsentrepreneurshipinstitute/docs/impact_report_19.

表 5-8 国王 20 加速器计划创业项目（部分）

项目名称	项目描述	创业路径	资助时间	创业类别
黑人民谣 （Black Ballad）	针对英国黑人女性的数字化媒体订阅生活方式	采用订阅付费的形式	2015 年	创新产业/ 媒体与出版
癌症计算器 （Cancer Calculator）	辅助医生进行癌症的早期检测和诊断的创新应用程序	向医生和医疗保健提供商推介，提供订阅模式	2016 年	健康保健
动物的士 （Moover）	为发展中国家农民提供交通运输信息的创新应用程序	为肯尼亚 300 万个小型畜牧养殖户提供运输信息并收取小额费用	2016 年	农业/技术
自行车信号灯 （Wing Lights）	开发用作方向指示器的自行车翼灯，确保行车安全	自行设计、制造自行车配件并通过线上线下销售	2016 年	生活消费
斯酷平台 （Scoodle）	连接老师和学生的学习平台	开发课程互动模式的 App	2017 年	教育
戈登在线 （The Golden Gircle）	专业家庭教育辅导机构	为伦敦地区学生提供高质量、多学科的家庭教师和导师团队，按教学小时收取学费	2017 年	教育
大学招生网 （The Access Platform）	为英国大学和高等教育机构招生提供学校与申请人之间交流和互动的在线平台	向大学各团队收取许可证费用和国际学生招生的佣金	2017 年	教育
博娱馆 （Musemio）	让任何背景的孩子都能通过"玩"来获得艺术文化学习的教育技术平台，主要学习形式是以满足课程要求为基础的游戏化虚拟冒险游戏	面向英国 24000 所小学的 400 万名小学生	2018 年	教育

续表

项目名称	项目描述	创业路径	资助时间	创业类别
慈善网 (Kindlink)	帮助企业通过慈善捐赠和志愿服务等完成社会责任的数字平台,企业可以管理、跟踪和监控慈善项目从捐赠筹款到落实信息的实时更新	为英国企业和慈善机构免费提供在线捐款和跟踪服务	2018 年	技术
铸造未来 (Future Forge)	为客户提供节能型符合材料的个性化解决方案	为手工艺人和生产厂商提供机器外包销售和产品设计制造方面的咨询	2019 年	技术
种子网 (Seedlink)	为非商业化农场的小规模农户提供交易渠道的移动平台	创建农产品商家与农户的供应网络,通过处理贸易物流和提供贸易融资实现增值,从平台交易中提取佣金	2019 年	农业/技术
ML 博士 (Dr. ML)	提供优质医疗服务的智能健康管理平台	针对欧洲实施远程医疗的医院采取分层式定制	2019 年	健康保健

资料来源:KCL. King's 20 Accelerator 3.0:Meet the new cohort! [EB/OL]. (2018-08-20)
[2021-01-03]. https://www.kcl.ac.uk/news/kings20-accelerator-30-meet-the-new-cohort-1.

(二)制度文化:促进创业能力提升的创业措施和激励制度

国王创业学院出台了多项提升创业能力学习和成效的举措和制度:为学习者创建相互学习和交流的社区,举办社会活动和小组集会分享创业进展情况;为创业团队建立投资者网络平台,聘请常驻发展专家争取客户资源、创造更高的收益;组建规模小、素质高的创业导师团队,与创业者保持密切而有价值的联系和互动,确保高效的学习成效;实施"创意验证"—"101 训练营"—"加速器经理"的配套机制,启动项目创意验证,通过训练营教授创业基础知识以确保创业者拥有足够的知识储备;通过"加速器经理"持续跟踪团队项目进展并提供必要的支持;出台了高达 6 万英镑的创业经费和创业奖项的激励制度,吸引在校学生、教职员、校友、社会人士和不同国籍的创业者加入其中;为了提升女性创业者的参与度,在对影响女性创业申请者形象营销、语言使用、申请表格填写及面试形式等方面提供专门的辅导,通过对女性创业意识和成效的研究,提供多样化的女性创业辅导和支持。

国王学院致力于创业领导力培养和创业能力提升的文化构建取得了显著的社会成效,在医疗保障、教育文化、农业交通、金融商业等领域极大地促进了地方经济的发展和公众社会文化生活质量的提升,涌现出众多杰出的社会创业项目。例如:改善肯尼亚农户运输状况的动物的士创业项目的实施赢得了肯尼亚农业供应链试点的赞助,并将在肯尼亚大范围普及,进一步影响肯尼亚农民和社区的生产和生活。又如 ML 博士项目为社区公众带来更为智能和便捷的医疗保健服务,提升了公众的生活和生产质量。

四、构建协同合作的创业机制

国王学院协同共建的战略理念推动了大学多元协同合作的创业。通过打造专业的成果转化团队,健全知识产权的管理路径,开展聚焦社会服务的知识交流活动,推广衍生公司的分布式孵化模式和加强跨区域、跨学科、跨部门的协同合作,形成创业型大学"要素整合型"模式的机制特征。

（一）打造具备专业知识的创业队伍

国王学院坚持"商业化人员的专业能力与专利技术质量同等重要"[①]的理念,将成果转化人员知识与能力的专业化视为建立创业机制的关键要素。首先,强调团队人员学科知识和商业化水平的专业化能力。在国王企业集团成果转化团队的人员构成中,生物科学、生物医学、物理学、IT、艺术与人文领域的博士或博士后研究员成为团队的主要力量,不仅具备业务开发或产业合作的经验,也掌握了科学领域的专业知识和商业拓展的个人能力。其次,成果转化团

---

① ALLEN T J, SHEA R P O. Building Technology Transfer within Research Universities: An Entrepreneurial Approach[M]. Cambridge: Cambridge University Press, 2014:245.

队既明确分工又合作的职能划分也是队伍专门化建设的有效途径。国王企业成果转化队伍有商业拓展团队与大学学术团队职能之分,双方以组织开放日、行业会议、校友见面会的形式建立商业团队和学术团队长期的顾问和合作关系,共同合作制定商业化和技术转让决策。同时,国王学院的学术人员会参与到成果转化管理团队包括 CEO 的招聘中,大学衍生公司董事会的非执行董事又由来自大学提名的学术人员兼任,团队间各司其职又通力协作,共同推动国王学院成果转化的创新发展。最后,团队建设强调专职人员业务知识、跨学科知识和商业化知识的不断提升和夯实。团队通过鼓励商业拓展和技术转移专业人员与其合作部门保持长期的实习和交流计划,例如通过与伦敦发展署开展的双向交流计划来帮助专业人员实时了解知识产权开发和转化过程中的新动向,提升解决成果转化相关问题的能力。

(二)健全知识产权的管理路径

国王学院制定《知识产权、商业开发和财务收益实施准则》(Code of Practice for Intellectual Property, Commercial Exploitation and Financial Benefits)和《合同服务(咨询服务收费)实施准则》(Code of Practice for Contracted Services：Consultancy and Fee-for Service Work)等促进大学知识产权保护和商业化战略的具体规则,对受保护知识产权的类型、知识产权所有者的对象、收益分配等做出了具体的规定:

首先,学术科学家优先的原则。只有在学术研究人员放弃对发明专利创办衍生公司的情况下,才会启用代理企业家来决定是否授权该技术,充分体现出对学术知识产权商业化的保护和鼓励。

其次,促进成果转化的资金保障。采用国王学院概念证明基金(Proof-of-concept Fund)为技术开发、商业尽职调查和市场评估提供资金保障。

再次,严格的商业计划提案审核程序。提案由副校长领导参与的投资小组负责审议,小组成员包括技术转移部门的知识产权专业人员、国王学院的学术人员和管理人员,审议小组负责对项目商业化机会和对地区总体战略适应性情况做出评估。

最后,合理的奖励制度和股权分配机制。对授权许可发明人给予 2 万英镑的奖励;任何参与衍生公司创建并受知识产权法保护的人员都有权获得衍生公司股权,但单独或联合持有股权份额不得超过表决权股本的 50%[①];学术机构掌握衍生公司 40% 的股权,其中的 60% 由大学持股。衍生公司与知识产权投资公司的股权按先期约定的形式采取 50 万英镑的股权估值,另外再约定 10% 的股权值,这样的方案既体现了双方股权分配的公平性,也考虑到了后期对非执行董事的激励性;此外,学校允许和鼓励学术研究者每年有 30 天及以上的时间参与衍生公司的项目[②]。

知识产权管理和财务收益制度的完善为国王学院成果转化的开展提供了制度保障,确保大学专利授权、经费支持、提案审核、奖励和分配实施的科学性、规范性和有效性。

(三)聚焦社会服务的知识交流

国王学院通过数字学习与全民化伙伴项目(Partnership for Digital Learning and Increased Access,PADILEIA)、塞拉利昂国王伙伴项目(King's Sierra Leone Partnership,KSLP)和健康合作项目(King's Health Partners,KHP)等知识交流活动,实现服务地方区域发展、应对全球问题挑战、承担大学社会责任和引领区域创新发展的战略目标。

数字学习与全民化伙伴项目是由联合国儿童基金会在国王学院设立的"国王庇护计划"(King's Sanctuary Programme)资助并实施的援助项目,该项目依托国王学院的资源,为来自英国大学的难民提供奖学金、免费法律咨询,为伦敦难民儿童提供学业辅导和健康护理等服务。

塞拉利昂国王伙伴项目则是国王学院作为埃博拉应对联盟成员之一参与

---

① KCL．Code of Practice for Intellectual Property, Commercial Exploitation and Financial Benefits[EB/OL]．(2018-08-05)[2019-03-16]．https://www.kcl.ac.uk/governancezone/Assets/Research/Code-of-Practice-for-Intellectual-Property-Commercial-Exploitation-and-Financial-Benefits.pdf.

② KCL．Code of Practice for Intellectual Property, Commercial Exploitation and Financial Benefits[EB/OL]．(2018-08-05)[2019-03-16]．https://www.kcl.ac.uk/governancezone/Assets/Research/Code-of-Practice-for-Intellectual-Property-Commercial-Exploitation-and-Financial-Benefits.pdf.

的国际项目。国王学院通过该项目与英国卫生与健康部合作,在康诺特医院研发了疑似病例的诊断机理和病毒测试剂,制定了埃博拉安全隔离的实施指南,在塞拉利昂的埃博拉病毒危机应对中发挥了重要的作用。[①]

作为英国医学研究理事会第三大成员组织和弗朗西斯克里克研究所创始成员之一的国王学院依托健康合作项目实施"3P"战略[即病患(patients)—员工(people)—伙伴(partnerships)战略]开展服务社会的知识交流活动。该项目累计接收和治疗当地患者 480 多万名,为 3 万多名学生开展教学工作,年营业额约 37 亿英镑,提供 4 万多个就业岗位,成为欧洲最大的健康教育中心之一[②]。

(四)推广分布式孵化模式

国王学院根据衍生公司的阶段特征和类型采用分布式孵化模式(a distributed incubator model)提供创业支持,包括提供创业设施、孵化指导、确定技术范围、制订商业计划、确定市场和明确资金支持,其特点在于为项目提供量身定制的孵化方案。分布式孵化主要有以下三种模式:初期投资公司(Early Stage Venture)模式、即将上市公司(A Run-up to the IPO)模式和上市公司(Successful IPO)模式。

初期投资公司的特点是缺乏技术资源、人力资源和商业目标,这个阶段技术转移部门的专业化程度起着至关重要的作用;即将上市的公司需要采取多个可行性战略调整来获取更大的竞争优势和外部资源,这个阶段的董事会负责组织和确保有效的财务管理和战略决策的制定;成功上市的公司已经具备有效的公司治理规程和严格的财务监管制度,但是需要保持产品发展和销售的上限和控制成本资金流下限之间的平衡,同时与风险资本家建立有效的管理团队在这个阶段也势在必行,因此,对成功上市公司的创业支持重在依靠外部专职 CEO 维持高效的管理机制。

---

① KCL. Service Strategy: A Framework for Delivery 2018-23[EB/OL]. (2018-07-20)[2019-03-16]. https://www. kcl. ac. uk/aboutkings/strategy/kings-service-strategy. pdf.

② KCL. King's Health Partners[EB/OL]. (2018-09-30)[2019-03-16]. https://www. kingshealthpartners. org/about-us/our-partnership.

国王学院对衍生公司采取的分布式管理模式取得了显著成效,截至 2006 年,国王学院已创建了 23 家衍生公司,其中 18 家衍生公司处于活跃状态,2 家衍生公司进入清算阶段,3 家衍生公司处于非活跃状态,总就业人数为 280 人,2005—2006 年创业总收益为 810 万英镑,年平均创建公司数为 2.4 个(见表 5-9)。衍生公司分布式孵化模式成为国王学院参与区域经济发展的直接表现形式之一。

表 5-9 国王学院衍生公司/学术人员新创公司一览

	衍生公司	创建时间	活跃情况	大学持股	员工人数	创业收益(万英镑)
衍生公司	Lidco Group Olc	1991	活跃	否	36	332.6
	CeNes Pharmaceutical Plc	1996	活跃	否	17	19.6
	Oxford BiomedicaPlc	1996	活跃	是	69	80.0
	Planet Biotechnology Inc.	1998	活跃	是	10	49
	MedPharm Ltd.	1999	活跃	是	31	155.3
	Insonify Ltd.	1999	清算	是	0	0
	Delta Dot Ltd.	2000	活跃	是	25	22.0
	ReNeuron (UK)Ltd.	2000	活跃	否	21	5.1
	Qugen Therapeutics Pte Ltd.	2000	非活跃	否	0	0
	Lobal Technologies Ltd.	2001	非活跃	否	0	0
	Odontis Ltd.	2001	活跃	是	0	0
	Cerestem Ltd.	2001	非活跃	否	0	0
	Immune Regulation Ltd.	2001	活跃	是	0	0
	Brain Resources Company	2001	活跃	是	40	74.1
	Phytofusion Ltd.	2002	清算	是	0	0
	Viratis Ltd.	2003	活跃	是	0	0
	Proximagen Ltd.	2003	活跃	是	19	60.6
	Phonlogica Ltd.	2004	活跃	是	1	0
	Osspray Ltd.	2004	活跃	是	2	0
	IXICO Ltd.	2004	活跃	是	9	9.9

续表

	衍生公司	创建时间	活跃情况	大学持股	员工人数	创业收益（万英镑）
衍生公司	Cerogenix Ltd.	2005	活跃	是	0	0
	Theragenetics	2006	活跃	是	0	0
	Simulstrat	2006	活跃	是	0	0
	总数/个	23			280	808.1
学术人员新创公司	Sensornet	1997	活跃	否	25	220.0
	Health Information Systems Ltd.	2002	活跃	否	8	50
	总计				33	270

注:衍生公司活跃情况时间截至 2006 年,员工人数和创业收益为 2005—2006 年数据。

资料来源:WRIGHT M, FILATOTCHEV I. Stimulating Academic Entrepreneurship and TechnologyTransfer: A Study of King's College London Commercialization Strategies, Chapter from Building Technology Transfer within Research Universities [M]. Cambridge: Cambridge University Press,2014:252.

（五）加强跨区域、跨学科、跨部门的协同合作

作为英国罗素集团的重要成员,国王学院具有雄厚的学术资源和研究实力。在2014—2017 年,大学从合同研究和合作研究的渠道累计获得知识交流活动创收达 2.16 亿英镑,从基金委员会和研究委员会等机构获得的研究资助拨款为年均 3142 万英镑(见表 5-10)。国王学院在科学研究的推动下大力开展跨校区、跨学科和跨部门的协同合作,为大学构建要素合作互动的创新环境提供了地域、学术和服务资源的优势。

表 5-10　国王学院研究收入相关数据(2014—2017)

	2014/2015	2015/2016	2016/2017
研究合同收入/万英镑	4653.4	4505.8	4696.5
合同项目数/项	994	1096	1223
研究合作收入/万英镑	—	3944.3	3842.1
研究资助拨款/万英镑	—	3458.9	2825.4

资料来源:HESA. The Higher Education-Business and Community Interaction(HE-BCI) Survey.

首先,跨校区合作的地理优势。作为英国卫生署(National Health Service, NHS)认证的六所健康科学中心之一的国王学术健康科学中心(Academic Health Sciences Centre,AHSC)自设立之初便明确了以病患为中心的宗旨,利用先进大数据信息技术改善医疗、健康和护理质量,满足 21 世纪人类对医疗保健的期望。在充分考虑员工积极性和校区地理便利性的情况下,中心以建立和巩固四个校区的合作伙伴关系为主要路径,力争提高效率和拓宽收入。从学术健康医学中心(AHSC)的战略实施来看,四个校区在协同创新的形式上建立了临床医学研究所(Clinical Academic Institutes)和集心血管疾病、妇女儿童健康、癌症治疗、神经科学、血液疾病、糖尿病、肥胖及内分泌医学于一体的网络平台,突出学科研究的优势。同时通过共同制定教育方案,提供教学实践平台,打造疾病预防、保健、治疗和研究于一体的创新机制。2017—2018 年相关数据显示,仅盖伊和圣托马斯医院年收入就达到 14.67 亿英镑,较 2013—2014 年度增长了 19%,其中临床活动收入占总收入的 80%,成为最大的收入来源,其他商业化收入占 8%,教学类收入占 5%,研究拨款占 4%(见表 5-11)。[①]

表 5-11　国王学院学术健康医学中心战略实施框架

年份	实施框架
2014 年	建立伦敦埃维莉娜社区卫生服务站; 成立南部伦敦基因医学中心
2015 年	与梅德韦信托基金会签订伙伴协议; 与达特福德和格雷夫沙姆信托基金合作成立急症护理新模式试点; 成立无烟信托基金

---

①　NHS. Together We Care:Our Strategy 2018—2023[EB/OL]. (2017-11-04)[2019-03-20]. https://www. guysandstthomas. nhs. uk/resources/publications/strategy/together-we-care-our-strategy-for-2018-2023. pdf.

续表

年份	实施框架
2016 年	与伦敦朗伯斯和南华克区本地护理记录系统实现联网； 成立伦敦东南部地区癌症监测网络； 首例 3D 技术用于机器人手术； 正式启动南丁格尔护理发展计划； 成立盖伊医院癌症中心； 拨款 6440 万英镑成立生物医学研究中心； 发布《伦敦东南部可持续发展与转型规划》； 在伦敦埃维莉娜区建立"麦当劳叔叔孩子之家"①
2017 年	成立伦敦伊芙琳娜事业战略部； 在女王玛丽医院成立盖伊癌症与肾脏治疗中心； 在圣托马斯医院成立特殊病研究中心； 与皇家布朗普顿医院开展合作计划； 与强生公司建立卓越骨科中心； 在圣托马斯医院开设胎儿心脏病学科； 盖伊医院临床研究中心首次获英国药物与医疗保健品监管局一期认证
2018 年	圣托马斯医院急症室重建工程完工； 制定并通过《皇家布朗普顿合作伙伴关系可行性研究》

其次,跨学科合作的学术优势。国王健康合作伙伴项目(KHP)是国王学院与盖伊和圣托马斯医院、国王学院医院、伦敦南部莫斯利基金信托中心共同成立的跨机构跨学科合作项目,该项目汇集了世界一流的研究、教育和临床资源,可以将研究成果付诸转化和实践,进行癌症治疗、心血管保健、儿童健康等领域的前沿学术研究。通过对世界领先的疾病治疗、实验技术和医学技术的研发,突破医学领域的前沿技术,提供创新的医学疗法,例如盖伊医院在机器人人体器官移植手术上的创新与突破,缩短了患者的康复时间,对英国移植手术产生了重大的影响。国王学院健康项目既关注临床诊疗的生命科学和基因组学等跨学科知识,也寻求解决实际问题的人工智能和信息技术及推动成果转化的商业化知识。同时中心还与三方合作伙伴共同启动疾病预防和护理治疗方面的

---

① "麦当劳叔叔孩子之家"是一家独立的非营利性组织,其使命是开发和支持改善儿童健康和福祉的项目,已在全球 64 个国家和地区建立成员机构。——笔者注

工作,为社区提供医疗保健服务①,依托医疗实践平台和医疗教学设施为来自英国和世界各地的医疗专业人员和研究人员提供培训和研究②,利用跨机构和跨学科的协同合作,产生有利于社会发展的实质性的影响。

最后,跨部门合作的服务优势。国王学院将"服务"定义为学校学生、教职员或校友与所在社区或区域(地方、国家或全球)之间共享的一种可互动的体验,通过有计划的干预,实现可预计性地改变当前或未来的结果③。将服务融入学院文化是国王学院的战略愿景,而创业是实现服务战略的路径,例如,国王学院利用法医学科在指纹检测、DNA 分析、环境取证和证据解释等方面的专业知识和研究优势,与伦敦警察署(MPS)建立跨部门的合作伙伴关系,国王学院法医科主任芭芭拉·丹尼尔博士将此举动视为"有助于法医研究和案件分析研究处于研究前沿,能够为未来的法医科学家提供世界级的教学经验"④。这一跨机构的合作有助于促进法医数据的及时更新和后续的数据分析,成为大学利用科技创新解决地方犯罪问题、维护地方治安、服务地方社会的典型案例。此外,跨部门合作的加速器计划"动物的士"(Moover)、"非洲风格"(Styled by Africa)等创业项目甚至为发展中国家带来了生产方式的改变和影响。以服务社会为职能的创业活动最终会以应用导向和问题导向的研究理念替代传统的"象牙塔"内志趣导向的研究方式,从起点和溯源为大学的创业赋予新的意义。

---

①　NHS. Together We Care：Our Strategy 2018—2023［EB/OL］. (2017-11-04)［2019-03-13］. https://www. guysandstthomas. nhs. uk/resources/publications/strategy/together-we-care-our-strategy-for-2018-2023. pdf.

②　KCL. King's Health Partners. Innovation Impact Stories：Clinical Academic Collaborations Improving the Lives of Our Patients［EB/OL］. (2018-07-16)［2019-03-15］. https://www. kingshealthpartners. org/assets/000/001/239/CAG_Innovations_book_web_original. pdf1497015750.

③　KCL. Service Strategy：A Framework for Delivery［EB/OL］. (2018-07-20)［2019-03-13］. https://www. kcl. ac. uk/aboutkings/strategy/kings-service-strategy. pdf.

④　KCL. London Stories：A Civic University at the Heart of London［EB/OL］. (2018-12-10)［2019-03-13］. https://issuu. com/kingscollegelondon/docs/kings-london-stories-2018.

第三节　要素驱动型模式分析:以剑桥大学为例

要素驱动型发展模式是创业型大学发展较为成熟和稳定时期产生的创业模式,是科技园形式的延伸,也是一种从学术研究到实际应用的线性创新模式。这种模式首先需要一个多维螺旋构建的生态集群,实现创业要素的自外而内的驱动发展和自内而外的双向互动,具备追求卓越、兼容并包、丰富多样的价值文化。作为大学和集群边界联络点的剑桥企业、科技园区和剑桥创新网络不仅是实现大学与创新集群之间要素的双向式循环流动的关键要素,更是剑桥大学创业生态系统的重要组成部分,形成内部传统学术体系与外部创新集群互为支撑的联系和纽带,共同构成要素驱动型大学学术创业与集群发展共生共荣的创业共同体(见图 5-10)。

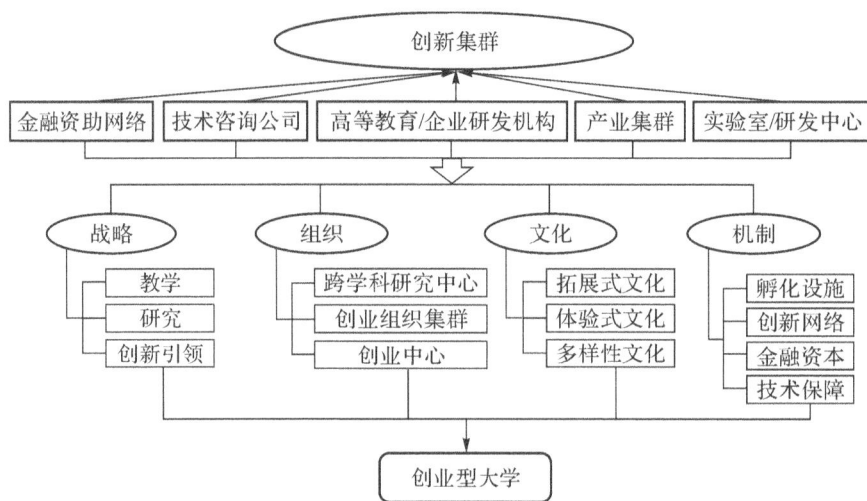

图 5-10　要素驱动型创业型大学发展模式互动机制

一、彰显创新引领的战略规划

剑桥大学是一所古老而闻名的大学,其所处的剑桥区域自 20 世纪 60 年代起,从一个沼泽边缘的农业小镇发展成为欧洲领先的技术创业中心之一,造就了"剑桥现象"等新经济形态,成为大学知识资本化、市场化和集群化发展的典型案例,剑桥大学也在这一新经济形态中实现了学术—创业—集群的转变和发展①。这所自下而上形成的、拥有先进技术公司、以创新集群为特征的充满经济增长活力②的大学一直致力于"最大限度地发挥剑桥在世界上的整体影响力",成为剑桥大学创业战略的溯源,也是促成"剑桥现象"的动因。

　　首先,对创新和创业的执着追寻是剑桥集群的兴起与繁荣的根本动力。③剑桥主要创新元素的出现可以追溯到 20 世纪 60 年代的《莫特委员会报告》及同时期出现的分子生物学实验室(见表 5-12),之后,在剑桥大学的历时百年的创新发展史中陆续出现了闻名遐迩的三一科技园、圣约翰创新中心、格兰塔园区等。1992 年,在大卫·威廉姆斯(David Williams)成为剑桥首位全职副校长后,大学内部治理权开始趋向集中,不可撼动的学院制被撬动,出现大学与学院之间权利的平衡,大学开始在更大层面上发挥战略的作用。威廉姆斯的继任者亚力克·布罗厄斯(Alec Broers)在创新变革的道路上大刀阔斧地推动剑桥大学与工业界的频繁接触,剑桥大学被赋予了创业的标签。其创业的文化和创业的精神,也伴随着两任副校长的创业革命一直延续至今。④ 从 1978 年的 20 家拥有 100 名员工的集群规模发展到现在 4700 多家拥有 6 万名员工的高科技企业,年营业额超过 130 亿美元,成就了剑桥的辉煌,也决定了剑桥的不可复制性。

---

　　① 韩萌. 剑桥大学学术创业集群的构建及其启示[J]. 高等教育研究,2020,4(1):99-106.

　　② 西·昆斯,等. 剑桥现象——高技术在大学城的发展[M]. 郭碧坚,等译. 北京:科学技术文献出版社,1988:1.

　　③ CIC. Cambridge Innovation Capital Annual Revies[R]. Cambridge:Cambridge University,2022:1.

　　④ EVANSE G R. The University of Cambridge:A New History[M]. London:L. B. Tauris & Co Ltd. ,2010:263.

表 5-12　剑桥创业生态系统主要创新元素

创新元素	1960—1970 年	1970—1980 年	1980—1990 年	1990—2000 年	2000—2010 年
剑桥大学	管理学科(包括技术转移)	沃尔夫森产业部门		启动全职副校长职位 启动贾吉创业研究机构	贾吉商学院 新知识产权法 剑桥企业集团 (Cambridge Enterprise)
研究中心	CAD 中心 分子生物学实验室				
技术咨询	剑桥咨询公司	PA 科技公司	TTP 科技通用咨询公司		
剑桥科技园		三一科技园	圣约翰创新中心	格兰塔园区	
剑桥网络				东部地区生物科技计(ERBI)剑桥网络	
文件著作	《莫特委员会报告》		《剑桥现象》		《生物科技创新集群报告》

资料来源:HODGSON R. High-technology Entrepreneurship in a University Town:The Cambridge Story[M]//The Entrepreneurial University:Context and Institutional Change. London:Routledge, 2015:68.

其次,剑桥大学拥有全球顶级的教育和研究资源,其学术声誉吸引了全球最优秀的师资和生源,也引来了源源不断的研究经费(见图 5-11)。剑桥大学多元化的收入来源增强了大学对外部不利经济条件的抵御能力,降低了其对政府拨款的依赖程度,拥有独立自主发展的话语权。

最后,学校位于欧洲最成功的创新集群剑桥现象的中心,享有创新生态系统的优势。这些优势资源决定了剑桥大学发展战略:依托剑桥创新集群生态优势驱动剑桥大学内部创业系统的发展,借力剑桥大学跨学科创新中心和剑桥集群的内部创业组织,推动剑桥大学与创新集群的互动。

二、发展集群式创新组织网络

剑桥大学拥有由跨学科中心集群、创业组织集群和科技园集群构成的创新组织网络,三大创新组织网络形成的互动环境有效地发展了创业文化的多样

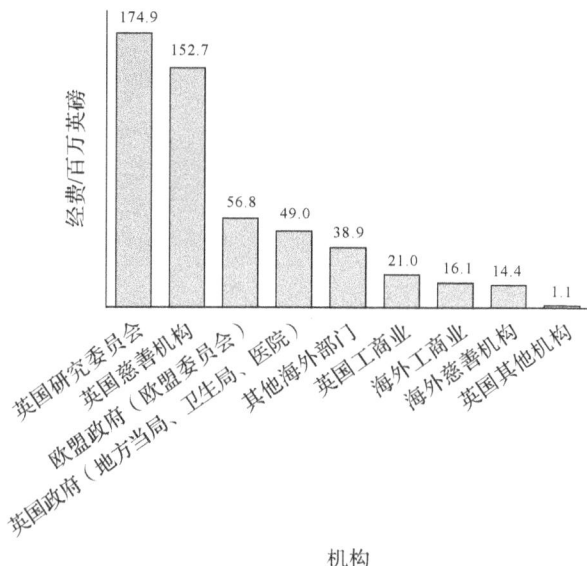

图 5-11　剑桥大学研究经费来源情况

资料来源：Reports and Financial Statement［EB/OL］. (2018-07-31)［2020-01-25］. https://www. eam. ac. uk/system/files/uoc_annual_report_2018. pdf.

性,推动了内外部创业实践项目的开展,提高了创新知识交流的成效,构建了资源驱动型的创业机制。

（一）跨学科研究中心

剑桥大学跨学科研究中心集群由 8 个跨学科研究中心组成:英国剑桥癌症研究中心、剑桥生物多样性保护中心、能源开发研究中心、全球粮食安全研究中心、传染病学研究中心、剑桥语言科学研究中心、神经科学研究中心和剑桥干细胞研究中心(见表 5-13)。跨学科研究中心通过研究战略计划和研究网络汇集来自剑桥大学内部和外部大量的学术人员和专业知识,致力于解决大规模跨学科的研究难题,加强跨学科的研究合作和成果转化,通过筹集研究经费搭建国际研究合作伙伴关系平台,提高影响全球经济、社会、政策发展的研究能力,用以解决全球性复杂和重大的经济社会、医疗健康、能源食品和语言文化等发展问题。

表 5-13　剑桥大学跨学科研究中心主要部门及其职能

主要部门	主要职能
英国剑桥癌症研究中心 (CRUK Cambridge Centre)	通过将剑桥大学与剑桥地区研究人员、临床医生、制药和生物技术行业结合,实现动态协作的跨学科机构,旨在综合世界一流的科学技术和病患护理技术,打破实验室和临床之间的障碍,开创预防、检测和治疗癌症的新方法
剑桥生物多样性保护中心 (Cambridge Conservation Initiative,CCI)	剑桥大学与 9 个国际生物多样性保护组织为确保生物多样性和社会可持续发展未来而创建的合作组织
能源开发研究中心 (Energy Znterclisciplinary Research Centre)	利用剑桥大学的专业知识、学科整合、技术研究解决能源领域重大挑战的研究中心,该中心拥有 250 多位学者从事与能源相关的研究,并在全球范围内建立学术和产业伙伴关系,以确保跨校跨学科项目获得最大的影响力
全球粮食安全研究中心 (Global Food Security Research Centre)	由大学研究人员、作物科学家、工程师、经济学专家、公共卫生专家和政策专家组成的虚拟网络机构,促进跨学科的知识共享,支持互动与合作研究,以解决从地方至全球的粮食问题,确保人们在任何时候都能获得充足、安全和营养丰富的食物
传染病学研究中心 (Ambridge Infectious Disease Research Centre)	剑桥大学及其附属研究院传染病研究人员组成的跨学科研究中心,其虚拟网络连接来自剑桥的 6 个学院及其他顶尖研究院超过 300 名传染病研究员共同开展合作研究,同时与剑桥企业集团等合作,为其研究成果商业化提供支持
剑桥语言科学研究中心 (Cambridge Language Sciences Interdisciplinary Research Centre)	旨在建立促进各学科语言科学家之间对话、激发创新思维、促进跨学科合作、开展创新研究和创造性教学的研究中心,该中心包括来自人文社科、生物科学、医学、计算机科学和工程技术学科的学者,与剑桥评估和出版社机构密切合作
神经科学研究中心 (Cambridge Neuroscience Research Centre)	剑桥神经科学研究中心始于 1953 年的索普-赞格威尔俱乐部,历经数次机构重组和更名,至 2007 年宣布成立剑桥神经科学研究中心,连接来自剑桥大学 60 多个不同部门和研究所主要研究人员的跨学科中心,主要有生物学家、精神病学家、计算机科学家、社会科学家、神经学家和流行病学家,旨在解开人类大脑和思维的奥秘,实现变革性研究

主要部门	主要职能
剑桥干细胞研究中心（MRC Cambridge Stem Cell Institute）	通过对干细胞生物学的深入研究提高疾病预防、诊断和治疗，改善人类的健康的世界级领先的研究中心，由 29 个研究小组组成，主要致力于干细胞状态、疾病中的干细胞、干细胞与治疗 3 个主题的研究

（二）创业组织集群

剑桥创业组织集群是剑桥大学科技园和产业集群等一系列创业组织的聚合，是集智力、技术、资本和网络为一体的主要推动器和策源地。剑桥创新集群的快速发展很大程度上与剑桥大学三一学院剑桥科技园、圣约翰创新中心、彼得学院科技园、剑桥贾吉商学院创业中心、创意空间企业加速器及剑桥企业集团等机构的创立和互动密不可分。科技园和创新中心为产业集群的技术公司提供了创新空间、设施和孵化器服务，贾吉商学院创业中心为集群企业提供了创业课程、创业实践和创业技能的培训，技术公司为商业问题提供解决方案，剑桥大学商业化集团负责大学知识产权许可合同、咨询合同和股权合同的管理，致力于剑桥大学研究成果的商业化运作（见表 5-14）。

表 5-14　剑桥大学主要创业型组织集群一览

组织名称	主要职能	创建主体
剑桥科技园（Cambridge Science Park）	汇聚高科技初创企业和世界领先企业的科技园区，占地 150 英亩（约 61 万平方米），共有 100 多家高科技公司和 7500 多名员工	剑桥大学三一学院
圣约翰创新中心（St John's Innovation Centre）	欧洲首个专注于支持知识型企业的创新中心，是英国历史最悠久的企业孵化器，为信息技术、通信、数码印刷、清洁技术和电子产品等行业提供 100 个单独的孵化单元，并提供培训和咨询服务	剑桥大学圣约翰学院

续表

组织名称	主要职能	创建主体
剑桥企业集团 (Cambridge Enterprise)	由剑桥大学成立的全资子公司,旨在帮助大学的创新者、创业者和企业家将知识创意和研究成果商业化的机构,其主要业务范畴有:提供咨询服务、技术转移和种子基金活动	剑桥大学
贾吉商学院创业中心 (CJBS Entrepreneurship Centre)	中心使命是为剑桥大学培养创业型人才,培育和激励全校性的创业精神,为创业者、创业导师和投资者提供创业资源,促进剑桥大学创业生态系统发展	剑桥大学贾吉商学院
剑桥理念空间 (Idea Space)	连接剑桥创业公司与大学的社区,主要业务有帮助新建企业实现成功创业并创造经济价值,与政府和高等教育机构合作制定创业政策、战略和项目,为剑桥大学提供早期风险投资的案例信息和研究	剑桥大学
剑桥网络 (Cambridge Network)	把商界和学术界人士聚集起来的跨部门会员组织,旨在促进交流、分享创意和鼓励合作	剑桥大学
赫尔曼·豪瑟论坛 (The Hauser Forum)	英格兰东部最先进的创业中心,旨在促进学术界、初创企业和成熟企业之间的创新合作	豪瑟-拉斯普基金会捐赠、英国东部发展署拨款、剑桥大学管理运营

　　剑桥大学集群化特征的创业组织推动了大学和产业集群的领域从最初的软件开发到生物科技的研究前沿,从传统的电子产业到决定人类繁衍的基因研发,真正回应了剑桥大学首席财务官安东尼·奥德格斯对剑桥大学使命的解读:"剑桥大学的战略目标并非要实现收入和利润的最大化,而是要积极支持和发挥我们社会影响力的最大化。"[①]剑桥的影响力吸引了全世界众多优秀的创业

---

① UC. Reports and Financial Statement: Annual Report of the Council for the Academic Year 2017-18.[EB/OL].(2018-07-31)[2020-01-25]. https://www.cam.ac.uk/system/files/uoc_annual_report_2018.pdf.

人才和高科技的创业公司,更进一步强化了剑桥大学的创业组织文化和创新集群的产业驱动功能,助力大学多主体支持的人力资源培养和以要素循环流动为特征的创业机制构建。

三、大学内外共生的多元文化

自从第一批僧侣从牛津大学出走,跋涉建立剑桥大学以来,剑桥创业的种子就已经成为剑桥精神的一部分。八百年来,剑桥大学出版社、卡文迪什实验室、剑桥科学仪器公司、剑桥科技园和剑桥创新集群等创业组织先后诞生,在构建剑桥大学庞大又独特的创业生态体系的同时,也将剑桥的创业精神深深地根植于剑桥的组织文化之中,形成独树一帜的"剑桥现象"。剑桥内部的组织文化与创新集群的外部环境不断交融,筑成剑桥大学内外共生的多元文化。

(一)拓展式文化:内部社团协会开展的创业实践

剑桥大学在 1999 年至 2018 年间陆续开设了一系列的创业实践项目。实践项目形式多样,内容丰富,影响广泛:有旨在激发创业兴趣和巩固创业知识的"创业星期二"和"点火项目",也有促进商业创意生成和实践的创业大赛、"企业家项目"和"创业周末平台",还有关注创新技术商业化潜力开发的"加速剑桥"和"创业科技";就创业实践的参加对象来看,既面向剑桥大学校内的本科生、硕士生、博士生、博士后研究员、教师、学术人员,又面向校外的校友、企业家、社会创业者、社区居民等,还有针对女性和中小企业群体的特定创业活动。创业实践主要在创业中心的组织下开展,但是也有由贾吉商学院推动的剑桥加速器,由创业者协会组织的商业计划竞赛活动(Cambridge University Entrepreneurs,CUE)及与继续教育研究所联合开展的创新创业暑期实践(Innovation and Entrepreneurship Summer Programme)。多主体协助开展的课外创业实践活动扩大了创业活动的覆盖面和参与度,丰富了剑桥大学创业文化的内涵和形式(见表 5-15)。

表 5-15　剑桥大学创业实践一览

序号	项目名称	项目目标	参加对象	创办年份
1	创业星期二（Enterprise Tuesday）	介绍创业知识，激发学员的创业愿望	来自剑桥或其他大学的学生、当地商业社区人员、校友	1999
2	点火项目（Ignite）	通过实践教学和指导，形成符合商业环境的商业理念	博士后，创业早期的企业家	1999
3	创业大赛（Business Creation Competition）	通过奖励商业创意或提供培训、指导和联络活动来支持和加速创业创新	跨学科的本科生到博士研究生	1999
4	企业家（Enterprisers）	该项目由剑桥—麻省理工学院合作建立，以基于实践的行动为导向开展经验性学习，旨在培养学员，从而更好地理解创新，获得将研究中的创意转变为风险资本并建立广泛联络的能力	本科生、博士生、博士后、剑桥大学教职工及其他跨学科跨国别的企业人员	2002
5	创业女性 Enterprise Women	通过培养技能、知识和信心来发掘女性创业潜能，用于创办商业公司及研究创新项目的商业化	科学与技术学科领域博士、博士后及职业早期阶段的女性	2003
6	剑桥加速器（Accelerate Cambridge）	通过创业培训、指导及创业空间共享的方式来鼓励和培育创业公司	至少有一名团队创始人与剑桥有关联（如学生、校友、教职员或剑桥居民）	2012
7	创业周末（VCWs）	在创投周末上推销商业创意，并对创意进行测试和开发	创业者、行业科学家、学术科学家、企业家、创业导师、投资者	2016
8	中小企业成长挑战计划（The SME Growth Challenge）	关注中小企业发展，通过项目的形式支持和促进中小企业管理能力的提升	中小企业	2017

序号	项目名称	项目目标	参加对象	创办年份
9	创业科技 (Enterprise Tech)	关注来自大学实验室、研究机构和企业的早期或新兴技术商业化的潜力,传授商业化技能	剑桥大学不同背景的学生、研究人员和教授等	2018
10	创新创业暑期实践 (Innovation and Entrepreneurship Summer Programme)	为期两周的创业基础强化项目,将专家模块教学的课程、行业企业家的辅导与实践活动结合,提升创业洞察力和实践开发能力	来自世界 33 个国家的科技、时尚、建筑、工程和医疗等各行业人士	2019

资料来源:① VOLKMANN C K,AUDRETSCH D B. Entrepreneurship Education at Universities:Learning from Twenty European Cases[M]. Cham:Spriger International Publishing,2017:407-444;② FOSS L,GIBSON D V. The Entrepreneurial University:Context and Institutional Change[M]. London:Routledge,2015:67-89;③UC. Explore Our Entrepreneurial Programmes[EB/OL].[2020-11-12]. https://www. jbs. cam. ac. uk/entrepreneurship/programmes/;④UC. Innovation and Entrepreneurship Summer Programme[EB/OL].[2020-11-12] https://www. jbs. cam. ac. uk/entrepreneurship/programmes/innovation-and-entrepreneurship/.

(二)体验式文化:外部资源助推的商业化模式

剑桥大学多元化的创业学习模式是大学密切联系商业、产业和社区的集中反映,剑桥创新集群的外部网络也为大学的创业学习提供了商业化教学实践的平台。剑桥大学商业化教学模式是在强调学习者"迁移性技能"(transferable skill)的基础上开设的,在教学过程的创新、实施、发展阶段都贯穿和融入了"迁移性技能"的学习理念(见图 5-12)。在外部企业支持下的"企业家项目""创业星期二""创业科技""点火项目"等实践活动帮助学习者将课堂中掌握的创业知识、技术知识和商业知识迁移到将知识、技术、产品和服务进行商业化并应用于社会发展的实践技能中,深入了解和掌握创造能力、信息需求能力、容忍力等个体特征所需具备的创新能力。在外部资源参与运作的加速器、孵化器等创业环境中体验产品开发、团队组织和资源利用等创新阶段的关键特征,从中获取学习的经历、管理的实践体验和创业的实践模拟,实现从创新到实施和发展的全程商业化体验，让学生在"做中学"的活动中得以实现知识的运用和锻炼[①]，在商业化模式中体验创业文化从外部驱动的多样性。

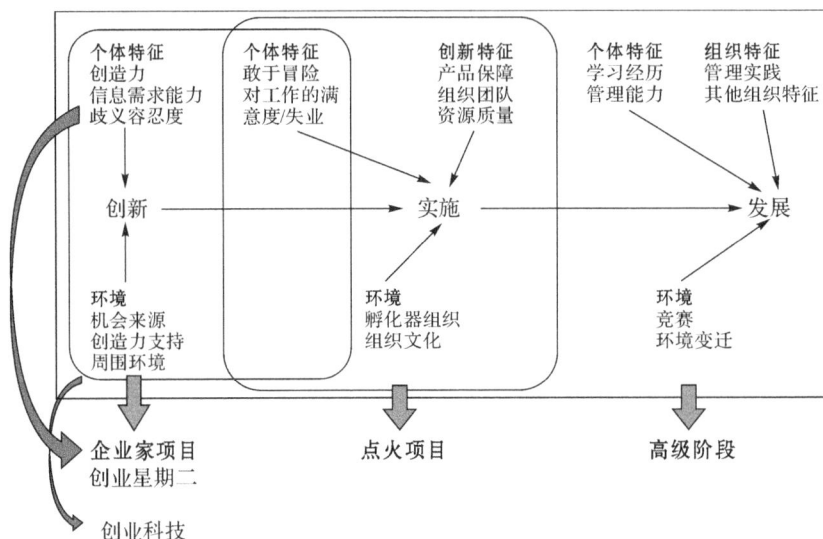

图 5-12 剑桥大学商业化教学模式

资料来源：VYAKARNAM S, HARTMAN N. Unlocking The Enterpriser Inside—A Book of Why, What and How! [M]. Singapore：World Scientific Publishing Co. Pte. Ltd. , 2011：55.

（三）多样性文化：多主体参与共建的多元文化

剑桥大学的创业文化并不局限于课程项目的沉浸式学习，其内外部多主体的支持与发展是剑桥大学创业组织文化呈现出内外共生、和谐发展多元特征的根本原因。

第一，强有力的政策和资金支持多元文化共建。剑桥大学创业文化的扶持不仅仅来自英国政府的"高等教育创业"计划，更多的资助来源于剑桥产业集群和工商业界的大力支持：由剑桥产业集群联合设立的剑桥创业种子基金、剑桥大学企业基金和剑桥企业风险合作伙伴计划等基金共同资助剑桥大学的创业

---

① GUERRERO M, CUNNINGHAM J A, URBANO D. Economic Impact of Entrepreneurial Universities' Activities：An Exploratory Study of the United Kingdon[J]. Research Policy, 2015,44(3)：748-764.

学习、创业孵化和创办公司等活动,为培育和谐共生的创业文化保驾护航。

第二,多元主体构筑系统化的创业体验。剑桥大学完善的创业体系离不开社会组织、社团协会和外部产业的鼎力支持:在研究委员会等机构组织的支持下,开设了剑桥大学科技创业和创业证书项目课程;在社团协会的组织下,成功实施了"创业星期二"和"企业成长挑战计划"等实践活动;在企业家的联合教授中取得了专家创业学习模块和商业化教学模式的成功。多主体支持的创业活动形成了剑桥大学文化的多样性和包容性。

第三,剑桥集群和校友资源提供分享式校友文化。剑桥大学不仅拥有欧洲最重要的高密度的科技产业集群,还有以剑桥集群网络和剑桥创新网络覆盖的庞大的校友资源。科技创新集群和优秀校友资源为创业学生提供了全方位接触商业运作和企业家的机会,让学生从真实的世界和别人的成功中汲取营养,建立自己的创业价值观。剑桥大学利用大学内外部多主体的支持,建构了科学共同体与社会产业之间的双向甚至三向的循环链条①,推动剑桥大学多元组织文化的形成。

第四,剑桥大学的历史沿革决定创业文化的内外互动性。自 20 世纪 90 年代初开始,剑桥大学的创业活动开始向美国斯坦福大学和麻省理工学院学习,出台创业激励政策,成立沃尔夫森工业联络办公室,与麻省理工学院合作建立剑桥—麻省项目,组织创业竞赛,实施创业计划等,这些举措都从不同的途径为学生、教师和研究人员提供了外部交流的机会和支持。之后,剑桥企业集团和贾吉商学院创业中心的成立,标志着剑桥大学的创业活动进入组织化和不断巩固的阶段,创业文化呈现出内外互动的特点。

第五,剑桥学术文化与创业文化、商业文化与自由文化的价值融合。外部剑桥科技园产业集群的创新活动为大学内部的创业集群提供了技术、设施、场所和环境等保障,推动剑桥大学形成高质量的创业人力资源、活跃的创业资助体系、雄厚的创业技术支持、完善的科技园孵化设施和广泛覆盖的创新网络。

---

① 吉川弘之,内藤耕.产业科学技术哲学[M].王秋菊,陈凡,译.沈阳:辽宁人民出版社,2015:8.

剑桥大学推动大学发展的各项集群性要素在大学—集群—大学的创业链中循环流动,剑桥集群的创业精神也在大学不断创新发展的过程中物化外显,最终沉淀出剑桥大学"学术和创业""商业和自由"等价值文化。

四、外部资源驱动的创业机制

剑桥大学知识交流创新的卓越成效得益于剑桥创新集群科技园区、孵化器、加速器、金融资本、技术机构和创新网络机制要素的外部驱动,以及剑桥大学内部创业战略规划、创业组织集群和创业文化要素之间的多向交流,这些构成了其要素驱动型创业机制的特征。

(一)完善的科技园孵化设施

剑桥科技园区、孵化器和加速器等创业组织的集合体是推动剑桥从一个农业小镇转变为世界领先产业创新集群的重要组织基础。剑桥科技园区目前拥有120多家企业,这些企业汇聚了剑桥大学的分支机构、衍生公司、各类创业孵化器和加速器及跨国公司入驻剑桥科技园,吸引了全球科技精英、优秀企业家和创业人才。剑桥为这些不断增长的企业和人才提供了创业的公共场地、基础设施、交通服务、研究支持及生活休闲设施,为知识密集型和高科技的创业公司提供了优质的创业环境,正如《剑桥现象》中所言:"剑桥集群的特点在于它是一个巨大的科技园,在这个科技园里,从研究中走出大批衍生公司,从孵化器中走出大量新生企业。"[①]剑桥科技园、巴布拉汉生物孵化器、剑桥生物医药园区、切斯特福德研究园区、科尔沃斯科技园区、未来商业孵化中心、格兰塔园区、理念空间创业加速器、墨尔本科技园及圣约翰创新中心等创业组织构建了一个巨大的科技创业孵化器,为园区中的产业提供孵化的设施、场所和支持,孕育了大批的高科技创业公司(见表5-16)。

---

① 凯特·柯克,查尔斯·科顿. 剑桥现象:50年的创新与创业[M]. 安米,译. 青岛:青岛出版社,2017:168.

表 5-16 剑桥科技园区与孵化器

设施名称	主要内容	类型
剑桥科技园 (Cambridge Science Park)	建于 1998 年,三一学院拥有剑桥科技园永久产权,该科技园占地 1.65 平方千米,拥有 15.79 万平方米的高科技实验室建筑楼群,100 多家高科技公司和初创企业,约 7500 多名员工	科技园
巴布拉汉生物孵化器 (Babraham Bioincubator)	为巴布拉汉研究所的成果商业化提供孵化空间。该研究所由生物技术和科学研究理事会(BBSRC)资助,重点关注表观遗传学、信号传导和淋巴细胞信号传导领域的研究	孵化器
剑桥生物医药园区 (Cambridge Biomedical Campus)	欧洲最大的生物科学和医学研究基地,由剑桥大学负责管理,内设爱登布鲁克等多所教学型医院、制药公司和研究中心,吸引医疗健康和生命科学领域的就业人才和创业投资,为新创公司提供研究支持和商业支持	孵化器
切斯特福德研究园区 (Chesterford Research Park)	成立于 2000 年,占地 1.01 平方千米,主要为各种规模的生物技术、制药和技术研发公司提供先进的实验室和办公空间等创业设施和环境	科技园
科尔沃斯科技园区 (Colworth Science Park)	为贝特福德地区食品、健康、医疗、生命科学、绿色能源等领域的创业公司提供实验室、办公室和附属空间,推动技术转让和研发的商业化	科技园
未来商业中心 (Future Business Centre)	位于剑桥的一个新的商业孵化器中心,目标是通过社会投融资等方式为社会企业、小型企业、初创企业和清洁技术部门提供投资空间	孵化器
格兰塔园区 (Granta Park)	位于剑桥东南 11.265 千米处的研发园区,为生命科学领域初创公司提供 5.57 万平方米的实验室和办公空间	科技园
理念空间创业加速器 (IdeaSpace Enterprise Accelerator)	分为市区加速器、西区加速器和南区加速器,市区加速器位于剑桥市内,西区总部位于剑桥豪瑟论坛,南区总部位于剑桥大学生物医学创新中心,加速器旨在推动新创企业的初期发展	加速器
墨尔本科技园 (Melbourn Science Park)	位于剑桥南部的科技园,隶属于 TTP 集团,占地 6.88 万平方米,拥有 9 栋超过 1.86 万平方米的建筑楼,为制药、生物化学、通信、电子、测试、机械工程等领域提供技术咨询和创业支持	科技园

续表

设施名称	主要内容	类型
圣约翰创新中心 (St. John's Innovation Centre)	由圣约翰学院成立并全资拥有,为 60 家初期知识密集型企业和专业技术公司提供业务支持和创业场地	孵化器

资料来源:①St. John's Innovation Centre Ltd. Cambridge Technopole Report:An Overview of the UK's Leading High-technology Business Cluster[EB/OL]. (2013-09-16)[2021-02-13]. https://www. ifm. eng. cam. ac. uk/research/ctm/ctmresearch/te/cambridge-technopole/; ②KIRK K,COTTON C. The Cambridge Phenomenon:50 Years of Innovation and Enterprise[M],London:Third Millennium Publishing,2012.

(二)高效覆盖的创新网络

剑桥创新网络是多个跨部门机构组织而成的汇集了广泛的技术和商业信息的交流平台,它把商界、产业界和学术界创业人士聚集在一起,彼此见面、分享创意、鼓励合作。据不完全统计,剑桥至少存在 52 个独立的商业与科技创新网络,这些社交网络技术日益广泛地运用于创业和创新活动的联络和宣传,为更多的企业家提供创造商机的多种机会[①]。剑桥创新网络形式多样,既有受众面广泛的网络平台,也有实行会员制的国际组织;既有联盟形式的创业集群,也有非营利性质的创业工作室(见表 5-17)。多数网络组织都有其明确的服务宗旨和对象,针对的行业领域多集中在高科技、工程、信息、医疗与生命科学领域,也有个别创新网络关注艺术文化类的创业支持,这与剑桥以工程技术和生命科学为主要创业领域的特点不无关联。除此之外,《剑桥商业周刊》《剑桥大学商业传媒报道》《剑桥新闻》及剑桥集群在线服务等媒介也充当了剑桥集群创新创业的交流通道和互动载体,起到促进集群内创业主体间通力合作的重要作用。剑桥网络还承担剑桥地区各组织的联络中心之职,促进创新网络会员间的创业合作和资源共享。网络的互动关系有助于形成代际互联,富有经验的企业家积

---

① 凯特•柯克•查尔斯•科顿. 剑桥现象:50 年的创新与创业[M]. 安米,译. 青岛:青岛出版社,2017:161

极参加网络组织活动,使创业的知识和经验得到了不间断的传承①。剑桥创新网络的多样性又促成了网络中的每一个创业者与他人建立联系并无偿提供帮助的氛围,形成了剑桥创业机制中最为重要的无形资产:一种乐于助人、不求回报的态度,这被视为"剑桥精神"的实质。"剑桥精神"不仅是剑桥大学追寻创新这一大学文化的传承,更是剑桥现象辉煌璀璨的根源。

表 5-17 剑桥大学创新网络组织

创新网络名称	主要内容	行业领域
商业领导者网络 (Business Leader's Network,BLN)	成立于 2007 年,旨在促进英国科技领域投资者和创新集群企业之间的互动、交流和投资活动,办公地点设在剑桥	技术
剑桥创业电梯 (Cambridge Start-up Elevator)	汇集全球新创企业分享创业经验、最佳实践和商业化成效的网络社区	不限
剑桥高科技小企业协会 (Cambridge High-tech Association of Small Enterprises,CHASE)	由技术爱好者在剑桥地区成立的高科技新创企业和小企业协会,主要举办技术类主题的讲座和社交活动	高科技
剑桥网络 (Cambridge Network)	联系企业界、学术界和高科技领域创业人士的社交平台,注册会员有 16700 余人,"鼓励合作、共享成功"是剑桥网络的使命	高科技
剑桥大学制造研究所 (Cambridge University Institute for Manufacturing,IfM)	剑桥大学工程系的一部分,与工业界、政府和其他机构有直接接触,以推动一种集工程和经济管理学科于一体的现代制造研究方法,业务范围覆盖研究、教育、培训、咨询和工业应用	工程
剑桥无线 (Cambridge Network)	覆盖无线移动、互联网、半导体和软件技术开发与应用的国际组织,拥有近 400 家公司成员,并为其提供学术界和产业界的动态论坛	信息技术

---

① 凯特・柯克・查尔斯・科顿. 剑桥现象:50 年的创新与创业[M]. 安米,译. 青岛:青岛出版社,2017:188.

261

续表

创新网络名称	主要内容	行业领域
剑桥创意 (Camcreative)	覆盖艺术、传媒、文学、出版、设计、表演和文化等多元化形式的社交网络,旨在为剑桥创业者提供平面与网页设计,为创意部门提供形象参考	文化艺术
剑桥清洁技术协会 (Cambridge Cleantech)	为支持大剑桥地区环保产品、服务和清洁技术公司发展的网络组织,致力于将创新清洁技术的创造者与实现研究商业化的金融家、合作伙伴、客户联系起来的创新中心	环保
互联剑桥 (Connected Cambridge)	互联剑桥是全球十个互联集群之一①,其共同目标是创建一个顶级互联创业社区并彼此受益	不限
制造空间 (Make Space)	位于剑桥的社区工作室,为会员开发创意、互动社交、项目分享、召开研讨会等提供场地和设备	不限
一核催化器 (One Nucleus: The Business Catalyst for Life Sciences)	非营利性生命科学与医疗会员组织,总部位于剑桥,支持与大伦敦剑桥地区合作和开展活动的创业机构、公司和创业者	生命科学

资料来源:①St. John's Innovation Centre Ltd. Cambridge Technopole Report:An Overview of the UK's Leading High-technology Business Cluster[EB/OL]. (2013-09-16)[2021-02-13], https://www. ifm. eng. cam. ac. uk/research/ctm/ctmresearch/te/cambridge-technopole/;②Cambridge Institute for Manufacturing(IFM) Innovative Manufacturing Research Centre [EB/OL][2021-02-13]. https://www. ifm. eng. cam. ac. uk/research/imrc/;③Cambridge Wireless Annual Review 2017 [EB/OL]. (2017-04-06)[2021-02-13]. https://www. cambridgewireless. co. uk/media/uploads/files/CW_Annual_Report_2017. pdf.

(三)雄厚的创业金融资本

剑桥大学和剑桥创新集群的发展一直以来都具有与金融资本密切联系并受到金融资金资助的特点。从 20 世纪 80 年代初巴克莱银行开启对新技术企业的风险投资以来,剑桥大学形成了对新创企业筹集资金、制订创业方案及提供监督和经营建议的创业金融支撑体系。从剑桥集群初期的德丰杰风险投资基金、阿玛迪斯投资基金到近期的英沃克投资基金和剑桥创新资本,为剑桥大

---

① 全球 10 个互联集群(connected clusters)分别是互联剑桥、互联牛津、互联上海、互联班加罗尔、互联波士顿、互联香港、互联布里斯托尔、互联慕尼黑、互联埃因霍温及互联伦敦。——笔者注

学营造了雄厚而坚实的资本环境(见表5-18)。

表 5-18　剑桥创业金融支撑体系

资助项目	资助领域	成立年份
德丰杰风险投资基金 (Draper Fisher Jurvetson Esprit)	投资在技术、媒体、电信和医疗保健领域具有高增长潜力值的企业	1985
3i 集团 (3i Group plc)	与艾维拉生物风险投资公司共同出资投资生命科学领域的剑桥公司	1987
阿玛迪斯投资基金 (Amadeus Capital Partners)	通信、计算机与网络软硬件、媒体、电子商务、医疗及清洁能源技术	1997
TTP 风险管理有限公司 (TTPVenture Managers)	TTP 集团风险投资部门,关注电子设备、清洁技术、无线网络设备、医疗保健技术、药物输送技术领域新创公司的风险投资	1998
艾维拉生物风险投资基金 (Avlar Bioventures)	生物技术、生命科学、医疗保健领域,重点关注疫苗制药、细胞治疗、肿瘤学和预防医学等	1999
剑桥企业种子基金 (Cambridge Enterprise Seed Funds)	为基于剑桥大学研究创办的衍生公司或大学师生新创企业发展提供早期的创业资本	2000
剑桥天使投资基金 (Cambridge Angels)	加快剑桥新创企业的早期投资	2001
剑桥资本集团 (Cambridge Capital Group)	由天使投资人组成的股权私募财团,为处于创业初期阶段的科技公司提供资金	2001
智力投资基金 (IQ Capital)	为科技企业提供创业初期的种子基金和发展期的拓展基金支持	2006
英沃克投资基金 (Invoke Capital)	专注于基因组学、安全技术、模式识别、信号处理和大数据等领域初创企业的投资	2012
剑桥创新资本 (Cambridge Innovation Capital)	投资剑桥大学或剑桥创新集群高科技企业的创业和成长	2013

资料来源:①St. John's Innovation Centre Ltd. Cambridge Technopole Report: An Overview of the UK's Leading High-technology Business Cluster[EB/OL]. (2013-09-16)[2021-02-13]. https://www. ifm. eng. cam. ac. uk/research/ctm/ctmresearch/te/cambridge-technopole/; ②KIRK K, COTTON C. The Cambridge Phenomenon: 50 Years of Innovation and Enterprise[M]. London: Third Millennium Publishing,2012.

剑桥大学的创业资助基金主要对剑桥大学企业和创新集群的高科技公司

给予创业经费资助，每一个基金都有其具体和明确的资助领域：例如剑桥创业种子基金，又名大学挑战基金（University Challenge Fund），支持剑桥大学衍生公司或社会新创公司启动的早期资本，自种子基金启动以来，已筹集了16亿美元的投资经费，雇用了超过1000名员工，在医疗、清洁能源和信息通信技术领域制定和开发创业投资方案，仅2018年，种子基金就投入660万英镑用于支持28项投资项目的创建和发展[①]；剑桥大学企业基金（Cambridge Enterprise Fund）以筹集经费与剑桥社会创业公司（Cambridge Social Venture）[②]合作的形式为新创企业争取额外的天使投资和风险投资基金；剑桥企业风险合作伙伴计划（Cambridge Enterprise Venture Partners Programme）负责联系和资助新创企业和投资者；剑桥创新资本公司（Cambridge Innovation Capital，CIC）是由剑桥大学捐赠基金会资助成立的，主要用于支持剑桥大学新创企业和剑桥创新集群高科技企业创业，该项目与剑桥大学的商业化部门剑桥企业集团保持密切联系，主要关注医疗技术的创新和商业化。创新资本拥有经验丰富的董事会、技术咨询团队、顾问团队和高层管理团队，负责大部分剑桥创新集群企业技术的商业化运作，并为剑桥创新集群的企业提供中长期的创业资金。

（四）创新研发的技术保障

除了风险投资基金保障，剑桥大学卓越的创业标杆形象还因为其拥有一批创新技术的提供者。技术咨询提供机构，企业研发机构和高等教育研究机构、实验室、创新研究中心等为剑桥大学筑牢世界一流坚不可摧的技术保障（见表5-19）。

---

① UC Enterprise. Cambridge Enterprise Annual Review［EB/OL］. (2019-01-30)［2021-02-15］. https://www.enterprise.cam.ac.uk/wp-content/uploads/2019/01/Annual-Review-2018.pdf.

② 剑桥社会创业公司是剑桥大学贾吉商学院社会创新中心设立的支持社会企业家和创业者开展商业活动的项目。——笔者注

表 5-19　剑桥大学创新活动技术支持机构

机构类型	机构名称(部分)
技术咨询机构	TTP 集团公司(The Technology Partnership Group) 剑桥咨询公司(Cambridge Consultants) 萨根提公司(Sagentia) PA 技术公司(PA Technology)
高等教育机构、实验室、研究中心	剑桥大学跨学科研究中心(Interdisciplinary Research Centres) 分子生物学实验室(Laboratory of Molecular Biology) 微软剑桥研究院(Microsoft Cambridge Research) 联合利华分子信息学中心(Unilever Centre for Molecular Informatics) 剑桥生物医药园区(Cambridge Biomedical Campus)
企业研发机构	诺基亚研究中心(NRC) 东芝研究所(Toshiba Research) 葛兰素史克斯蒂夫尼奇生物研发中心(Stevenage Bioscience Catalyst)

资料来源：①St. John's Innovation Centre Ltd. Cambridge Technopole Report：An Overview of the UK's Leading High-Technology Business Cluster[EB/OL]. (2013-09-16) [2021-02-13]. https://www.ifm.eng.cam.ac.uk/research/ctm/ctmresearch/te/cambridge-technopole/;②KIRK K, COTTON C. The Cambridge Phenomenon：50 Years of Innovation and Enterprise[M]. London：Third Millennium Publishing，2012.

首先,技术咨询机构。剑桥技术咨询公司的业务包括支持大学职员、研究人员和学生衍生公司的创办,咨询机构的目的在于"让剑桥大学的大脑处理英国工业的问题"[1],为政府和企业等外部机构担任专家顾问,提供专业支持和咨询顾问,在支援和顾问的基础上创立自己的企业。例如由剑桥大学毕业生蒂姆·埃罗阿特(Tim Eiloart)和戴维·索斯沃德(David Southward)于 1960 年创建的剑桥咨询公司(Cambridge Consultants),在提供工业喷墨打印专业技术的基础上建立了一系列成功的企业,多米诺印刷科技公司就是其中一个典型的创业案例。此外,剑桥咨询公司所涉及的业务并不局限于技术领域,其涵盖的社

---

① CU. The Cambridge Phenomenon[EB/OL]. (2017-02-01)[2021-02-15]. http://www.cambridgephenomenon.com/phenomenon/.

会咨询服务在世界范围内产生了更深远的影响,例如剑桥大学神学院宗教人类学家克里斯·摩西(Chris Moses)博士团队受剑桥清真寺信托基金委托,探访当地居民,查阅人口普查和慈善委员会的数据及宗教组织现存的记录,利用其之前对伊斯兰机构和公共领域人种志的研究,撰写了包括剑桥穆斯林人口统计、社区需求、清真寺初期财务和组织情况及英国全国伊斯兰机构现状等多个主题报告,并就清真寺在融入所在城市的动态过程中面临的语言与种族多样性问题、长远与短期内穆斯林人口数量问题及对社会经济趋势的影响问题做出了分析。这份咨询报告指出了清真寺在社区理解和交流中的文化桥梁的标杆作用,也对有关穆斯林研究的人类学和民族学产生了深远的影响。

其次,企业研发机构。剑桥内的企业研发实验室等创新活动的技术支持机构通过研发创新的项目推动剑桥的技术创新。诺基亚研究中心、东芝研究所和葛兰素史克斯蒂夫尼奇生物研发中心都是依托剑桥大学设立的全球著名企业研发机构。为了整合研发机构的技术力量攻坚克难,剑桥大学成立了剑桥服务联盟,将英国航太系统、IBM 公司、剑桥大学工程系和贾吉商学院联合起来,形成剑桥集群内较大规模的学术商业合作项目,共同应对复杂产品服务系统的开发和挑战。

最后,高等教育研究机构、实验室、跨学科研究中心。剑桥大学的跨学科研究中心及剑桥周边的研究所、实验室也是剑桥现象和集群环境形成的重要贡献者,这些研究所和实验室与大学保持密切的教学联系和学术交流,如微软剑桥研究院、分子生物学实验室、桑格研究所、联合利华分子信息学中心及剑桥生物医药园区等机构为剑桥集群的创业公司提供了技术和智力支持。

创新的线性模型可归纳为:技术推动发明,发明产生新产品,新产品投入市场,随着客户的使用和消费促进新产品的扩散。但是仅靠研究经费的投入和研究强度增加的方式本身并不能实现知识转化为收益的市场创新,更不能创造集群效应的创新模式。因此剑桥大学要素驱动型模式是集创业组织集群、创新组织网络、创业多元文化和外部驱动创业为一体的循环链条,构成大学与集群之间要素互为驱动的创业生态系统,从而推动剑桥大学创新引领式战略目标的实现。

第四节　三种模式的比较

大学的创业发展模式是在高等教育历史演变、国家宏观政策引导、社会创业环境和大学自身发展的变迁过程中逐步形成的。各所大学之间的历史沿革、学术传统、大学定位、发展愿景甚至地理位置的差异必然带来发展模式和创业特点的不同。本节旨在对创业型大学发展不同案例的系统梳理中对不同模式的异同点做出分析和比较，以更好地理解英国创业型大学发展模式的特点及其适用范围。

一、主要异同点比较分析

从大学发展战略来看，考文垂大学、伦敦大学国王学院和剑桥大学依然将人才培养、科学研究、创新创业和社会服务视为大学使命和战略核心，但是在具体规划策略上仍然有所不同。大学经费渠道虽然都已实现政府拨款、社会资助和大学创收的多元化，但是经费来源的占比和配置各有侧重。大学定位、办学理念、历史沉淀和经费渠道的异同导致三所大学在组织要素、文化要素和机制要素的运行和互动过程中既存在共性，又体现出各自的特点（见表5-20）。

表5-20　三种模式的特点比较

项目	要素整合型发展模式	要素合作型发展模式	要素驱动型发展模式
大学类型	92后应用型大学	罗素集团研究型大学	全球精英型大学
使命战略	教学、研究、创业创新、国际化、社会服务	教学、研究、社会服务	教学、研究、创新引领
经费渠道	政府拨款、项目资助、大学创收	政府拨款、研究资助、产业资助、社会自主、大学创收	政府拨款、研究资助、社会资助、产业资助、金融资本

续表

项目	要素整合型发展模式	要素合作型发展模式	要素驱动型发展模式
组织架构	副校长制 创业中心	副校长制 创新研究院 创业学院 商业化集团	学院制/副校长制 校内:创业中心、跨学科研究中心、创业组织集群、商学院、商业化集团 校外:科技园区、技术咨询公司、企业研发机构、创新网络、创新集群
文化建设	课程文化 校园文化	体验式文化 合作型文化 领导力文化	多元文化 学术文化 自由文化 校友文化 集群文化 创新文化
创业机制	项目共建 孵化器创业	创业团队 管理制度 伙伴项目 分布式孵化 协同合作	科技园区 创新网络 金融资本 技术保障 创新集群
创业特点	创业组织整合全校性资源要素	学术组织、创业组织与外部机构创业要素的协同合作	创业要素在大学内部和外部创新集群间的循环式互动
互动运行	集权型互动机制	合作型互动机制	驱动型互动机制
社会服务	培养创业型人才 提供就业岗位 促进商业发展 助力经济增长 服务社区生活	培养领导型人才 提供研究推动的创新发展 形成区域链块式服务 提升居民生活品质 促进社会经济发展	培养创新型人才 开展具有全球影响力的创新变革 引领全球社会、经济、技术的创新发展
影响范围	社区、区域及周边地区	社区、区域、全国、世界范围	全球范围

第一,就组织要素而言,为了促进大学的创新创业、知识流动和成果转化,三所大学都明确了副校长负责制的创业组织架构,成立了开展创业人才培养的创业中心、创新中心或者创业学院,负责知识交流和成果转化的商业化集团、技术转移办公室、代理机构等及为创业公司提供创业设施、场地和服务的科技园。

但是考文垂大学创业型组织架构的整合性决定了创业中心在开展人才培养、文化培育和知识交流过程中的单一性；国王学院的创业组织更多的履行提供专利授权、技术转移、衍生公司等促进成果转化活动的组织功能和推动与外部战略伙伴合作创新的协调和服务功能；剑桥大学的创业组织已经形成集群规模，具备成熟的组织驱动能力，不仅搭建了内部的创业资源的融合与互动，也有利于促进剑桥大学与创新集群和创新网络之间要素的流动，为剑桥驱动型的创业模式提供制度、文化和环境的有力支持。

第二，就文化要素而言，通过创业教育实施的创业课程、创业实践和拓展项目无疑是三所大学共同的文化载体和培育手段。但是从文化观念和实施路径来看，考文垂大学更注重课程文化、技能文化和校园文化的培育；伦敦大学国王学院和剑桥大学的发展理念强调"知识创新"和"知识服务"，在人才培养中体现为"领导力"的塑造，因此国王学院的创业文化是强调创业精神、服务意识和自我效能实现的领导力文化。办学历史悠久的剑桥大学在传统与创新、学术与市场、自由与问责的坚守和博弈中形成了剑桥大学独特的内外共生、兼容并包、海纳百川的多样性文化，从而铸就剑桥大学独树一帜的文化特征和办学特色。

第三，就机制要素而言，三所大学都将知识交流活动作为大学学术创业和与外部利益相关者互动合作的重要载体，通过知识交流为地方和区域提供优质的创业人才和就业岗位，提升社区居民的生活品质，促进当地的商业发展和经济增长。然而，就机制的运行特点和成效来看，考文垂大学的创业实施以周边社区和地方的发展需求为导向，具有明显的项目依附性和地域局限性；国王学院的知识交流强调与外部机构的协同合作，显示出推动区域链块发展的区域性和服务性；剑桥大学的创业生态具有明显的外部集群驱动性、包容性和多样性特征，在社会变革、技术创新和推动经济发展方面都具有全球性的影响力。

二、适用范围比较分析

创业型大学的发展模式是在对英国不同类型的创业型大学运行和发展过程中呈现的特点的梳理和归纳的基础上做出的大致划分，并非单个的、孤立的，也不是绝对的和割裂开来的。因此对创业型大学发展模式适用范围的划分也旨在对创业型大学的研究和实践提供行之有效的策略和路径的归纳,进一步提升对英国创业型大学的宏观理解。

第一,要素整合型发展模式。从发展时期上看,整合型发展模式较多地出现在创业型大学转型的初期阶段,通常适合研究实力和创业能力比较薄弱的地方院校、工程技术类院校和应用型大学。前述案例中考文垂大学是整合型发展模式较为典型的代表,其特点是利用全校性整合创业资源的方式推动创业型大学的整体构建并实现创业要素集权式的互动,形成自上而下的创业发展路径。兰卡斯特大学、苏塞克斯大学、提赛德大学、林肯大学、利物浦约翰摩尔斯大学、索尔福德大学、南安普敦索伦特大学、诺桑比亚大学、赫特福德大学等均采用资源整合型模式推动大学的创业发展。

第二,要素合作型发展模式。从发展潜力上看,要素合作型发展模式是具有发展潜力、较为成熟的大学创业模式,通常处于转型中后期且具备较强研发转化能力的创业型大学更倾向于采用合作式的发展模型。在这一类的大学中,罗素集团研究型大学居多,也不乏取得卓越成就的老牌的创业型大学,如沃里克大学、斯特拉斯克莱德大学和拉夫堡大学等。要素合作模式的创业型大学强调基础研究、应用研究和创新研究支持的知识交流和服务社会,其创业文化也随之表征为研究转化的价值文化。同时,合作型大学重视大学内部创业组织和创业要素之间的互动,更强调大学与外部机构建立的战略伙伴关系及通过战略伙伴关系的协同创新开展的实效性和影响力。前述章节详细分析了伦敦大学国王学院的要素合作过程和模式,此外,还有卡迪夫大学、利兹大学、诺丁汉大学、曼彻斯特大学等也适用于要素合作的创业型大学发展模式。

第三,要素驱动型发展模式。从创业模式的特征上看,要素驱动型发展模式是创业型大学发展较为成熟和稳定时期产生的创业模式,被视为"科技园的延伸"形式[①]，"科技园的延伸"既是创业要素实现驱动发展的前提条件，也是创业型大学进入成熟阶段的重要标志。因此，这一类型的创业型大学除了拥有卓越的基础研究和雄厚的成果转化实力，还需要来自外围创新集群和产业集群等创业资源形成的驱动型和支持型生态系统，如剑桥大学的剑桥创新集群、牛津大学的科技园区、美国斯坦福大学所在的硅谷、麻省理工学院附近的 128 公路等。

　　表 5-21 对比了要素整合型发展模式、要素合作型发展模式和要素驱动型发展模式在适用阶段、适用对象和代表性大学方面的情况。

表 5-21　三种模式适用范围比较

	要素整合型发展模式	要素合作型发展模式	要素驱动型发展模式
适用阶段	创业型大学转型初期或研究创业实力薄弱时期	创业型大学转型中后期或研究创业实力较强时期	创业型大学成熟时期
适用对象	适用于转型初期或研究基础较薄弱的地方院校、工程技术类院校和应用型高校	适用于具备较强研究实力、较成熟创业机制和商业转化能力的综合性大学	适用于少数具备世界顶级教学资源、研究实力和创新能力的精英型大学
部分代表性创业型大学	考文垂大学 兰卡斯特大学 苏塞克斯大学 提赛德大学 林肯大学 利物浦约翰摩尔斯大学 索尔福德大学 阿斯顿大学 中央兰开夏大学 伦敦南岸大学 南安普敦索伦特大学 诺桑比亚大学 安格利亚鲁斯金大学 普利茅斯大学 哈德斯菲尔德大学 赫特福德大学 萨里大学	伦敦大学国王学院* 卡迪夫大学* 利兹大学* 诺丁汉大学* 谢菲尔德大学* 曼彻斯特大学* 杜伦大学* 爱丁堡大学* 伦敦帝国理工学院* 伯明翰大学* 斯特拉斯克莱德大学* 拉夫堡大学* 沃里克大学*	剑桥大学* 牛津大学*

注：* 为罗素集团研究型大学。

　　① ETZKOWITZ H. Innovation in Innovation：The Triple Helix of University-industry-government Relations［J］. Social Science Information，2003(42)：293-337.

综上所述,要素整合型发展模式是传统创业型大学的典型范式,强调加强驾驭核心的组织变革和高效率的扁平化机构设置,体现为创业组织的统筹、创业资源的整合和创业制度的集权。由于这一类的创业型大学多由多科技术学院或92后应用型大学转型而来,往往具有"因需求而生"的办学传统和历史渊源,普遍强调服务于地方社会发展的人才培养理念和满足地方产业需求的创业导向,在与社会互动的知识交流中还表现为单一型以拓展创收渠道为主的创业机制,在成果转化过程中过于依赖由欧盟组织、政府部门和非政府机构提供的合作项目的创业路径。

要素合作型发展模式和要素驱动型发展模式的共同点在于两者都依托大学自身的研究优势,强调知识创新,注重与外部机构的协同合作,与政府公共部门、私营部门和社会利益相关方开展多样化的交流互动,与产业和商业部门形成较为成熟的产学研创新体系。这两类模式的创业型大学在地域、范围、广度和深度上较整合型发展模式来说具有更大的社会影响力和创新推动力,特别是要素驱动型模式的创业型大学,依托大学为核心建立起来的产业集群和创新集群,不仅汲取了大学的资源优势、地理优势、智力优势,在壮大产业发展的同时也成为支撑大学知识创造、知识应用和知识创新的坚强后盾,双方互为依存、互为补充、共同发展。从这两类创业型大学的历史溯源可以探寻模式形成之根源:要素合作和要素驱动两种模式的创业型大学多由英国历史悠久的大学、罗素集团的研究型大学和后发赶超的老牌创业型大学转型而来,具有悠久辉煌历史的大学和崇尚自由研究的罗素集团大学在坚守"教学为本、研究为重"的大学理念的同时,也接纳甚至拥抱了"创业先行、创新引领"的时代特征,并未将其拒之门外。融合的过程不乏学术自治与创业精神的交锋,学术文化与商业文化的博弈,最终是沿着兼容并蓄、求同存异的路径走向一个适合大学发展、符合时代需求、服务国家战略的创业型大学建设的新图景。

第五节 本章小结

"大学在全球化和新自由主义政府碰巧同时存在的环境下受到了来自所有文化机构和所有公共生产机构中的不稳定和革新因素的影响。"[①]首先,政府的功能正在从维护市场竞争、调整生产结果分配和控制宏观经济总量的传统角色向推动创新主体相互作用、建立创新组织、鼓励创新行动和促进创新功能的创新型政府角色转变。政府主导创新主体间的互动,构建大学、产业和社会之间的创新网络,促使其作为"区域发展推动器"的变革成为大学的使命所在和战略选择。其次,大学利用直接或间接的政策和资助手段调节产业与大学及社会与大学之间的关系,赋予大学作为政府和产业之间的中介桥梁的作用,大学的创业变得普遍化和合法化。在英国,大学被要求以多种形式参与到区域的社会发展和经济建设中,利用社会网络和社会资本开展持续的交流和互动,与产业保持长期的合作关系。大学还需要充当地方和中央政府沟通的媒介和桥梁,负责向地方解读国家的技术政策、教育政策和竞争策略,成为地方文化发展的引领者和精神象征,这对大学现有的发展战略、组织形式和发展模式发出了挑战。大学需要以新的跨学科的概念和范式提升知识交流和成果转化的能力;同时,还需要加强创业组织的建设、创新文化建设和知识交流机制的构建,以促进与外部利益相关者建立更为紧密的伙伴关系,构建三螺旋甚至多螺旋的生态体系,因此,大学需要从传统的小众组织变革为一个更开放和更全面的创业学习型组织。最后,随着大学毕业生和大学社会服务参与到螺旋互动中带来的人力资本、知识资本和创业资本的流动,大学不仅成为区域和地方就业岗位的创造者,还成为提高大学所在区域的年轻人的技能水平、创建社会阶层流动、提升社

---

① 西蒙·马金森,马克·康西丹. 澳大利亚企业型大学的权力结构、管理模式与再创造方式[M]. 周心红,译. 杭州:浙江大学出版社,2007:41.

区生活质量的加油站，满足各类利益相关者的社会需求、文化需求、经济需求和环境需求成为发展创业型大学的动力，也成为政府、社会和产业各界构建创新创业环境、推动大学变革的逻辑起点。培养和输出创新人才、促进知识交流服务于社会及将知识创新作为解决人类问题和全球挑战的资本，成为创业型大学发展的理论依据和实践指导。在政府—产业—大学的三螺旋互动中，英国创业型大学构成要素的迥异导致不同大学在创业路径、要素互动和运行机制上呈现出既有共性又有差别的特征：

由多科技学院转型的考文垂大学依托教学优势和地理优势，制定了整合全校资源重点布局创新创业战略，实施以全校性创业中心为根据地，以创业教育为载体，以创业文化培育为抓手，以孵化器项目和校地企区域共建项目为平台的创业路径，将创业中心的人才培养功能、文化建设功能、知识交流功能和共建项目的外部拓展功能强有力地连接起来，形成战略要素、组织要素、文化要素和机制要素全面整合的创业体系，成为教学型大学集中优势力量实现创业转型的典型案例。

作为罗素集团成员之一的伦敦大学国王学院凭借雄厚的研究实力，采取以教育发展战略、研究发展战略和社会服务战略为核心，伦敦战略和国际化战略为基础的创业路径，致力于国王学院教学、研究、创业和服务功能的协同发展。国王学院要素合作型的创业组织架构、领导力培育型的创业文化建设、服务导向型的知识交流体系是推动组织要素、文化要素和机制要素互为交流与合作的三大支柱。大学依托地理优势、学术优势和服务优势形成的跨校区、跨学科和跨部门的协同合作促进了大学所在的伦敦及周边区域创新环境的形成，呈现出研究型大学创业转型过程中依托研究转化达成应对挑战、解决困难和服务社会的宗旨，较好地诠释了三螺旋主体间各创新主体互动交流和协同合作的显著特征。

　　创业在某种意义上代表了知识产权的商业化[①]，大学的知识创造和发明创造离不开产业和市场通道的创新，大学的知识交流、人才培养和服务社会离不开市场和产业领域生产、销售和分配过程中的扩散、传播和应用，大学的技术转移办公室、商业化团队、孵化器和科技园等创业组织的功能和作用也离不开来自外部互动的产业支持。剑桥大学依托创新集群外部雄厚的金融资本和庞大的产业优势，将"知识创新源泉"和"经济增长引擎"作为大学发展的使命和宗旨，构建网络集群式创新机构、多元主体培育的创业文化和互为驱动型的知识交流于一体的创新生态系统，推动大学内部战略要素、组织要素、文化要素、机制要素与外部各种创新要素的双向流动，形成成熟阶段创业型大学发展模式的要素特征，成为推动产业创新和国家与区域创新体系发展的创新引擎。

　　综上所述，本章结合案例的分析重点探讨了当前时期英国创业型大学的三种发展模式：要素整合型发展模式、要素合作型发展模式和要素驱动型发展模式，围绕三种模式的核心要素和主要特点展开比较。要素整合模式是建立在满足社会需要基础上的反向线性创新模式，要素驱动模式是一种从学术研究到实际应用的线性创新模式，要素合作模式既表现为满足社会需求，同时也展示出从研究到应用的特点，体现为结合正向与反向线性的交互创新模式。三种模式虽然在大学类型、发展战略、经费渠道、文化建设、创业机制、社会服务和影响范围等诸多方面存在差异，但是三者互为补充，共同服务于英国高等教育的变革并推动创业型大学的发展。创业型大学的发展之路是一条变革之路、创新之路，创业型大学发展的模式永远不会因循守旧，必然会随着时代的变化、社会的需求和大学的选择做出合理的规划和变革，以追寻符合自身定位和特点的发展模式。

---

　　① COYLE P, GIBB A, HASKINS G. The Entrepreneurial University: From Concept to Action[EB/OL]. （2013-12-01）［2017-06-05］. http://ncee. org. uk/wp-content/uploads/2014/06/From-Concept-To-Action. pdf.

第六章　英国创业型大学
发展模式的结论与启示

本章试图从大学外部的宏观层面和内部的微观层面探讨英国创业型大学发展模式形成的因素、条件和特征，从理论和现实的视角探讨英国创业型大学发展过程中的特点与启示，回应本书的研究之问：(1)英国创业型大学发展模式有哪些关键要素构成？(2)英国创业型大学要素之间如何运行和互动？(3)英国创业型大学发展模式有哪些类型和特点？(4)英国创业型大学发展模式研究有何启示和反思？

第一节　核心结论

高等教育的改革和发展既不可能完全依赖大学的自然演化，也不可能完全依靠政府的理性规划，而是外部的计划与内部的演化彼此结合、相互促进的结果[①]。英国创业型大学发展模式也是在大学外部推动和内部演化中彼此结合、相互促进的产物。从大学外部来看，政府政策和产业支持营造了创业型大学利好的创业环境，为创业型大学的战略规划、组织转型、文化建设和知识交流提供了创新互动的外部支持。从大学内部审视，创业型大学在政策环境的支持下与政府、产业、社区、利益相关者互动并形成各自不同的战略要素、组织要素、文化要素和机制要素，通过要素间的整合、合作和驱动，积累和沉淀为创业型大学独

---

① 王建华. 重申高等教育体制改革[J]. 教育发展研究，2018(1)：1-6.

特的组织文化,助推创业型大学要素的交流运作和循环互动,形成符合大学使命和价值观的发展理念和模式。总体而言,英国创业型大学发展模式的形成具有政策环境、产业支持、战略规划及组织文化等方面的特点。

一、政策环境鼓励创业型大学发展模式的形成构建

"政府对教育的干预是英国历史的一个持久的特点"[①],英国创业型大学同样具备政策驱动型的发展特征。如果说 20 世纪 80 年代初期英国创业型大学的转型源于财政困境和大学自力更生的内外部压力的话,那么自校企合作的《兰伯特评论》起,创业型大学的发展则更多地被纳入促进产业升级、解决社会问题和激励创新变革的国家和地方的战略框架中。英国创业型大学的发展已不再囿于解决财政困境的自身需求,更主要的动力是产业发展、经济转型、社会变革和文化创新等外部的各种需求和问责。政策在英国创业型大学发展模式的形成中起到关键的作用,英国政府通过政策驱动促进校企合作,加强大学知识产能的升级,推动高等教育服务国家战略的进程,为构建创业型大学发展模式提供了良好的政策环境。

首先,政府出台各项相互呼应和配套的政策,鼓励政府、大学、产业和社会间相互协调,形成有利于创业型大学发展的政策环境。英国政府先后制定了一系列促进校企合作、成果转化和大学创业的政策文件,一方面,加强政府和大学的关系,鼓励成果转化机制在高等教育领域的发展,激励在大学内部或周边建立技术转移联络部门、企业孵化器、加速器和科技工业园区等创业设施,在一定程度上加快大学研究成果商业化的步伐;另一方面,通过建立知识转移伙伴、地方企业伙伴、催化项目和其他校地企合作项目,促进大学与产业的合作联系,对校企合作在知识产权、决策协商和收益分配等方面出台具体指导意见,推动大学和产业之间知识资本、人力资本、技术资本和创业资本等要素流动,并产生资本的溢出效应。同时,旨在提升英国整体竞争力的产业政策和创新政策在一定

---

① 转引自王承绪.世界教育大系:英国教育[M].长春:吉林教育出版社,2000:17.

程度上将大学纳入创新驱动的发展战略,成为产学研协同创新的结合点,在强调大学教学和研究促进的创业及其带来的影响力的同时,更加强化了大学成果转化职能、社会服务职能和经济发展职能在国家和地方创新生态系统中的作用。此外,非政府组织、社会组织和创业机构为创业型大学发展提供指导、支持和服务,特别是创业教育在全社会尤其是高等教育领域的开展,推动了大学创业实践的蓬勃兴起,促进了全社会创业文化的形成,一定程度上在全国范围内点燃了创业的热情,形成创业型大学发展的利好环境。

其次,政府为创业型大学的发展提供资金支持。尽管大学实现了资金来源的多样化,但是政府资助依然是英国创业型大学发展及其模式形成的重要经费来源渠道,也是政府引导和推动创业型大学发展的政治工具之一。政府主要通过高等教育基金委员会、英国研究委员会和慈善基金会对大学的教学活动、研究活动和创业活动进行资助。从资助类别来看,政府主要对大学从事知识交流和成果转化等创业活动的专职人员、学术人员和项目管理投入经费以保障成果转化活动的实施和成效;从资助领域来看,政府重在研究开发、技能培训、创业活动和创业设施等领域的投入;从基金项目而言,有促进大学知识交流的第三渠道经费,有旨在推动大学成果商业化发展的联络能力基金、大学挑战种子基金和影响力加速器账户基金项目,还有旨在服务创新战略的弹射创新基金;从资助力度上看,英国政府不断削减对大学教学活动的拨款力度,同时设立专项经费加大对大学知识交流和成果转化的投入,并出台依据大学成果转化的业绩来确定拨款额度的规定。可以看出,英国政府对大学创业的资助不仅实现了对资助对象、资助领域、资助类别的制度化管理,更启动了按照知识交流成效分配资源的激励机制,资助范围也从面向大学的创业活动上升到服务创新体系的研究活动,逐步形成覆盖创业人员、创业项目和创业成效,面向大学、地方和国家的全方位的创业资助体系。

再次,英国创业教育中心、英国研究委员会、质量保障署和英国创新署等非政府机构和行业协会发挥了举足轻重的作用。创业教育中心不仅是英国组织大学创业教育教学的部门,也是积极推动高等教育变革和创业型大学发展的重要机构。自 2005 年以来,创业教育中心陆续发布创业型大学理论指导和实践发展方面的研究报告,从不同的视角对英国创业型大学的建设成效进行调查和分析,启动和组织了被称为"校园变革催化剂"的"企业冠军"项目、"创业影响日"项目、"创业型领导人项目"和"年度创业型大学"评选活动,这些项目推动了创业精神和创业文化融入校园的步伐,同时加强了创业型大学在区域和国家层面的重大影响力,从根本上奠定了英国创业型大学模式构建的社会基础;英国创新署在推动大学与地方、大学与产业的合作过程中,为创业型大学的外围拓展开辟了广阔的市场;英国质量保障署、英格兰高等教育基金委员会和英格兰研究委员会从教学质量监控、研究资助评估和知识交流评价三个渠道评估大学教学质量、研究质量和社会服务质量,形成教学卓越框架(TEF)、科研卓越框架(REF)和知识交流框架(KEF)三个并驾齐驱、互为补充的评估框架体系,加强了教学知识体系、研究知识体系和创业知识体系三个体系知识溢出的作用和影响力,成为构建创业型大学发展的质量保障体系。

二、产业支持促进创业型大学发展模式的路径选择

英国政府通过政策和法规为产学研合作的创新体系提供制度保障,建立有序的资源配置机制,为产学研模式的创新行为实施调控、监管和评估。作为产学研模式的重要参与主体,产业为创业型大学的战略要素和组织要素提供合作渠道,为文化要素和机制要素提供实践场地。大学在产学研协同的模式中逐步与其他知识生产和转化机构一道成为创新体系的参与者和推动者,大学社会服务职能的履行也使大学逐渐成为地方经济发展的重要角色,与外部的边界也随着与产业的互动和新组合的生成变得模糊甚至融合。大学传统中象牙塔的藩篱开始消融,逐步走向依托产学研的合作平台,为创业型大学的要素运行提供学科支持、技术支持、合作支持、文化支持。

首先,产业助力大学的跨学科融合和产业科学技术的进步。英国素以基础研究强国而闻名,但是英国的技术成果转化能力一直备受诟病,落后于美国、德国、法国和日本等发达国家。为了改善"重研究、轻应用"这一局面,英国政府从

20 世纪 90 年代开始就以提高科技竞争力为目的,通过产学研协同互动的模式推动大学跨学科、跨部门和跨地域合作研究,提升大学产业科学技术的研发能力和转化能力。作为知识创新主体的大学(科研机构)和作为技术创新主体的产业相互作用、相互适应。大学和产业的互动合作带来新组织的生成,例如,英国创业型大学跨学科研究中心、技术咨询公司、孵化器、科技园、创新创业集群等创新组织的出现,从根本上改变了知识生产的模式和文化观念,推动了大学的组织变革。

其次,产业促进成果转化和创新创业型人才的联合培养。产业通过知识转移伙伴项目、催化项目、弹射创新中心等项目与英国创业型大学之间开展资源共享、提供资金扶持和加大研究合作等方面的互助支持,在为大学知识创新和成果转化提供重要实践平台的同时促进基础研究和工业应用的有机结合。产业在推动研究商业化的进程中,还通过设立行业奖学金资助等计划,与大学联合开展创新创业人才的培养,为本科生的带薪实习和研究生的联合培养提供实践基地。产业涉及的不同行业和领域也拓宽了人才培养课程体系的多元化、多学科性和多样性,夯实了大学人才培养的质量。

再次,产业是构建大学创业生态系统的重要参与主体。大学通过与产业开展人员交流、联合培养、合作研究、课程开设、实习实践、终身学习、成果转化等创新合作类型,构建了大学与产业之间协同合作、共生共赢的创新机制,成为英国政府、大学和产业合作三螺旋模型促进知识经济创新发展的具体表现。英国创业型大学在与产业的协同合作中,不断发展和平衡教学、科研与服务社会的三大使命,在探索中形成了英国产学研协同合作项目的伙伴模式(知识转移伙伴和催化项目)、孵化器模式、合作研究与合同研究模式、跨学科研究中心模式、咨询服务模式、大学入股和衍生公司模式、授权许可模式、科技园模式等行之有效的高等教育延伸形式,构建了在知识创新、技术创新和成果创新中最大限度地实现经济效益和社会效益的创新生态系统,达成促进社会发展和经济增长的服务使命。

创业型大学与产业合作的深度和广度决定了大学发展模式的路径选择。

产业在支持大学跨学科研究、产业科学技术发展、成果转化、人才培养、文化培育等构建创业生态系统过程中参与程度越高,大学与产业间资源和要素互动的能力就越强,知识创造、知识应用和知识转化的质量就越高,进而做出要素驱动型发展模式路径选择的可能性就越大。反之,产业在大学跨学科研究、产业科学技术发展、成果转化、人才培养、文化培育等构建创业生态系统过程中参与和支持力度越低,大学与产业间资源和要素互动的频率也随之减弱,知识的应用就局限于较低水平的传统型知识交流活动。由于要素间驱动和合作频率都处于较弱的水平,大学只能依赖聚焦内部资源,选择要素整合型的模式来寻求发展和突破。

三、战略规划确保创业型大学发展模式的行进方向

战略规划是指引大学前行的灯塔。重视理性科学的方法,综合内外多方的治理,利用有利的环境,将大学的使命和愿景体现在大学的战略规划中[1],使之成为推动大学整体发展的利器。创业已被作为实现服务社会宗旨及应对社会危机挑战的过滤器和驱动器,纳入英国创业型大学的发展战略规划之中,为创业型大学发展模式的构建明确了前行的方向,为大学各项发展要素的合作互动提供了战略支持,体现出引导大学前行的方向性、战略制定的科学性和规划实施的灵活多样性。

一方面,创业型大学战略引导大学社会服务职能的履行。来自大学创造的知识应致力于实现提高资源利用率、加大社区建设能力和促进影响的交流能力[2],并成为实现大学服务社会使命的直接途径。创业推动的社会服务和知识交流被普遍纳入英国创业型大学的战略规划,并达成"教学是大学的第一使命,研究是大学的第二使命,社会服务是大学的第三使命"的共识。以知识交流和成果转化为特征的创业活动既是履行社会服务职能的驱动器,也是促成知识从

---

[1] 别敦荣. 大学战略规划:理论与实践[M]. 青岛:中国海洋大学出版社,2019:1.

[2] UPTON S. Identifying Effective Drivers for Knowledge Exchange in the United Kingdom[J]. Higher Education Management and Policy,2012,24(1):1-19.

创造到转化的过滤器,是知识应用于实践的媒介、手段和表现形式。战略制定明确、规划完善、要素有效运行的大学知识交流开展力度就比较大,能够服务社会和输出知识资本的程度较高,具备提供高质量社会服务的能力就越强;反之,战略制定模糊、规划滞后、创业要素运行不畅甚至受阻的大学知识交流开展的能力就较为薄弱,成果转化率较低,与社会互动的程度也必然处于较低的频率和层次,提供社会服务的能力也相应较弱。英国创业型大学高度重视战略要素的作用,将大学组织要素、文化要素和机制要素做出科学的论证和理性的规划,置于战略要素的指引下,同时厘清各要素间及要素与社会服务使命之间的辩证关系,以要素间的整合、合作或驱动的方式推动大学师生开展社会创新创业的服务,为大学实施社会服务的战略目标、融入社会经济的发展建设提供指引。

另一方面,英国创业型大学战略规划的制定也并非齐步走和一刀切的僵化模式。英国创业型大学根据自身的办学定位、学科特点、资源优势,选取分层分类的创业模式,制订灵活多样的战略规划进行大学组织架构的构建,开展符合本校实际情况的创业教育,构建契合大学办学历史和特点的创业文化环境,结合大学优势选择知识交流的路径,制定切实可行的方案,激励大学研究人员和毕业生创办衍生公司或新创公司,细化专利授权和收益等利益的分配细则,保障从事知识交流和技术转移活动专职人员的切身利益,为创业型大学战略规划的贯彻和实施铺平道路。从英国创业型大学的具体策略规划来看,既有立足于大学内部发展的创业培育策略、商业参与策略、国际化策略,也有放眼大学外部与利益相关方共同实施的共建创新战略、创新中心伙伴战略和共同利益服务战略,还有在92后创业型大学中广泛实施的创业教育推动创业型大学发展的创业教学策略,这充分体现了英国创业型大学战略规划不拘一格、科学论证、灵活多样的特点。

四、组织文化体现创业型大学发展模式的价值意涵

组织文化是大学创建、办学和发展过程中积淀的精神及其物化表现,是大

学组织特性的反映、学科文化的投射及功能活动的呈现①。创业组织文化是培育创新理念和开拓创业思维的沃土，是对传统闭关式文化做出的变革。"变革的文化和崇尚自由的探索能更好地将知识创造的成果转化为实际的社会价值"②，推动大学的价值内涵得以充分彰显。英国创业型大学通过文化要素体现大学创业组织文化的行政价值、知识价值、道德价值和经济价值，并通过要素间的整合、合作或驱动反映出组织文化的价值关系，折射出创业型大学不同的文化价值和迥异的文化特征。

首先，组织架构体现组织文化的行政价值。创业型大学的行政价值具有主导其他文化机制的特征，体现为大学通过创业组织体系实施创业的功能，在平衡学术功能、行政功能和创业功能的过程中，维持创业活动的运行，确保创业活动与教学活动和研究活动的并行开展。英国创业型大学的组织管理往往由副校长牵头，在带领从事创业工作的学术人员、管理人员和创业者服务大学创业功能的同时，也遵循学术、政治和市场的逻辑，确保其行政价值的体现。

其次，人才培养彰显组织文化的知识价值和道德价值。一方面，大学人才培养功能决定了组织文化知识价值的重要性。英国创业型大学创业教育的广泛开展提高了师生的创业知识和创业技能，这些知识包括课堂中的专业知识和创业活动中的实践知识，并在学习者自我效能的提升中内化为学生的自我意识能力、自我管理能力、自我创新能力和抵抗风险、应对挑战、解决问题的能力，不仅带来新创意、新产品、新思路和新工艺等创新的思想，更具备将创新思想付诸实现的知识，充分体现创业文化的知识价值；另一方面，创业教育也是培育学生具有创业思维、创业精神及应对困境和挑战能力的活动，不仅向学生传授生存能力，也在通过团队协作、领导力培养和社区服务的过程进行公民道德和社会责任等道德品格的陶冶和塑造，赋予组织文化道德教育的价值意涵。

最后，知识交流传递组织文化的经济价值。创业型大学与传统大学的根本

---

① 别敦荣. 大学组织文化的内涵与建设路径[J]. 现代教育管理，2020(1)：1-7.

② 王志强，卓泽林. 论大学在创新系统演化过程中的主体功能及其实现路径[J]. 教育研究，2016(6)：64-71.

区别在于知识的应用,创业型大学的任务"在于弥补生成知识到转化为信息之间的缺口和距离"①。成熟的创业机制是创业型大学完成信息生成到信息转化,弥补知识从创造到应用的必然选择,因此创业型大学的组织文化具有天然的经济价值。在一定程度上,组织文化体现的经济价值会发挥杠杆的作用主导、调节或约束大学的行为。当经济价值过度发挥的时候,会限制和制约组织文化其他价值的作用,引发知识价值与道德价值的冲突;当经济价值作用式微之时,会削弱或降低机制要素和其他要素间的互动程度,导致大学知识转化的能力不足,陷入创业机制僵化的窠臼。因此,英国创业型大学在发挥组织文化经济价值的过程中需要辩证地把握组织文化中经济价值作用的程度,平衡创业型大学商业与自由、创业与学术之间的冲突和矛盾。

创业型大学组织文化的价值关系深受大学办学历史、传统文化、社会环境、政治体制、时代背景、意识形态和教育制度的影响,各种因素的作用会导致价值关系存在方式、支配关系和主导形式的变化,这些变化投射和反映在创业型大学的发展要素中,引起要素间运行和流动方式的不同继而导致发展模式差异的形成。

第二节　启　示

高等教育知识的认识论经历了自古典时期的"自由知识"到现代社会的"高深知识",对知识功能的解读也历经从"无用之用"到"有用之用"的变化。当下的知识经济时代,知识的性质、生产、传播和应用的方式都在随着信息技术的进步和人工智能的发展产生巨大的改变②:以自我为中心的传统研究型大学的范

---

① BRUNO L. An Engineer's View on Modern Curricula of Universities of Technology[C]. Paris: 24th Conference of Rectors of European Universities of Technology,2005.

② 王建华. 如何重建我们时代的高等教育[J]. 南京师范大学学报(社会科学版),2017(2):85-92.

式及其知识生产模式受到严重的挑战和质疑[①]；学术资本主义和大学企业化的思维模式在一定程度上又加剧了学术职业群体的分层和分化[②]，带来学术逻辑与市场逻辑的冲突、学术自由和自治的矛盾及学术身份的危机[③]等问题。因社会和市场需求而转型的高等教育变革之路将何去何从？我国的高等教育亟须转变大学的创新理念，重塑高等教育的使命和职责，在将市场逻辑和绩效考核引入大学的管理制度、评价制度和组织文化提升大学创新能力的同时，更应正确对待伴随新管理主义思想引发的矛盾和争议，构建符合我国特色社会主义建设和现阶段高等教育体制实际情况的大学范式。

一、加强会聚观推动下问题导向和应用导向的跨学科研究

知识是大学生产和输出的产品，也是大学影响和推动社会发展与进步的利器。强有力的学术研究核心是知识生产和知识溢出的重要保障，是大学能够实施创业变革、形成创业模式的关键。我国的双一流大学应将学术研究与社会之间"关系—撰写论文"的单向链研究范式（单方面向社会展示）转变为"研究和社会拥有接触点"的循环链模式（双向作用）[④]。加强双一流大学与社会之间以应用导向和问题导向为接触点的学术研究，强化大学与社会和产业间的双向循环，重塑"把论文写在祖国大地上"的学术初心，从中获得更大的进步。问题导向和应用导向的研究绝不是单一的基础性的研究，而是基于基础性研究的多学科和跨学科研究的会聚，包括研究领域的会聚、专业知识的会聚、多样化视角的会聚和师资队伍的会聚。某些情况下，跨学科的会聚研究还要考虑伙伴关系的会聚、持续资助的会聚、支持机制的会聚、设施环境的会聚[⑤]，甚至组织文化的会

① 王建华. 大学的范式危机与转变：创新创业的视角[J]. 中国高教研究，2020(1)：70-77.
② 徐小洲，王劼丹. 英国大学评价新动向：基于"知识交流框架"的分析[J]. 高等教育研究，2021(6)：91-98.
③ 黄亚婷. 聘任制改革背景下我国大学教师的学术身份建构——两所研究型大学的个案研究[M]. 杭州：浙江大学出版社，2019：24.
④ 吉川弘之，内藤耕. 产业科学技术哲学[M]. 王秋菊，陈凡，译. 沈阳：辽宁人民出版社，2015：5.
⑤ 美国科学院研究理事会. 会聚观：推动跨学科融合——生命科学与物质科学和工程学等学科的跨界[M]. 王小理，熊燕，于建荣，译. 北京：科学出版社，2018：72.

聚。跨学科领域的会聚研究和活动提供了新的知识创造和生产模式,在激励创新、促进经济发展和解决社会问题的同时,进一步优化高等教育的理念和范式。

当前,我国高等教育仍停留在研究型大学传统范式的追随和桎梏中,学科壁垒严重阻碍跨学科研究的交叉和互融,创业实践合作机制的不完善也阻碍着大学以解决实际问题为导向的创业转型。这需要打破传统理念的藩篱,实行会聚观推动下的跨学科研究,创立以新问题、新应用和新需求为导向的研究观念和创新范式,在加强双一流大学使命担当的同时转变大学的创业观念,夯实大学的创新基础。

二、明确以地方社会和产业为服务对象的使命和战略指引

对地方性大学来说,具备学术逻辑与具备市场逻辑同等重要。缺少一流学术平台支撑的地方性大学更加迫切需要平衡学术逻辑和市场逻辑两者的关系,将大学的创业战略锁定在解决地方社会的复杂问题和满足地方产业的现实需求上,将大学的优势资源和学科禀赋精准地与外部社会、市场和产业的需要达成高度的契合,将大学的有限资源和优势资源集中到重点学科、新兴学科或者与地方产业联系紧密的专业学科,在努力拓宽大学外部边界的过程中保持教学使命、研究使命和创业使命之间创造性的张力,实现大学以地方社会和产业为服务对象的智力资本、人力资本、知识资本和创业资本的溢出,推动当地社会和产业的进步。

大学以地方社会和产业为服务对象的战略聚焦,实质上也是对大学传统职能的变革。这种服务地方社会产业需要的反向线性创新模式最初起源于开启创业型大学服务地方社会和产业为先河的麻省理工学院赠地大学的创业模式。我国地方型大学、应用型大学及独立院校转型的普通民办大学应积极转变大学传统的办学定位,秉持共生共融和互利互惠的理念重新审视和拓展大学的职能;在人才培养上应更关注具备通用型能力和特定领域创业创新技能的人才培养;在知识应用上更倾向于将传统的知识传播方式同创新的知识生产模式相结合,提升新技术商业化的能力;在学科建设上更注重集中优势力量打造地方产

业需求的创业学科；在伙伴关系上，更积极主动地密切联系地方和区域的经济社会发展。大学职能的演变倒逼学术资源和创业资源的重新配置，助力大学在创业活动中更好地发挥优势，获取生存和拓展的空间，促使大学在逐步参与地方经济发展的过程中实现后发赶超。

三、鼓励多样化分层分类的创业型大学体系构建

英国创业型大学的转型和发展既受到各项创业要素的制约，也深受大学内部传统文化和外部地域文化等错综复杂的因素影响，呈现出不同的发展特点：大学办学历史和文化积淀的不同导致英国创业型大学发展战略定位的不同；大学研究实力的悬殊造成创业型大学组织架构和创业机制的差异；大学知识交流、创业机制运行的不同造成大学服务经济社会和国家战略开展形式、辐射广度和影响深度的不同，构成英国创业型大学发展模式的多样化、层级化和类别化的差异。

自 20 世纪末创业型大学理论被引入中国之后，学术界开启了广泛的研究，也不乏高校启动了创业型大学建设的实践举措，例如福州大学、浙江农林大学、齐齐哈尔工程学院、浙江工贸职业技术学院及欧亚学院等地方高校都先后高举创业型大学改革的旗帜，这些经历无疑都是对构建中国特色创业型大学理论体系的有益探索与实践。但是我国创业型大学的发展过程中依然面临政策引导的模糊性、学科评估导向的矛盾性、办学方向的不明确性和发展模式的同质性问题，导致中国创业型大学在学术界面临的质疑和创业者的困惑中举步维艰。构建多样化的分层分类的建设体系，明确创业型大学服务地方发展和国家战略的目标规划，拟定全面客观的指导框架，选取与推动社会发展和产业进步有效衔接的监管体系和评价制度，是推动具有中国特色创业型大学持续稳步发展的重要保障。

四、构建多主体参与和要素循环互动的创新生态环境

在未来的竞争中，国家的创新能力不仅制约经济体系的可持续发展，也同

样影响我国建设现代化经济体系的成效。① 在构建内涵发展的生态系统中,高等教育能否适应经济社会发展的新动态? 能否在激烈的国际竞争中前瞻性地培养和造就高素质的创新型人才? 能否促进新技术和新思维的创新应用? 是否具备技术创新、人力资源创新、知识创新和社会创新的能力,以解决人类和全球性的复杂问题? 这需要大学发挥创业的精神,拥有创业的思维,主动走出舒适区,与区域创新主体协同发展,共同促进创新要素的循环流动,构建国家、社会、产业和大学等各利益相关者共同作用的创新生态系统。

高等教育创新生态系统的建设要求大学具有协同合作、共荣共建、互惠互利的理念,与地方政府、产业机构、医疗机构、社会团体、社区组织等建立密切联系的伙伴关系,通过大学的跨学科研究中心、创业学院、技术转移办公室、对外合作办公室等外部联络机构构建大学与地方产业和社区的协作网络。鼓励学术人员、师生员工、驻校企业家、大学校友和创业投资者等人力资源的互动交流,吸纳多渠道的创业金融资助,构建多主体参与的创业支持机制,充分发挥大学孵化器、科技园、创客空间、创投资金、创新网络等创业载体的功能和作用,形成创业要素循环流动和协同增效的螺旋式创新生态环境。

从时间的维度审视英国高等教育的历史沿革和文化变迁,我们会发现,古典大学的改革、新大学的建立、城市大学的兴起、开放大学的出现、多科技术学院的升格等都印证了英国高等教育的内涵特征:以学术自治、精英教育和绅士文化为代表的传统学术与以绩效考核、社会问责和创业文化为代表的市场逻辑之间的博弈。在英国这个崇尚传统的国家,保守性在其高等教育的文化中体现得淋漓尽致。然而,英国高等教育发展的历史进程中又不断地遇到来自政治、经济、文化和技术等方面的冲击,甚至在历史的不同时期,英国的大学与教会、政府、地方、工商业、校友等关系也会发生重大的甚至是颠覆性的变化。这些来自国际的、时代的、社会的、政治的和经济的变化也带来高等教育领域中的革

---

① 徐小洲,倪好.面向2050:创新创业教育生态系统建设的愿景与策略[J].中国高教研究,2018(1):53-56,103.

新,甚至在很大程度上改变了英国高等教育传统的观念和文化。伯顿·克拉克就指出,"作为价值观和信念反应的文化会引导或跟随其他的要素发生变化"①,于是,英国创业型大学的发展模式在英国高等教育价值观、文化和信念的冲突和博弈中应运而生。而"逐渐演变和共同讨论"的英国式改革之路不仅是英国民族取得变革与进步的一种方式,更是人们头脑中根深蒂固的价值取向②,反映了英国与生俱来的民族性和文化内涵,英国创业型大学的转型与发展更是在这与生俱来的颇具民族性和包容性的博弈中逐渐走向成熟。

综上所述,创业型大学是大学延续中世纪保存和传播知识的机构,进而发展成为创造新的知识并将其转化到实际应用中的多功能机构,是包括教学型大学、研究型大学、多科技术性大学、赠地学院等各种大学模式的综合体③。知识的生产、应用和转化是创业型大学教学、科研和服务三个任务之间创造性张力的根本支撑,也是大学创业学科、创业文化和创业型组织存在的内生逻辑。尽管英国创业型大学发展模式呈现出多样性和渐进性的个性特征,但是其发展模式的共性和群性揭示出,创业型大学并非大学的一种类型,更多的是一种低水平大学后发赶超高水平大学的发展路径,也是高水平大学承担社会责任、解决危机挑战和促进经济发展的现实诉求,更是现代大学履行经济发展职能和实现自我突破的最终选择。

---

① 伯顿·克拉克. 建立创业型大学:组织上转型的路径[M]. 王承绪,译. 北京:人民教育出版社,2003:6-7.

② 埃德蒙·金. 别国的学校和我们的学校——今日比较教育[M]. 王承绪,邵珊,等译. 北京:人民教育出版社 2001:186.

③ 亨利·埃兹科维茨. 麻省理工学院与创业科学的兴起[M]. 王孙禺,袁本涛,译. 北京:清华大学出版社,2007:13,26.

参考文献

一、英文文献

(一)政策文件、研究报告

［1］ABREU M，GRINEVICH V，HUGHES A et al. Knowledge Exchange Between Academics and the Business，Public and Third Sectors［R］. Cambridge：UKIRC，2009.

［2］ALBAHARI A，PEREZ-CANO S，LANDONI P. Science and Technology Parksimpacts on Tenant Organizations：A Review of Literature［R］. Munich：MPRA，2012.

［3］ARNOLD E，SIMMONDS P，FARLA K et al. Review of the Research Excellence Framework：Evidence Report［R］. Brighton：Technopolis Group，2018.

［4］BAKER C. The Entrepreneurial University Revisited：Promoting Change in Terms of Uncertainty［R］. Coventry：NCEE，2018.

［5］BIS. Higher Ambitions：The Future of Universities in a Knowledge Economy［R］. London：BIS，2009.

［6］CHARLES D，CONWAY C. Higher Education-Business Interaction Survey：A Report to the UK HE Funding Bodies (HEFCE，SHEFC，HEFCW and DEL) and the Office of Science and Technology［R］. Bristol：HEFCE，2001.

［7］CIC. Cambridge Innovation Capital Annual Review［R］. Cambridge：Cambridge University，2022：1.

［8］COWAN S. State of the Relationship Report 2018［R］. London：The National Centre for Universities and Business，2018.

［9］COWAN S. State of the Relationship Report 2019［R］. London：The National Centre for

Universities and Business，2019.

[10] COYLE P，GIBB A，HASKINS G. The Entrepreneurial University：From Concept to Action[R]. Coventry：NCEE，2013.

[11] DAVÉ A，BLESSING V，NIELSEN K et al. Case Study Review of Interdiscipolinary Research in Higher Education Institutions in England：A Report for HEFCE by Technopolis[R]. Brighton：Technopolis Group，2016.

[12] DAVÉ A，HOPKINS M，HUTTON J et al. Landscape Review of Interdisciplinary Research in the UK：Report to HEFCE and RCUK by Technopolis and the Science Policy Research Unit(SPRU)[R]. Brighton：Technopolis Group，2016.

[13] DBEIS. Building on Success and Learning from Experience：An Independent Review of the Research Excellence Framework[R]. London：HM Government，2016.

[14] DBEIS. Building Our Industrial Strategy Green Paper [R]. London：HM Government，2017.

[15] DBEIS. Industrial Strategy：Building a Britain Fit for the Future[R]. London：HM Government，2017.

[16] DEARING R. Report of the National Committee of Inquiry into Higher Education，Higher Education in the Learning Society(The Dearing Report)[R]. Norwich：HMSO，1997.

[17] DFES. White Paper：The Future of Higher Education[R]. London：TSO Ltd. ，2003：

[18] DH. High Quality Care For All：NHS Next Stage Review Final Report[R]. London：TSO Ltd. ，2008.

[19] DIUS. Implementing "The Race to the Top"：Lord Sainsbury's Review of Government's Science and Innovation Policies[R]. London：TSO Ltd. ，2008.

[20] EGGINGTON E，OSBORN R，KAPLAN C. Collaborative Research Between Business and Universities：The Lambert Toolkit 8 Years On[R]. South Wales：IPO，2013.

[21] EUROPEAN UNION COMMITTEE. The Commission's Green Paper：Entrepreneurship in Europe[R]. London：TSO Ltd. ，2003.

[22]EUROPEAN COMMISSION. EntreComp：The Entrepreneurship Competence Framework[R]. Luxembourg：POEU，2016.

［23］EUROPEAN COMMISSION. EntreComp into Action，Get Inspired Make it Happen：A User Guide to the European Entrepreneurship Competence Framework［R］. Luxembourg：POEU，2018.

［24］GIBB A. Towards the Entrepreneurial University：Entrepreneurship Education as A Lever for Change［R］. Birmingham：NCGE，2005.

［25］GIBB A. Exploring the Synergistic Potential in Entrepreneurial University Development：Towards the Building of a Strategic Framework［R］. Coventry：NCEE，2012.

［26］GIBB A，HASKINS G，ROBERTSON I. Leading the Entrepreneurial University：Meeting the Entrepreneurial Development Needs of Higher Education Institutions［R］. Coventry：NCEE，2012.

［27］GIBB A，PRICE L. A Compendium of Pedagogies for Teaching Entrepreneurship［R］. Coventry：NCEE，2014.

［28］GLEED A，MARCHANT D. Interdisciplinarity：Survey Report for the Global Research Council 2016 Annual Meeting［R］. Cheshire：DJS Research，2016.

［29］HATAKENAKA S. Development of Third Stream Activity：Lessons from International Experience［R］. Oxford：Higher Education Policy Institute，2006.

［30］HAUSER H. Review of the Catapult Network：Recommendations on the Future Shape，Scope and Ambition of the Programme［R］. London：DBIS，2014.

［31］HCESC. The Future of Higher Education：Fifth Report of Session 2002-03. Volume I ［R］. London：TSO Ltd.，2003.

［32］HEFCE. The State of the English University Knowledge Exchange Landscape：Overview Report to HEFCE by RAM PACEC［R］. London：RSM PACEC，2017.

［33］HIGHER EDUCATION POLICY INSTITUTE. Development of Third Stream Activity Lessons from International Experience［R］. Bristol：HEFCE，2005.

［34］HMSO. Department for Education. Higher Education and Research Act 2017［R］. London：TSO Ltd.，2017.

［35］HMSO. Education Reform Act 1988［R］. London：TSO Ltd.，1988.

［36］HM TREASURY. Lambert Review of Business-University Collaboration ［R］.

Correspondence and Enquiry Unit. Norwich：HMSO，2003.

［37］HM TREASURY. The Race to the Top：A Review of Government's Science and Innovation Policies［R］. Norwich：HMSO，2007.

［38］HM TREASURY. Spending Review and Autumn Statement 2015［R］. Norwich：HMSO，2015.

［39］HUGHES A，MARTIN B. Enhancing Impact：The Value of Public Sector R&D［R］. Cambridge：UK-IRC，2012.

［40］KESTENBAUM J，ROBERTSON I，BROWN R. Developing Entrepreneurial Graduate：Putting Entrepreneurship at the Centre of Higher Education［R］. London：NESTA，2008.

［41］MOLAS-GALLART J，SALTER A，PATEL P et al. Measuring Third Stream Activities，Final Report to the Russell Group of Universities［R］. Brighton：SPRU，2002.

［42］MOORE B，HUGHES A，ABREU M. Evaluation of the Effectiveness and Role of HEFCE/OSI Third Stream Funding：Report to HEFCE by PACEC and the Centre for Business Research［R］. London：PACEC，2009.

［43］NCEE. Inspiring Entrepreneurship in Education：Enterprise and Entrepreneurship in Higher Education 2018［R］. Coventry：NCEE，2018.

［44］OECD. Governance of Public Research：Toward Better Practice［R］. Paris：OECD Publishing，2003.

［45］OECD. Social Entrepreneurship And Social Innovation：In SMEs，Entrepreneurship and Innovation［R］. Paris：OECD Publishing，2010.

［46］OECD. A Guiding Framework for Entrepreneurial Universities［R］. Paris：OECD Publishing，2012.

［47］PACEC. Evaluation of the Effectiveness and Role of HEFCE/OSI Third Stream Funding［R］. Cambridge：PACEC，2009.

［48］PACEC. Strengthening the Contribution of English Higher Education Institutions to the Innovation System：Knowledge Exchange and HEIF Funding［R］. Cambridge：PACEC，2012.

［49］QAA. Enterprise and Entrepreneurship Education：Guidance for UK Higher Education Providers ［R］. Gloucester：The Quality Assurance Agency for Higher Education，2012.

［50］QAA. Higher Education Review of Coventry University［R］. Gloucester：The Quality Assurance Agency for Higher education，2015.

［51］QAA. Enterprise and Entrepreneurship Education：Guidance for UK Higher Education Providers［R］. Gloucester：The Quality Assurance Agency for Higher Education，2018.

［52］RE. Interim Review of the Connecting Capability Fund Programme：To Inform the Case for Continued Public Funding for Shared Best Practice，Capability and Collaboration in University Commercialization［R］. London：IP Pragmatics Limited，2020：10-11.

［53］ROWE D N E. Setting Up，Managing and Evaluating EU Science and Technology Parks—An Advice and Guidance Report on Good Practice ［R］. Luxembourg：POEU，2014.

［54］SARIDAKIS G，ISKANDAROVA M，BLACKBURN R. Student Entrepreneurship in Great Britain Intentions and Activities：The British Report of the 2016 GUESSS Project ［R］. London：Small Business Research Centre，2016：19.

［55］SCHWAB K. The Global Competitiveness Report［R］. Geneva：WEF，2014.

［56］SIR JARRETT A. Report of Steering Committee for Efficiency Studies in Universities ［R］. London：Committee of Vice Chancellors and Principals & University Grants Committee，1985.

［57］TSB. Knowledge Transfer Partnerships Strategic Review：A Report by Regeneris Consulting［R］. London：RCL，2010.

［58］ULRICHSEN TC. Knowledge Exchange Performance and the Impact of HEIF in the English Higher Education Sector［R］. Bristol：HEFCE，2014.

［59］UNESCO. Beijing Declaration on Building Learning Cities：Lifelong Learning for All：Promoting Inclusion，Prosperity and Sustainability in Cities［R］. Beijing：ICLC，2013.

［60］UUK. The Economic Impact of Higher Education Institutions in England［R］. London：Universities UK，2014.

［61］ULRICHSEN TC. Knowledge Exchange Performance and the Impact of HEIF in the English Higher Education Sector［R］. Bristol：HEFCE，2014.

［62］ULRICHSEN TC, HUGHES A, MOORE B. Measuring University-Business Links in the United States［R］. Bristol：HEFCE，2014.

［63］VOLKMANN C, WILSON K E, MARIOTTI S et al. Educating the Next Wave of Entrepreneurs：Unlocking Entrepreneurial Capabilities to Meet the Global Challenges of the 21st Century［R］. Geneva：WEF，2009.

［64］WILSON T. A Review of Business-University Collaboration［R］. London：BIS，2012.

［65］WITTY A. Encouraging a British Invention Revolution：Sir Andrew Witty's Review of Universities and Growth［R］. London：BIS，2013.

（二）专著

［1］ALLEN T J, O'SHEA R P. Building Technology Transfer within Research Universities：An Entrepreneurial Approach［M］. Cambridge：Cambridge University Press，2014：242.

［2］BANDURA A. Self-Efficacy［M］// RAMACHAUDRAN V S. Encyclopedia of Human Behavior. New York：Academic Press，1994：71-81.

［3］CURAJ A, DECA L, PRICOPIE R. European Higher Education Area：The Impact of Past and Future Policies［M］. Cham，Switzerland：Springer International Publishing，2018：39.

［4］BLACKBURN R, SCHAPER M T. Government, SMEs and Entrepreneurship Development：Policy, Practice and Challenges［M］. London：Routledge，2016.

［5］BYGRAVE W D, ZACHARAKIS A. The Portable MBA in Entrepreneurship［M］. New Jersey：John Wiley & Sons, Inc，2011：2.

［6］CARAYANNIS E G, Samara, E T et al. Innovation and Entrepreneurship—Theory, Policy and Practice［M］. London：Springer，2015：39.

［7］EVANS G R. The University of Cambridge：A New History［M］. London：L. B. Tauris & Co Ltd. ，2010：263.

［8］FFF-YE. Impact of Entrepreneurship Education in Denmark-2011. ［M］. Denmark：The Danish Foundation for Entrepreneurship-Young Enterprise，2012：11.

［9］FREEMAN C, CLARK J, SOETE L. Unemployment and Technical Innovation: A Study of Long Waves in Economic Development［M］. London: Frances Pinter, 1982.

［10］FREEDMAN L. Strategy: AHistory［M］. Oxford: Oxford University Press, 2015.

［11］GIDEON A. Higher Education Institutions in the EU: Between Competition and Public Service［M］. London: Springer, 2017:115-167;122.

［12］GYURKOVICS J, LUKOVICS M. Generations of Science Parks in the Light of Responsible Innovation. Chapter from Responsible Innovation［M］. Szeged: SZTE GTK, 2014:193-208.

［13］HALSEY A. H, TROW M A. The British Academics［M］. Massachusetts: Harvard University Press, 1971:52.

［14］HILL I. Start Up: A Practice Based Guide for New Venture Creation［M］. London: Palgrave Macmillan, 2015.

［15］JAMES J, PREECE J, VALDES, R. Entrepreneurial Learning City Regions: Delivering on the UNESCO 2013, Beijing Declaration on Building Learning Cities［M］. Cham: Springer International Publishing, 2018:4.

［16］KVINT V. The Global Emerging Market: Strategic Management and Economics［M］. London: Routeledge, 2009.

［17］LUNDVALL B A. National System of Innovation: Towards a Theory of Innovation and Interactive Learning［M］. London: Anthem Press, 2016:85-106.

［18］MAAS G, JONES P. Entrepreneurship Centres: Global Perspectives on Their Contributions to Higher Education Institutions［M］. London: Palgrave Macmillan. 2017:26;53.

［19］PERIS-ORTIZ M, GÓMEZ J A, MERIGÓ-LINDAHL J et al. Entrepreneurial Universities: Exploring the Academic and Innovative Dimensions of Entrepreneurship in Higher Education［M］. Cham: Springer International Publishing, 2017:11-12.

［20］PORTER M E. The Competitive Advantage of Nations［M］. New York: Free Press, 1998.

［21］ROSS E W, GIBSON R. Neoliberalism and Education Reform［M］. New Jersey: Hampton Press, 2006:238.

［22］SASSEN S. Spatialities and Temporalities of the Global：Elements for a Theorization［M］//A Appadurai. Global，Special Edition of Public Culture. Durham：Duke University Press，2000，12(1)：215-232.

［23］SCHAPER M. Making Ecopreneurs：Developing Sustainable Entrepreneurship［M］. Farnham：Gower Publishing Ltd. ，2012：11.

［24］SCHEEL V H，POSING V M. Applying Real-World BPM in an SAP Environment［M］. Quincy：SAP Press，2010：23-52.

［25］SCOTT P. The Globalization of Higher Education［M］. Buckingham：SHRE/Open University Press，1998.

［25］STEVENSON H H. A Perspective on Entrepreneurship.［M］. Brighton：Harvard Business Publishing，1999：7-22.

［27］SHALLEY C E，HITT M A，ZHOU J. The Oxford Handbook of Creativity，Innovation，and Entrepreneurship［M］. Oxford：Oxford University Press，2015：2，54.

［28］THORP H，GOLDSTEIN B. Engines of Innovation：The Entrepreneurial University in Twenty-First Century［M］. Chapel Hill：The University of North Carolina Press，2013：31.

［29］TORNATZKY L G，TORNATZKY L G，FLEISCHER M. The Processes of Technological Innovation［M］. New York：Lexington Books，1990.

［30］URBAN B. Frontiers in Entrepreneurship［M］. London：Springer，2010：142.

［31］VYAKARNAM S，HARTMAN N. Unlocking The Enterpriser Inside—A Book of Why，What and How！［M］. Singapore：World Scientific. 2011：29，116.

［32］WILLIAMS G. Changing Patterns of Finance in Higher Education［M］. Buckingham：Open University Press，1992：1.

（三）期刊论文

［1］ABREU M，GRINEVICH V. The Nature of Academic Entrepreneurship in the UK：Widening the Focus on Entrepreneurial Activities［J］. Research Policy，2013(42)：408-422.

［2］ACS Z. J，AUDRETSCH D B，LEHMANNE E. The Knowledge Spillover Theory of

Entrepreneurship［J］. Small Business Economics，2013，32(1)：15-30.

［3］ACS Z J，SANDERS M W J L. Knowledge Spillover Entrepreneurship in an Endogenous Growth Model［J］. Small Business Economics，2013(41)：775-795.

［4］ADNETT N. Student Finance and Widening Participation in the British Isles：Common Problems，Different Solutions［J］. Higher Education Quarterly，2006，60(4)：296-311.

［5］AUDRETSCH D B. From the Entrepreneurial University to the University for the Entrepreneurial Society［J］. Journal of Technology Transfer，2012，39(3)：313-321.

［6］BALDINI N，FINI R，GRIMALDI R et al. Organizational Change and the Institutionalization of University Patenting Activity in Italy［J］. Minerva，2014(52)：27-53.

［7］BARNES S V. England's Civic Universities and the Triumph of the Oxbridge Ideal［J］. History of Education Quarterly，1996(36)：271-305.

［8］CALDERA A，DEBANDE O. Performance of Spanish Universities in Technology Transfer：An Empirical Analysis［J］. Research Policy，2010，39(9)：1160-1173.

［9］CLOUGH S，BAGLEY C A. UK Higher Education Institutions and the Third Stream Agenda［J］. Policy Futures in Education，2012，10(2)：178-190.

［10］DAVIES J. The Emergence of Entrepreneurial Cultures in European Universities［J］. Higher Education Management，2001,13(2)：25-42.

［11］ETZKOWITZ H. Enterprises from Science：The Origins of Science-based Regional Economic Development［J］. Minerva，1993，31(3)：327-360.

［12］ETZKOWITZ H，LEYDESDORFF L. The Triple Helix：University-industry-government Relations：A Laboratory for Knowledge based Economic Development［J］. EASST Review，1995(1)：14-19.

［13］ETZKOWITZ H，LEYDESDORFF L. A Triple Helix of Academic-industry-government Relations：Development Models Beyond "Capitalism Versus Socialism"［J］. Current Science，1996，70(8)：690-693.

［14］ETZKOWITZ H，LEYDESDORFF L. The Dynamics of Innovation：From National Systems and Mode 2 to a Triple Helix［J］. Research Policy，2000(29)：109-123.

［15］ETZKOWITZ H. Innovation in Innovation：The Triple Helix of university-industry-government relations[J]. Social Science Information，2003，42(3):293-337.

[16] ETZKOWITZ H. The Evolution of the Entrepreneurial University[J]. Technology and Globalization，2004，1(1):64-77.

[17] ETZKOWITZ H. Research Groups as "Quasi-firms": The Invention of the Entrepreneurial University[J]. Research Policy，2003，32(1):109-121.

[18] ETZKOWITZ H，KLOFSTEN M. The Innovating Region: Toward a Theory of Knowledge-based Regional Development[J]. R&D Management，2005，35(3):243-255.

[19] FILIPPAKOU O，WILLIAMS G. Academic Capitalism and Entrepreneurial Universities as New Pradigm of "Development"[J]. Open Review of Educational Research，2014，1(1):70-83.

[20] FINKLE T A，MENZIES T V，KURATKO D F et al. An Examination of the Financial Challenges of Entrepreneurship Centers Throughout the World[J]. Journal of Small Business & Entrepreneurship，2013，26(1):67-85.

[21] FULLER D，BEYNON M，PICKERNELL D. Indexing Third Stream Activities in UK Universities: Exploring the Entrepreneurial/Enterprising University[J]. Studies in Higher Education，2017(6):1-25.

[22] FRASER S，GREENE F. Are Entrepreneurs Eternal Optimists or do they "Get Real"? [J]. Economia，2006，73(290):169-192.

[23] FULLER D，PICKERNELL D. Identifying Groups of Entrepreneurial Activities at Universities [J]. International Journal of Entrepreneurial Behavior & Research，2018，24(1):171-190.

[24] GHIO N，GUERINI M，LEHMANN E et al. The Emergence of the Knowledge Spillover Theory of Entrepreneurship[J]. Small Business Economics，2015(44):1-18.

[25] GIBB A. Exploring the Synergistic Potential in Entrepreneurial University Development: Towards the Building of a Strategic framework [J]. Annals of Innovation & Entrepreneurship，2012(14):1-22.

[26] GOLDSTEIN H A. The "Entrepreneurial Turn" and Regional Economic Development Mission of Universities[J]. Annals of Regional Science，2010，44(1):83-109.

[27] GUERRERO M, CUNNINGHAM J A, URBANO D. Economic Impact of Entrepreneurial Universities' Activities: An Exploratory Study of the United Kingdom [J]. Research Policy, 2015,44(3):748-764.

[28] GUERRERO M, URBANO D. Academics' Start-up Intentions and Knowledge Filters: An Individual Perspective of the Knowledge Spillover Theory of Entrepreneurship[J]. Small Business Economics, 2014(43):57-74.

[29] HANNON P D. Philosophies of Enterprise and Entrepreneurship Education and Challenges for Higher Education in the UK [J]. The International Journal of Entrepreneurship and Innovation, 2005(6): 105-114.

[30] HANNON P D, COLLINS L A, SMITH A J. Exploring Graduate Entrepreneurship: A Collaborative, Co-learning based Approach for Student, Entrepreneurs and Educators [J]. Industry & Higher Education, 2005, 19(1):11-23.

[31] JONES B, IREDALE N. Enterprise and Entrepreneurship Education: Towards a Comparative Analysis[J]. Journal of Enterprising Communities People and Places in the Global Economy, 2014(1):6-10.

[32] KEZAR A, ECKEL P D. The Effect of Institutional Culture on Change Strategies in Higher Decation: Universal Principles or Culturally Responsively Concepts? [J]. The Journal of Higher Education, 2002, 73(4):435-460.

[33] KIRBY D A. Creating Entrepreneurial Universities in the UK: Applying Entrepreneurship Theory to Practice[J]. Journal of Technology Transfer, 2006(31): 599-603.

[34] KIRBY D A, GUERRERO M, URBANO D. Making Universities More Entrepreneurial: Development of a Model[J]. Canadian Journal of Administrative Sciences, 2011, 28(3):302-316.

[35] LEBEAU Y, BENNION A. Forms of Embeddedness and Discourses of Engagement: A Case Study of Universities in Their Local Environment [J]. Studies in Higher Education, 2014, 39(2):278-293.

[36] LUCAS R E. On the Mechanics of Economic Development[J]. Journal of Monetary Economics, 1988(22):3-42.

［37］MAHIEU R. Learning Entrepreneurship from a Constructivist Perspective ［J］. Technology Analysis & Strategic Management，2006(18)：19-38.

［38］MAINARDES E W，ALVES H，RAPOSO M. The Process of Change in University Management：From the "Ivory Tower" to Entrepreneurialism ［J］. Transylvanian Review of Administrative Sciences，2011(33)：124-149.

［39］MASLAND A T. Organizational Culture in the Study of Higher Education［J］. The Review of Higher Education，1985，8(2)：157-168.

［40］MATLAY H. Researching Entrepreneurship and Education：Part 2：What Is Entrepreneurship Education and Does it Matter? ［J］. Education＋Training，2006，48(8/9)：704-718.

［41］MEYER M S，TANG P. Exploring the "Value" of Academic Patents：IP Management Practices in UK Universities and Their Implications for Third-Stream Indicators［J］. Scientometrics，2007，70(2)：415-440.

［42］MURRAY J A. A Concept of Entrepreneurial Strategy［J］. Strategic Management Journal，1984(5)：1-13.

［43］NEAL J E. Quality Assurance in the Entrepreneurial University［J］. New Directions for Institutional Research，1998(99)：69-85.

［44］NONAKA I. A Dynamic Theory of Organizational Knowledge Creation ［J］. Organization Science，1994，5(1)：14-37.

［45］PGHLPOTT K，DOOLEY L，O'REILLY C et al. The Entrepreneurial University：Examining the Underlying Academic Tensions［J］. Technovation，2011(31)：161-170.

［46］POMER P M. Increasing Returns and Long-run Growth［J］. The Journal of Political Economy，1986，94(5)：1002-1037.

［47］PRØITZ T S. Learning Outcomes：What Are They? Who Defines Them? When and Where are They Defined? ［J］. Educational Assessment，Evaluation and Accountability，2010(22)：119-137.

［48］PUGH R，LAMINE W，JACK S et al. The Entrepreneurial University and the Region：What Role for Entrepreneurship Departments? ［J］. European Planning Studies，2018，26(9)：1835-1855.

［49］RAE D, CARSWELL M. Using a Life-story Approach in Researching Entrepreneurial Learning: The Development of a Conceptual Model and Its Implications in the Design of Learning Experiences[J]. Education＋Training, 2000: 42(4/5): 220-228.

［50］RAE D, GEE S, MOON R. Creating an Enterprise Culture in a University: The Role of an Entrepreneurial Learning Team[J]. Industry & Higher Education, 2009, 23(3): 183-197.

［51］REINO A, JAAKSON K. Value Conflicts Embedded in Service-oriented Academic Professions[J]. Industry and Higher Education, 2014, 27(1):15-25.

［52］ROSSI F, Rosli A. Indicators of University-Industry Knowledge Transfer Performance and Their Implications for Universities: Evidence from the United Kingdom[J]. Studies in Higher Education, 2015,40(10): 1970-1991.

［53］SEIKKULA-LEINO J, RUSKOVAARA E, IKAVALKO M et al. Promoting Entrepreneurship Education: The Role of the Teacher? [J] Education ＋ Training, 2010,52(2):117-127.

［54］SHATTOCK M. Thatcherism and British Higher Education[J]. Change, 1989(21): 31-39.

［55］SHATTOCK M. The Change from Private to Public Governance of British Higher Education: Is Consequences for Higher Education Policy Making 1980—2006 [J]. Higher Education Quarterly, 2008, 62(3):181-203.

［56］SMITH H L, WATERS R. Regional Synergies in Triple Helix Regions: The Case of Local Economic Development Policies in Oxfordshire, UK[J]. Industry and Higher Education, 2015, 29(1):25-35.

［57］TRIPPLE M, SINOZIC T, SMITH H. L. The Role of Universities in Regional Development: Conceptual Models and Policy Insititutions in the UK, Sweden and Austria[J]. European Planning Studies, 2015(23):1730.

［58］UPTON S. Identifying Effective Drivers for Knowledge Exchange in the United Kingdom[J]. Higher Education Management and Policy, 2012, 24(1):1-19.

［59］WATSON D, HALL L, TAZZYMAN S. Trick or Treat: Academic Buy-in to Third Stream Activities[J]. Industry & Higher Education. 2016, 30(2):155-167.

［60］WENNBERG K，WIKLUND J，WRIGHT M. The Effectiveness of University Knowledge Spillovers：Performance Differenced Between University Spinoffs and Corporate Spinoffs［J］. Research Policy，2011(40)：1128-1143.

［61］YOKOYAMA K. Entrepreneurialism in Japanese and UK Universities：Governance，Management，Leadership，and Funding［J］. Higher Education，2006(52)：523-555.

［62］ZOTT C，AMIT R，MASSA L. The Business Model：Recent Developments and Future Research［J］. Journal of Management，2011，37(4)：1019-1042.

（四）官方网络资源

［1］About the BP Institute［EB/OL］. (2021-03-02)［2021-04-15］. http：//www. bpi. cam. ac. uk/.

［2］About UKSPA. The United Kingdom Science Park Association［EB/OL］. (2019-02-15)［2019-09-23］. http：//www. ukspa. org. uk/our-association/about-us.

［3］Academia and Industry Collaborate to Drive UK Supercomputer Adoption［EB/OL］. (2018-04-16)［2020-12-25］. https：//www. hpe. com/us/en/newsroom/press-release/2018/04/academia-and-industry-collaborate-to-drive-uk-supercomputer-adoption. html.

［4］Academy of Medical Sciences Mentoring Scheme［EB/OL］. (2021-03-02)［2021-04-15］. https：//acmedsci. ac. uk/grants-and-schemes/mentoring-and-other-schemes/mentoring-programme.

［5］Association of University Research Parks. What is a Research Park［EB/OL］. (2012-10-30)［2019-09-23］. https：//www. aurp. net/what-is-a-research-park.

［6］BAKSHI A，PATEL H. Start!［EB/OL］. (2016-10-25)［2019-03-14］. https：//issuu. com/kingsentrepreneurship/docs/start_interactive_single_pages.

［7］CU. 2021 Corporate Strategy：Creating Better Futures［EB/OL］. (2021-05-20)［2021-08-23］. https：//www. coventry. ac. uk/globalassets/media/global/09-about-us/who-we-are/corporate-strategy-2021. pdf.

［8］CU. Lorna Everall. Knowledge Transfer：A True partnership［EB/OL］. (2017-06-17)［2018-09-27］. http：//blogs. coventry. ac. uk/business/2016/06/17/knowledge-transfer-a-true-partnership/.

［9］ DONALDSON G. Successful Futures：Independent Review of Curriculum and Assessment Arrangements in Wales［EB/OL］.（2015-02-01）［2017-06-03］. https：//dera. ioe. ac. uk/22165/2/150225-successful-futures-en_Redacted. pdf.

［10］DU. Annual Report and Financial Statements［EB/OL］.（2018-07-31）［2019-06-30］. https：//issuu. com/communicationsoffice/docs/4914_du_annual_report_and_financial? e＝2156517/66510405.

［11］Durham International Fellowships for Research and Enterprise（COFUND）［EB/OL］. （2017-05-26）［2019-6-30］. https：//cordis. europa. eu/project/id/267209.

［12］Entrepreneurial Leadership［EB/OL］.（2023-01-28）［2023-02-01］. http：//ncee. org. uk/ leadership/.

［13］EPSRC Announces Further £14 Million to Keep UK Catalysis Hub Sparking［EB/OL］. （2018-10-08）［2020-12-22］. https：//www. rc-harwell. ac. uk/epsrc-announces-further-14-million-to-keep-uk-catalysis-hub-sparking/.

［14］EPSRC. Investing in Research for Discovery and Innovation：Research Proposal Funding Rates 2016-2017［EB/OL］.（2017-03-31）［2019-06-28］. https：//epsrc. ukri. org/newsevents/pubs/201617.

［15］GLAZgo Discovery Centre［EB/OL］.（2021-12-01）［2021-12-30］. http：//www. glazgodiscoverycentre. co. uk/aboutus/thecentre/.

［16］HE-BCIS. The Higher Education Business and Community Interaction Survey［EB/ OL］.（2018-04-05）［2018-12-30］. https：//www. hesa. ac. uk/news/24-05-2011/ business-and-community-interaction.

［17］HEFCE. Higher Education Innovation Funding 2011-12 to 2014-15，Policy，Final Allocation and Request for Institutional Strategies［EB/OL］.（2011-05-04）［2019-06-13］. https：//dera. ioe. ac. uk//3646/.

［18］HEFCE. Interdisciplinary Research in REF 2014 Submitted Publications：Report to the UK Funding Bodies and MRC by Elsevier［EB/OL］.（2015-07-30）［2019-06-30］. https：//webarchive. nationalarchives. gov. uk/20170712122715/http：//www. hefce. ac. uk/pubs/rereports/Year/2015/interdisc/.

［19］HGI. Haydn Green Institute for Innovation and Entrepreneurship［EB/OL］.［2022-11-

05].https：//www.nottingham.ac.uk/business/who-we-are/centres-and-institutes/HGI/.

[20] HUBBLE S, BOLTON P. Higher Education Tuition Fees in England[EB/OL]. (2018-06-25) [2018-11-03]. https：//researchbriefings.parliament.uk/ResearchBriefing/Summary/CBP-8151.

[21] Hunter Centre for Entrepreneurship[EB/OL]. [2022-10-30]. https：//www.strath.ac.uk/business/huntercentreforentrepreneurship/aboutthehuntercentreforentrepreneurship/.

[22] HVMC. High Value Manufacturing Catapult：Impact Evaluation Framework[EB/OL]. (2015-04-03)[2018-12-24]. https：//hvm.catapult.org.uk/wp-content/uploads/2015/09/ITT-Impact-Evaluation-Framework.pdf.

[23] IASP. Definition[EB/OL]. (2014-02-25)[2019-09-23]. https：//www.iasp.ws/our-industry/definitions.

[24] IBM UK's University Relations Programme—A Partnership to Remember[EB/OL]. [2020-11-25]. https：//www.ibm.com/ibm/history/ibm100/uk/en/stories/university_relations.html.

[25] ICTE. International Centre for Transformational Entrepreneurship Annual Review 2016/2017 [EB/OL]. (2017-01-11)[2018-09-12]. https：//www.coventry.ac.uk/globalassets/media/global/04-business-section-assets/institutes/itce/icte-annual-report-20172.pdf.

[26] Ideation Lab [EB/OL]. [2019-11-10]. https：//www.sbs.ox.ac.uk/research/entrepreneurship-centre/ideation-lab.

[27] Innovate UK：Knowledge Transfer Partnerships[EB/OL]. (2022-02-01)[2022-10-25]. http：//ktp.innovateuk.org/.

[28] JBS. The Entrepreneurship Centre[EB/OL]. [2022-10-30]. https：//www.jbs.cam.ac.uk/entrepreneurship/.

[29] KCL. Code of Practice for Intellectual Property，Commercial Exploitation and Financial Benefits[EB/OL]. (2018-08-05)[2019-03-16]. https：//www.kcl.ac.uk/governancezone/Assets/Research/Code-of-Practice-for-Intellectual-Property-Commercial-Exploitation-and-Financial-Benefits.pdf.

[30] KCL. Entrepreneurship Institute Impact Report 2019/20[EB/OL]. (2020-12-16)[2021-

01-03］. https：//issuu. com/kingsentrenpreneurshipinstitute/docs/impact_report_19.

［31］King's Health Partners［EB/OL］.（2018-09-30）［2019-03-16］，https：//www. kingshealthpartners. org/about-us/our-partnership.

［32］King's Health Partners. Innovation Impact Stories：Clinical Academic Collaborations Improving the Lives of OurPatients［EB/OL］.（2018-07-16）［2019-03-15］. https：// www. kingshealthpartners. org/assets/000/001/239/CAG _ Innovations _ book _ web _ original. pdf1497015750.

［33］KCL. King's 20 Accelerator Demo Day Lookbook 2021［EB/OL］.（2021-06-23）［2021- 08-25］. https：//issuu. com/kingsentrepreshipinstitute/docs/demo _ day _ 2021 _ lookbook.

［34］KCL. King's Strategic Vision 2029［EB/OL］.（2018-06-18）［2021-03-25］. https：// www. kcl. ac. uk/about/kings/strategy/Kings-strategic-vision-2029. pdf.

［35］KCL. Research Strategy：Through World-leading and Outward-looking Research Focused on Meeting Societal Need King's Will Make the World a Better Place［EB/OL］.（2018-04- 20）［2019-03-13］. https：//www. kcl. ac. uk/governancezone/assets/research/research- strategy. pdf.

［36］KCL. Service Strategy：A Framework for Delivery［EB/OL］.（2018-07-20）［2019-03- 16］. https：//www. kcl. ac. uk/aboutkings/strategy/kings-service-strategy. pdf.

［37］KCL. START!［EB/OL］.（2016-09-16）［2019-03-13］. https：//issuu. com/ kingsentrepreneurship/docs/kings-student-entrepreneurship-inst.

［38］Knowledge Transfer Partnerships：What They are and How to Apply［EB/OL］.（2022- 02-11）［2022-10-25］. https：//www. gov. uk/guidance/knowledge-transfer-partnerships- what-they-are-and-how-to-apply.

［39］London Venture Crawl：Encouraging Entrepreneurship in Students［EB/OL］.（2018-03-26） ［2021-01-03］. https：//www. timeshighereducation. com/student/blogs/london-venture- crawl-encouraging-entrepreneurship-students.

［40］MASS G，JONES P，LOCKYER J. Position Paper：International Centre for Transformational Entrepreneurship［EB/OL］.（2016-02-24）［2018-09-12］. https：// www. coventry. ac. uk/Global04％20Business％20section％20/assets/Institutes/ITCE/

Position/％20paper％20ICTE％202016％20v4. pdf.

［41］NCEE. The Awards 2020 Winners［EB/OL］.（2021-03-11）［2022-12-30］. https：//evessio. s3. amazonaws. com/customer/3897c7b1-0c71-459a-8ee7-fd8251fd666e/event/5c3928ea-fc32-4e76-ba12-eac8e01ca262/media/General_Content/be9cf41f-node_THE_Awards_UK_winners_ebook. pdf.

［42］NCEE. The Entrepreneurial University by CeriNursaw［EB/OL］.（2020-10-27）［2020-12-23］. https：//ncee. org. uk/2020/10/27/the-entrepreneurial-university/.

［43］NCEE. The University Entrepreneurial Scorecard ：Reviewing the Entrepreneurial Potential of a University［EB/OL］.（2013-12-01）［2018-10-31］. http：//ncee. org. uk/wp-content/uploads/2018/01/Entrepreneurial_University_SCORE_CARD. pdf.

［44］NCEE. Times Higher Education. Outstanding Entrepreneurial University Award［EB/OL］.（2022-11-26）［2022-12-30］. http：//ncee. org. uk/programmes/the-entrepreneurial-university/.

［45］NCEE. University Enterprise Network［EB/OL］.（2023-01-28）［2023-02-01］. http：//ncee. org. uk/university-enterprise-networks.

［46］OECD. The Knowledge-based Economy［EB/OL］.（1996-06-30）［2018-10-17］. https：//www. oecd. org/sti/sci-tech/1913021. pdf.

［47］Our Vision，Our Strategy：A Roadmap for the New Phase of our University's Development［EB/OL］. https：//www. bristol. ac. uk/media-library/sites/university/documents/governce/university-strategy.

［48］Research at Northumbria［EB/OL］.（2018-04-28）［2019-07-05］. https：//www. northumbria. ac. uk/research/.

［49］Research Explore. Research Institutes［EB/OL］.（2022-02-10）［2022-11-18］. https：//www. cardiff. ac. uk/research/explore/research-institutes.

［50］ROWE D N E. Universities and Science Park based Technology Incubators［EB/OL］.（2005-08-05）［2019-03-19］. https：//www. warwicksciencepark. co. uk/wp-content/uploads/2011/03/UniversitiesandScienceParkbasedTechnologyIncubators. pdf.

［51］Royal Society Short Industry Fellowships［EB/OL］.（2021-03-02）［2021-04-15］. https：//royalsociety. org/-/media/grants/schemes/Short-Industry-Fellowships-scheme-notes. pdf.

［52］ SBS. Entrepreneurship Centre［EB/OL］.［2022-10-30］. https：//www. sbs. ox. ac. uk/
research/centres-and-initiatives/entrepreneurship-centre.

［53］ SBS. The Oxford Seed Fund［EB/OL］.［2019-11-10］. https：//www. sbs. ox. ac. uk/
research/entrepreneurship-centre/oxford-seed-fund.

［54］ Social Enterprise［EB/OL］.［2018-09-27］. https：//www. coventry. ac. uk/cuse/
social-enterprise/.

［55］ Speech by David Willetts to the UK Science Park Association［EB/OL］.（2014-07-10）
［2019-03-19］. https：//www. gov. uk/government/speeches/speech-by-david-willetts-
to-the-uk-science-park-association.

［56］ SPEED Plus. Speed Plus Business Start-Up Programme［EB/OL］.（2014-06-23）［2018-
09-12］. http：//www. beinspiredatstaffs. ac. uk/services/speed-plus-programme/.

［57］ Technology Strategy Board. Knowledge Transfer Partnerships Strategic Review：A
Report by Rgeneris Consulting［EB/OL］.（2013-01-02）［2020-12-25］. https：//
webarchive. nationalarchives. gov. uk/20130102180151/http：//www. innovateuk. org/_
assets/pdf/corporate-publications/ktp％20strategic％20review％20feb％202010. pdf.

［58］ The Cambridge Phenomenon［EB/OL］.（2017-02-01）［2021-02-15］. http：//www.
cambridgephenomenon. com/phenomenon/.

［59］ The Enterprise Research Centre. Research Themes 2013-2016［EB/OL］.（2013-02-20）
［2019-02-16］. https：//www. enterpriseresearch. ac. uk/.

［60］ The Entrepreneurial University by CeriNursaw［EB/OL］.（2020-10-27）［2020-12-23］.
https：//ncee. org. uk/2020/10/27/the-entrepreneurial-university/.

［61］ The GSK-University of Strathclyde Collaborative PhD Programme-Studentship in Synthetic
Organic Chemistry［EB/OL］.［2020-12-21］. https：//uk. gsk. com/en- gb/careers/
graduates/the-gsk-university-of-strathclyde-collaborative-phd-programme/.

［62］ The UK's Six Most Entrepreneurial Universities［EB/OL］.（2016-07-03）［2017-05-11］.
http：//realbusiness. co. uk/hr-and-management/2015/07/03/the-uks-six-most-entrepreneurial-
universities/2/.

［63］The University Challenge Seed Fund（UCSF）［EB/OL］.（2020-01-16）［2022-12-20］, https：//innovation. ox. ac. uk/award-details/university-challenge-seed-fund-ucsf/.

［64］The University of Warwick. Strategic Direction to 2030：Excellence with Purpose［EB/ OL］.（2018-09-12）［2019-05-12］. https：//warwick. ac. uk/about/strategy/hp-contents/ university_of_warwick_strategy. pdf.

［65］Tim Challis & David Wilkinson. 3EP European Entrepreneurship Educators Project： Evaluation［EB/OL］.（2013-03-01）［2018-01-30］. http：//ncee. org. uk//wp-content/ uploads/2018/01/3EP_evalreportv5. pdf.

［66］Times Higher Education. Outstanding Entrepreneurial University Award ［EB/OL］. ［2023-02-13］. http：//ncee. org. uk/programmes/the-entrepreneurial-university/.

［67］Together We Care：Our Strategy 2018-2023［EB/OL］.（2019-03-20）［2017-11-04］. https：//www. guysandstthomas. nhs. uk/resources/publications/strategy/together-we- care-our-strategy-for-2018-2023. PDF.

［68］UC Enterprise. Cambridge Enterprise Annual Review［EB/OL］.（2019-01-30）［2021-02- 15］. https：//www. enterprise. cam. ac. uk/wp-content/uploads/2019/01/Annual- Review-2018. pdf.

［69］UC. Reports and Financial Statement：Annual Report of the Council for the Academic Year 2017-18.［EB/OL］.（2018-07-31）［2020-01-25］. https：//www. cam. ac. uk/ system/files/uoc_annual_report_2018. pdf.

［70］UCO. Learning and Teaching Strategy 2014-2020.［EB/OL］.［2018-11-24］. https：// d3mcbia3evjswv. cloudfront. net/files/L&TSTRATEGY-V6. pdf.

［71］UKRI. Impact Acceleration Accounts［EB/OL］.（2022-06-21）［202-12-30］. https：// epsrc. ukri. org/innovation/fundingforimpact/impact-acceleration-accounts/.

［72］University of Brighton Strategic Plan［EB/OL］.（2012-11-16）［2018-11-24］. https：// issuu. com/universityofbrighton/docs/strategic_plan.

［73］University Enterprise Network［EB/OL］.（2023-01-28）［2023-02-01］. http：//ncee. org. uk/university-enterprise-networks/.

［74］University of Leeds. Student Enterprise Impact Report 2017/2018［EB/OL］.（2018-11- 29）［2020-01-20］. http：//cees. leeds. ac. uk/wp-contentuploads/2019/01/UOL1489_ EnterpriseImpactReport_WEB-spreads. pdf.

［75］ University of Oxford. University of Oxford Strategic Plan 2018-23［EB/OL］. (2018-10-30)［2019-05-12］. https://www. ox. ac. uk/sites/files/oxford/field/field _ document/ Strategic%20Plan%202018-23. pdf.

［76］ University of Strathclyde. Our Strategy 2020—2025: The Place of Useful Learning ［EB/OL］. (2019-12-30)［2022-12-26］. https://www. strath. ac. uk/media/ 1newwebsite/documents/Strategic_Plan_2025. pdf.

［77］ UOB. Scholarships and Submitting Pitches［EB/OL］.［2019-01-14］. http://www. bristol. ac. uk/innovation/study/scholarships/.

［78］ UWE. Advancing Knowledge, Inspiring People, Transforming Futures: UWE Bristol Strategy 2020［EB/OL］. (2015-12-30)［2018-11-24］. http://www. cems. uwe. ac. uk/ ~vzverovi/UWE-Bristol-Strategy-2020. pdf.

［79］ WILLIAMS L, TURNER N, JONES A. Embedding Universities in Knowledge Cities: Ideopolis and Knowledge Economy Programmepaper［EB/OL］. (2018-12-01)［2019-01-25］. https://citeseerx. ist. psu. edu/viewdoc/download? doi/10. 1. 1. 546. 2195&rep/ rep1&type. pdf.

(五)会议论文

［1］ DAVIES J. From Third Generation Science Parks to Areas of Innovation［C］. Recife: 30th IASP World Conference on Science and Technology Parks, 2013: 8.

［2］ FALLAH M, HOWE J, SHERWAT E I. Knowledge Spillover and Innovation in Technological Cluster［C］. IAMOT: 13th International Conference on Management of Technoloty, 2014:1-16.

［3］ GUERRERO M, KIRBY D, URBANO D. A Literature Review on Entrepreneurial Universities: An Institutional Approach［C］. Barcelona: Autonomous University of Barcelona, 2006: 5.

［4］ HILL S, LOCKYER J. Longitudinal Case Study of the changing Characteristics of Student Entrepreneurs Participating in SPEED Plus at Coventry University ［C］. Manchester: Institute of Small Business and Entrepreneurship (ISBE) Conference,2014.

［5］ LINDORFER B. An Engineer's View on Modern Curricula of Universities of Technology

［C］. Paris：24th Conference of Rectors of European Universities of Technology，2005.

［6］MASS G，JONES P，REASON L L et al. Centres for Entrepreneurship at a Cross Road-Quo Vadis? ［C］.Glasgow：Technology and Innovation Centre，2015.

［7］RAE D，MARTIN L，ANTCLIFF V et al. The 2010 Survey of Enterprise and Entrepreneurship in Higher Education［C］.London：33rd ISBE Conference，2010.

（六）学位论文

［1］LACKEUS M. Developing Entrepreneurial Competences：An Action-Based Approach and Classification in Education. ［D］. Gothenburg：Chalmers University of Technology，2013：23.

二、中文文献

（一）专著与译著

［1］埃德蒙·金.别国的学校和我们的学校——今日比较教育［M］.王承绪,邵珊,等译.北京:人民教育出版社,2001.

［2］奥尔特加·加塞特.大学的使命［M］.徐小洲,陈军,译.杭州:浙江教育出版社,2001.

［3］彼得·德鲁克.创新与企业家精神［M］.蔡文燕,译.北京:机械工业出版社,2011.

［4］别敦荣.大学战略规则:理论与实践［M］.青岛:中国海洋大学出版社,2019:1.

［5］伯顿·克拉克.探究的场所——现代大学的科研和研究生教育［M］.王承绪,译.杭州:浙江教育出版社,2001.

［6］伯顿·克拉克.大学的持续变革:创业型大学新案例和新概念［M］.王承绪,译.北京:人民教育出版社,2008.

［7］伯顿·克拉克.建立创业型大学:组织上转型的途径［M］.王承绪,译.北京:人民教育出版社,2003.

［8］陈霞玲.创业型大学组织变革路径研究［M］.北京:北京理工大学出版社,2015.

［9］大卫·哈维.新自由主义简史［M］.王钦,译.上海:上海译文出版社,2016.

［10］戴晓霞,莫家豪,谢安邦.高等教育市场化［M］.北京:北京大学出版社,2004.

［11］范文曜,马陆亭.国际视角下的高等教育质量评估与财政拨款［M］.北京:教育科学出版社,2004.

[12]弗兰斯·F.范富格特. 国际高等教育政策比较研究[M]. 王承绪,等译. 杭州:浙江教育出版社，2001.

[13]高明. 英美创业型大学管理模式比较及启示[M]. 沈阳:东北大学出版社，2013.

[14]国家教育发展研究中心. 发达国家教育改革的动向和趋势——日本、英国、联邦德国、美国、俄罗斯教育改革文件和报告选编[M]. 北京:人民教育出版社，1994.

[15]何秉孟,李千. 新自由主义评析[M]. 北京:社会科学文献出版社，2012.

[16]亨利·埃兹科维茨,劳埃特雷德斯多夫. 大学与全球知识经济[M]. 夏道源,等译. 南昌：江西教育出版社,1999.

[17]亨利·埃兹科维茨. 三螺旋创新模式:亨利·埃兹科维茨文选[M]. 陈劲,译. 北京：清华大学出版社，2016.

[18]亨利·埃兹科维茨. 麻省理工学院与创业科学的兴起[M]. 王孙禺,袁本涛,译. 北京：清华大学出版社，2007.

[19]亨利·埃兹科维茨. 国家创新模式——大学、产业、政府三螺旋创新战略[M]. 周彦春,译. 北京:东方出版社，2014.

[20]胡瑞. 新工党执政时期英国高校创业教育研究[M]. 北京:高等教育出版社，2013.

[21]黄亚婷. 聘任制改革背景下我国大学教师的学术身份建构[M]. 杭州:浙江大学出版社，2019.

[22]霍尔登·索普,巴克·戈尔兹坦. 创新引擎——21世纪的创业型大学[M]. 赵中建,卓泽林,李谦,等译. 上海：上海科技教育出版社，2018.

[23]吉川弘之,内藤耕. 产业科学技术哲学[M]. 王秋菊,陈凡,译. 沈阳:辽宁人民出版社，2015.

[24]简·柯里,理查德·德安吉里斯,哈里·德·波尔,等. 全球化与大学的回应[M]. 王雷,译. 北京:北京大学出版社,2010.

[25]凯特·柯克. 查尔斯·科顿. 剑桥现象:50年的创新与创业[M]. 安米,译. 青岛:青岛出版社,2017.

[26]克拉克·克尔. 高等教育不能回避历史——21世纪的问题[M]. 王承绪,译. 杭州:浙江教育出版社，2001.

[27]李奇泽. 英国脱欧:进展与前景[M]. 北京:人民出版社，2017.

[28]美国科学院研究理事会. 会聚观:推动跨学科融合——生命科学与物质科学和工程学

等学科的跨界[M]. 王小理,熊燕,于建荣,译. 北京:科学出版社,2018.

[29] 牛长松. 英国高校创业教育研究[M]. 上海:学林出版社,2009.

[30] 钱乘旦,陈晓律. 英国:在传统与变革之间[M]. 成都:四川人民出版社,2003.

[31] 孙钢城,王孙禹. 创业型大学的崛起与转型动因[M]. 北京:社会科学文献出版社,2015.

[32] W. 理查德·斯科特. 制度与组织——思想观念与物质利益[M]. 姚伟,王黎芳,译. 北京:中国人民大学出版社,2010.

[33] W. 理查德·斯科特,杰拉尔德·F. 戴维斯. 组织理论:理性、自然与开放系统的视角[M]. 高俊山,译. 北京:中国人民大学出版社,2011.

[34] 王承绪,徐辉. 战后英国教育研究[M]. 南昌:江西教育出版社,1992.

[35] 王承绪. 世界教育大系:英国教育[M]. 长春:吉林教育出版社,2000.

[36] 吴浩. 自由与传统:二十世纪英国文化[M]. 北京:东方出版社,1999.

[37] 吴伟. 面向创业时代的研究型大学转型发展研究[M]. 北京:人民出版社,2014.

[38] 西·昆斯,等. 剑桥现象——高技术在大学城的发展[M]. 郭碧坚,等译. 北京:科学技术文献出版社,1988.

[39] 西蒙·马金森,马克·康西丹. 澳大利亚企业型大学的权力结构、管理模式与再创造方式[M]. 周心红,译. 杭州:浙江大学出版社,2007.

[40] 希拉·斯劳特,拉里·莱斯利. 学术资本主义:政治、政策和创业型大学[M]. 梁骁,黎丽,译. 北京:北京大学出版社,2014.

[41] 熊彼特. 经济发展理论[M]. 孔伟艳,朱攀峰,娄季芳,编译. 北京:北京出版社,2008.

[42] 徐辉,郑继伟. 英国教育史[M]. 长春:吉林人民出版社,1993.

[43] 许明. 英国高等教育发展研究[M]. 大连:辽宁师范大学出版社,1998.

[44] 宣勇,张鹏. 激活学术心脏地带——创业型大学学术系统的运行与管理[M]. 北京:高等教育出版社,2013.

[45] 易高峰. 崛起中的创业型大学——基于研究型大学模式变革的视角[M]. 上海:上海交通大学出版社,2011.

[46] 易红郡. 战后英国高等教育政策研究[M]. 长沙:湖南师范大学出版社,2016.

[47] 约翰·亨利·纽曼. 大学的理想[M]. 徐辉,顾建新,何曙荣,译. 杭州:浙江教育出版社,2001.

[48]约翰·S.布鲁贝克. 高等教育哲学[M]. 王承绪,郑继伟,张维平,等译. 杭州:浙江教育出版社,2001.

[49]张征. 新自由主义背景下大学制度变革研究[M]. 青岛:中国海洋大学出版社,2014.

[50]张子睿,李杨. 学校创业教育引论——大众创业万众创新背景下学生创新、创业教育对策研究[M]. 北京:中国书籍出版社,2016.

（二）期刊论文

[1]蔡宗模. 论高等教育全球化范式[J]. 现代教育管理,2013(8):1-12.

[2]崔军. 欧盟创业能力框架:创业教育行动新指南[J]. 比较教育研究,2017(1):45-51.

[3]别敦荣. 大学战略规划的若干基本问题[J]. 河北师范大学学报,2020,22(1):1-11.

[4]别敦荣. 大学组织文化的内涵与建设路径[J]. 现代教育管理,2020(1):1-7.

[5]戴维奇. 创业型大学是如何组织创业教育的——以荷兰特温特大学为例[J]. 比较教育研究,2014(2):36-41,101.

[6]付八军. 创业型大学研究述评[J]. 黑龙江高教研究,2012(7):4-8.

[7]付八军. 关于创业型大学研究的八个基本观点[J]. 黑龙江高教研究,2016(9):5-8.

[8]付八军. 学术资本转化:创业型大学的组织特性[J]. 教育研究,2016(2):89-95.

[9]付淑琼. 大学进取与变革的路径——论伯顿·克拉克的创业型大学观[J]. 教育研究,2010(2):63-67.

[10]何郁冰,周子琰. 慕尼黑工业大学创业教育生态系统建设及启示[J]. 科学学与科学技术管理,2015(10):41-49.

[11]亨利·埃兹科维茨. 创业型大学与创新的三螺旋模型[J]. 王平聚,李平,译. 科学学研究,2009,27(4):481-488.

[12]胡乐乐. 论脱欧对英国和国际高等教育的重大影响[J]. 比较教育研究,2017(1):3-11.

[13]黄成亮. 中国大学模式探析[J]. 高等教育研究,2010,31(12):16-23.

[14]黄亚婷,彭新强. 新管理主义改革进程中西方学术职业的变革与坚守[J]. 比较教育研究,2015(2):45-52.

[15]黄亚婷. 新公共管理改革中的英国学术职业变革[J]. 高等教育研究,2031,34(5):95-102.

[16]李峻,尤伟. 从《贾纳特报告》到《迪尔英报告》和《兰伯特回顾》——1980年代以来英国

大学市场化治理的历程与启示[J]. 高教探索,2009(3):59-62.

[17]刘晖. 从《罗宾斯报告》到《迪尔英报告》[J]. 比较教育研究,2001(2):24-28.

[18]刘林青,夏清华,周潞. 创业型大学的创业生态系统初探——以麻省理工学院为例[J]. 高等教育研究,2009(3):19-26.

[19]施冠群,刘林青,陈晓霞. 创新创业教育与创业型大学的创业网络构建——以斯坦福大学为例[J]. 外国教育研究,2009(6):79-83.

[20]宋清华. 论校园文化育人功能的完善[J]. 教育评论,2011(5):63-65.

[21]王建华. 如何重建我们时代的高等教育[J]. 南京师范大学学报(社会科学版),2017(2):85-92.

[22]王建华. 重申高等教育体制改革[J]. 教育发展研究,2018(1):1-6.

[23]王建华. 大学的范式危机与转变:创新创业的视角[J]. 中国高教研究,2020(1):70-77.

[24]王旭燕,叶桂方. 大学创业生态系统构建机制研究——以加州大学洛杉矶分校为例[J]. 中国高教研究,2018(2):36-41.

[25]王雁. 创业型大学:研究型大学的挑战和机遇[J]. 高等教育研究,2003(5):52-56.

[26]王志强,黄兆信,李菲. 创新驱动战略下大学变革的内涵、维度与路径[J]. 全球教育展望,2015(11):3-15.

[27]王志强,卓泽林,姜亚洲. 大学在美国国家创新系统中主体地位的制度演进[J]. 教育研究,2015(8):139-150.

[28]王志强,卓泽林. 论大学在创新系统演化过程中的主体功能及其实现路径[J]. 教育研究,2016(6):64-71.

[29]王志强,代以平. 欧盟大学—产业部门合作创新机制主要类型及路径选择[J]. 比较教育研究,2018(2):7-12.

[30]文少保. 走向知识创业型组织培养科技转化型人才——从美国跨学科研究组织创新视角求解钱学森之问[J]. 长春工业大学学报,2011,32(4):38-40.

[31]吴伟,吕旭峰,陈艾华. 创业型大学创业文化的文化内涵、效用表达及其意蕴——基于四所世界一流大学的案例分析[J]. 河南大学学报(社会科学版),2013:53(4):137-144.

[32]徐小洲,张敏. 创业教育的观念变革与战略选择[J]. 教育研究,2012(5):64-68.

[33]徐小洲,倪好. 面向2050:创新创业教育生态系统建设的愿景与策略[J]. 中国高教研究,2018(1):53-56,103.

[34]徐小洲,王劫丹.英国大学评价新动向:基于"知识交流框架"的分析[J].高等教育研究,2021(6):91-98.

[35]宣勇.论创业型大学的价值取向[J].教育研究,2012(4):43-49.

[36]严毛新.从社会创业生态系统角度看高校创业教育的发展[J].教育研究,2015(5):48-55.

[37]严毛新,徐蕾,何扬飞,等.高校创业文化的内涵、价值及培育路径[J],中国高教研究,2019(3):61-65.

[38]张丽.伯顿·克拉克的创业型大学思想研究[J].天津市教科院学报,2016(4):12-17.

[39]张彦通,刘文杰.创业型大学发展模式比较研究——以阿尔托大学和奥克兰大学为例[J].高校教育管理,2017,11(5):46-61.

[40]张银霞.新管理主义背景下西方学术职业群体的困境[J].高等教育研究,2012,33(4):105-109.

[41]赵勇,白永秀.知识溢出:一个文献综述[J].经济研究,2009(1):144-156.

[42]郑刚,郭艳婷.世界一流大学如何打造创业教育生态系统——斯坦福大学的经验与启示[J].比较教育研究,2014(9):25-31.

[43]卓泽林,赵中建.高水平大学创新创业教育生态系统建设及启示[J].教育发展研究,2016(3):64-71.

[44]邹晓东,陈汉聪.创业型大学:概念内涵、组织特征与实践路径[J].高等工程教育研究,2011(3):54-59.

(三)学位论文

[1]陈娴.创业型大学的治理模式研究[D].杭州:浙江大学,2017.

[2]李培凤.基于三螺旋创新理论的大学发展模式变革研究[D].太原:山西大学,2015.

[3]王雁.创业型大学:美国研究型大学模式变革的研究[D].杭州:浙江大学,2005.

[4]温正胞.创业型大学:比较与启示[D].上海:华东师范大学,2008.

[5]吴丹丹.中国高校研发活动的知识溢出[D].合肥:中国科学技术大学,2016.

(四)报纸杂志

[1]新华网.英国多数高校希望大幅提高学费水平[N].世界教育信息,2009(4):4.

附　　录

英国"创业型大学年度奖"入围名单

(2008—2021 年)

年度	创业型大学年度奖提名院校
2020—2021	谢菲尔德哈勒姆大学 安格里亚鲁斯金大学 爱丁堡大学 牛津布鲁克斯大学 斯旺西大学 提塞德大学
2019—2020	阿斯顿大学 英国东伦敦大学 罗伯特戈登大学 英国皇家农业大学 提塞德大学 英国伦敦大学学院
2018—2019	拉夫堡大学 中央兰开夏大学 伦敦大学城市学院 爱丁堡大学 赫特福德大学 西英格兰大学
2017—2018	伦敦大学国王学院 中央兰开夏大学 伦敦大学城市学院 赫特福德大学 伦敦大学国王学院 林肯大学 提赛德大学

续表

年度	创业型大学年度奖提名院校
2016—2017	利物浦约翰摩尔斯大学 伦敦大学城市学院 法尔茅斯大学 伦敦皮尔森学院 索尔福德大学 南安普敦索伦特大学
2015—2016	伦敦南岸大学 阿斯顿大学 考文垂大学 曼彻斯特城市大学 中央兰开夏大学 林肯大学
2014—2015	利兹大学 中央兰开夏大学 林肯大学 拉夫堡大学 诺桑比亚大学 诺丁汉大学
2013—2014	安格利亚鲁斯金大学 金斯顿大学 提赛德大学 中央兰开夏大学 切斯特大学 伦敦大学学院
2012—2013	斯特拉斯克莱德大学 切斯特大学 林肯大学 谢菲尔德大学 提赛德大学

年度	创业型大学年度奖提名院校
2011—2012	考文垂大学 东安格利亚大学 爱丁堡大学 哈德斯费尔德大学 北安普顿大学 普利茅斯大学 斯特拉斯克莱德大学
2012—2011	赫特福德大学 布鲁纳尔大学 中央兰开夏大学 赫特福德大学 帝国理工学院 普利茅斯大学 提赛德大学
2009—2010	贝尔法斯特女王大学 考文垂大学 赫特福德大学 普兹茅斯大学 萨里大学 斯特拉斯克莱德大学
2008—2009	诺丁汉大学 考文垂大学 贝尔法斯特女王大学 利兹大学 牛津大学 索尔福德大学